国家社会科学基金优秀结项成果
北京语言大学国家语言服务出口基地成果
北京语言大学国际语言服务研究院学术丛书

中外企业年报话语质量评价研究

Evaluative Study of Discourse Quality of Chinese and Foreign Corporate Annual Reports

王立非 部寒 著

中国人民大学出版社
·北京·

图书在版编目（CIP）数据

中外企业年报话语质量评价研究/王立非，部寒著. -- 北京：中国人民大学出版社，2024.10
（北京语言大学国际语言服务研究院学术丛书）
ISBN 978-7-300-32382-4

Ⅰ.①中… Ⅱ.①王… ②部… Ⅲ.①企业管理—会计分析—研究—中国、国外 Ⅳ.① F275.2

中国国家版本馆 CIP 数据核字（2023）第 240490 号

国家社会科学基金优秀结项成果
北京语言大学国家语言服务出口基地成果
北京语言大学国际语言服务研究院学术丛书

中外企业年报话语质量评价研究
王立非　部寒　著
Zhong-wai Qiye Nianbao Huayu Zhiliang Pingjia Yanjiu

出版发行	中国人民大学出版社			
社　　址	北京中关村大街 31 号		邮政编码	100080
电　　话	010-62511242（总编室）		010-62511770（质管部）	
	010-82501766（邮购部）		010-62514148（门市部）	
	010-62515195（发行公司）		010-62515275（盗版举报）	
网　　址	http://www.crup.com.cn			
经　　销	新华书店			
印　　刷	固安县铭成印刷有限公司			
开　　本	720 mm × 1000 mm　1/16		版　次	2024 年 10 月第 1 版
印　　张	15		印　次	2024 年 10 月第 1 次印刷
字　　数	265 000		定　价	68.00 元

版权所有　　侵权必究　　印装差错　　负责调换

前　言
PREFACE

　　企业年报话语是经济话语体系的重要组成部分，中国企业在赴海外上市的过程中，应该认识到年报话语在建设与国际社会兼容的经济话语体系中的重要作用，以海外市场容易接受的方式讲好企业故事。我国企业应该高度重视年报话语质量可能带来的经济后果，提高年报的话语质量会给企业的海外上市带来经济收益，相反，年报话语质量不好则会导致不良的经济后果，甚至导致企业绩效下滑。因此，我国企业应该努力提高对外企业话语传播能力。在经济全球化背景下，中国企业要想走出国门在海外争取到与本土企业平等的权益，就要努力提升自身的话语权。企业年报是企业提升自身话语权的重要路径。提升对外话语传播能力需要厘清影响话语传播质量的因素。学界和业界都应努力挖掘影响话语传播的因素，重视对外话语传播能力的提升。

　　本研究拓展了语言研究服务于经济发展的学术价值。一是提出了企业年报话语质量的概念和定义。企业年报话语质量指企业年报话语信息沟通功能和劝说功能的有效性，前者指年报话语形式的难易度，即价值相关信息的沟通有效程度；后者指年报话语形式的劝说性和年报话语内容的情感倾向性，即利用话语形式和语义倾向表达态度、引发行动的有效程度。二是尝试将体裁理论、修辞结构理论、功能语言学、语料库语言学、情感分析理论、叙事经济学、语言经济学、语言管理学等语言学理论和印象管理、信号传递理论、有效市场假说、代理理论等经济学理论和管理学理论相结合，构建一个上市企业财务年报语篇可测量的指标体系和分析框架，采用多种语言学工具提取和分析中外企业年报话语质量的多维特征。

　　本研究深化了企业年报研究对语言价值的认识，从话语的信息传播性和劝说有效性角度考查企业年报话语在企业年报信息披露过程中的功能与作用，构建计量模型和回归模型，测量企业年报话语质量如何引起资本市场的波动和反应，话语质量对资本市场收益率和企业绩效的预测力,进一步验证了语言的经济力量、经济后果和经济学价值。本研究能促进我国上市企业年报语言质量的提升,而上市企业年报语言质量关系到投资者的投资利益和企业的对外传播效果。中国证监会有关非财务信息和自愿性信息披露的条款对年报的语言质量提出了新的要求。本研究通过对比中外上市企业年报的语言质量及其对投资和股市的影响,旨在帮助我国企业克服由语言跨文化影响因素造成的困难,改善年报信息披露的质量,提高信息披露的有效性,提高读者的接受度。本研究有助于提升我国上市企业的国际化水平:企业年报语言质量评价关键指标可以直接应用于我国上市企业年报的编写,有助于企业借鉴国际经验和传播策略,进而有助于我国企业提升国际化经营水平和对外话语能力,树立良好的海外形象,吸引更多海外投资,创造更多经济效益。

  本研究拓展了语言研究服务于企业国际化发展的应用价值,一是建成了国内第一个中外企业年报语料库,包括"中外上市企业年报语料库",收集纽交所上市企业2012—2016年的中英文年报全文电子文本,以及世界500强中外上市企业年报,所建语料库由892份报告构成,总容量17 934 276个词符,其中来自美国上市公司的语料有14 674 047个词符。二是构建企业年报话语质量多维特征模型,包括企业年报文本的互文性、复杂度、可读性、修辞结构关系、情感倾向性、话语可信度六个维度,每个维度又由若干个观测点组成。在测量企业年报话语质量的基础上,构建年报话语质量对资本市场收益影响的模型,选取累计异常收益、每股收益、成本费用利润率、净资产收益率等资本市场收益率指标。

  本研究通过考查和评价中外企业年报话语质量,得到以下七个发现:

(1)中国企业首席执行官致辞篇幅较短,少用被动结构与自我指代;美国首席执行官致辞显著长于中国企业首席执行官致辞。中国企业中文年报大量使用引号,涉及三种主要用法:直接引语,表示特定称谓,表示突出强调;二者均使用直接引语,披露绩效信息与前瞻性信息,部分年报间存在语块重复。中国企业中文年报多用直接引语,侧重财务信息;美国企业英文年报引语动词数量较多。中国企业年报绩效信息披露显著多于美国年报,前瞻性信息披露与美国年报无显著差异。

(2)中国企业年报话语的词汇复杂度显著高于美国企业年报,但词汇具体性、意象性和意义性都显著低于美国企业年报。中美企业年报话语在句法复杂度方面不存在显著差异。中美企业年报在平均词长和标准类符/形符比上都出现了较大差异,中国企业社会责任报告的平均词长和标准类符/形符比高于美国企业社会责任报告。中国企业社会责任报告的平均句长接近或超出平均句长35词的阅读复杂度的临界点，直接影响了读者的阅读速度和效率。中美企业社会责任年报的句法结构差异不大。

（3）中国企业年报话语的迷雾指数高于美国企业年报。从句长和词长来看，中国企业年报话语的阅读难度较低，可读性较强。中外企业年报在可读性五个具体指标上存在差异。中国企业年报在叙事性、句法简洁性、指称衔接性和深层衔接性四个指标上均超过外国企业年报，与语篇衔接性有关的两个指标也显著高于外国企业年报。外国企业年报的词汇具体性显著高于中国企业年报。中外企业审计报告迷雾指数测量结果进一步证实了这个结果。中外企业五年的审计报告在弗莱士指数和迷雾指数上均表现出了较大波动，可读性变化趋势不同，呈现出差异和较为复杂的变化特点。

（4）中国企业年报话语的信息性、叙事性和指称明晰性较强，而交互性和劝说性较弱。两类年报的差异主要表现在非限制性定语从句、名词、第一人称代词、定语形容词、现在时、句法否定、副词、名物化、wh引导的主语从句、不定式、可能意义情态动词和劝说性动词等特征的出现频率上。中国企业年报话语的直接劝说性、立场表达信息聚合性和命题可靠性较弱，而主体定位主观性与客观性较强。美国企业年报对自身立场的表达更直接，且更精练，信息密度较高，可靠性较高。

（5）美国企业年报的积极情感倾向比中国企业年报更强。中国企业英文年报的积极情感主题多集中于企业活动和能力；美国企业英文年报的积极情感主题较多集中于企业业绩。

（6）中外企业年报的话语可信度都较高，中外企业年报在激励动词占比、积极词占比、平均句长、平均词长、第一人称复数代词、动词被动式占比、情态动词占比、形容词/副词与名词/动词占比、空间/时间词占比九个指标方面可信度较高。在积极度、非相邻性、不确定性三个指标上存在显著差异。

（7）中美企业中英文年报的主导语篇结构关系类别为概念关系，工行多于花旗银行。工行语篇的人际关系远低于花旗银行语篇。花旗银行年报使用了较多的让步、对照、评价、从属等人际关系。相比之下，工行语篇的信息性更强，倾向于对事实和信息的呈现，而花旗银行语篇的劝说性更强，倾向于对态度和判断的表达。花旗银行年报对非财务信息的披露更完全，工行年报对公司战略和顾客满意度指标的披露更加充分。在公司外部环境指标中，工行使用了环境和并列关系，而花旗银行使用了让步关系。在公司战略、风险及应对措施和顾客满意度指标中，工行使用的结构关系集中于阐述、并列和意愿性结果关系，而花旗银行使用的结构关系种类较多且分布较均匀。中美企业年报在语篇结构功能上均包含阐述、并列、准备、目的、方式、意愿性结果等六种结构关系。工行年报语篇单独使用了背景和综述两类结构关系；而花旗银行年报语篇单独使用了意愿性原因、非意愿性原因和证据三类结构关系。两类语篇都较多使用单核心关系实现传播功能，工行多用呈现关系传播策略，花旗银行多用主题关系传播策略，二者差异明显。

本研究通过预测中外企业年报话语质量对资本市场收益的影响得到以下七个发现：

（1）企业年报互文性特征与企业绩效存在显著影响关系。中国企业年报中文首席执行官致辞披露的绩效信息量、前瞻性信息量分别与净资产收益率和每股收益负相关，而美国企业的英文年报首席执行官致辞的引语动词量与每股收益负相关。

（2）词汇复杂度较高的年报在窗口期内发生异常收益的天数远多于词汇复杂度较低的年报。在（2，30）事件窗口期内，词汇具体性较高的年报累计异常收益率显著高于词汇具体性较低的年报。句法复杂度较低的年报在窗口期内发生异常收益的天数远多于句法复杂度较高的年报。在（2，30）事件窗口期内，动词-动词论元结构频率较高的年报累计异常收益率显著较低。从长期来看，年报话语中的动词-动词论元结构的使用频率影响投资者对年报信息披露的反应。

（3）在窗口期内，迷雾指数较高与较低企业年报的累计异常收益率均值之间不存在显著差异。企业年报话语可读性高低对资本市场收益没有显著影响。

（4）总体而言，在窗口期内，企业年报劝说性功能对资本市场累计异常收益率具有显著正向影响，劝说性较高的企业年报的影响显著高于劝说性较低的企业年报。立场表达信息聚合性较高的年报累计异常收益率显著高于较低的年报。从长期来看，企业年报话语的立场表达信息聚合性会影响投资者对年报信息披露的反应。

（5）企业年报文本积极情感倾向和未来情感倾向与资本市场收益表现出较强的相关性。在短期窗口内，累计异常收益率受到企业年报披露的积极情绪和正面消息的影响很大。中外企业年报文本积极情感与未来情感倾向都对资本市场收益产生正向效应。中国企业年报中未来情感特征高于积极情感特征。外国企业年报积极情感倾向对市场收益率的影响比中国企业年报更加突出，但年报未来情感倾向的效应不如中国企业年报，两者相比存在显著差异。进一步分析和验证发现，1）在（2，30）事件窗口期内，情感倾向性较高与较低的年报的累计异常收益率存在显著差异，前者对累计异常收益率的影响显著高于后者。2）从长期来看，年报文本情感倾向性会影响投资者对年报信息披露的反应，具有一定的信息含量。3）回归分析显示，在控制市场异象和公司财务基本面的情况下，年报情感倾向性对资本市场收益会产生显著正向影响。

（6）中国企业年报的激励动词占比、积极词占比、平均词长、感染力四项话语可信度指标与三项财务绩效指标都显著负相关，其中，与可信度相关性最大的是每股收益——与六个话语可信度指标显著负相关。平均句长、第一人称复数代词、动词被动式占比、情态动词占比和表现力五个话语可信度指标与资产收益率和成本费用利润率无显著相关性。外国企业年报的激励动词占比和感染力两个话语可信度指标与财务绩效显著相关，平均句长、第一人称复数代词和情态动词占比与企业绩效显著负相关，积极词占比、平均词长、动词被动式占比、表现力四项指标均与财务绩效具有负相关性，但不显著。中外企业年报的话语可信度指标都与企业绩效负相关。两类年报在激励动词占比和感染力指标上特点相同，都与企业绩效显著负相关；差异性存在于其他七个可信度指标上。

（7）在事件窗口期内，在控制市场异象和企业财务基本面对市场收益的影响下，企业年报话语的可读性、劝说性和情感倾向性对企业年报信息披露的长期市场收益具有显著的正向影响。文本情感倾向性对资本市场收益的影响效应最大，劝说性的影响效应次之，可读性的影响效应最小。

目 录
CONTENTS

第1章 引 论 ·· 1
  1.1 研究背景 ··· 1
  1.2 研究意义与贡献 ·· 3
  1.3 话语的定义与分类 ·· 6
  1.4 企业年报与企业话语的定义与分类 ··· 8
  1.5 企业年报研究概况 ·· 10

第2章 企业年报话语质量研究现状 ··· 13
  2.1 核心概念 ··· 13
  2.2 企业年报文本互文性研究 ·· 20
  2.3 企业年报文本复杂度研究 ·· 21
  2.4 企业年报文本可读性研究 ·· 23
  2.5 企业年报文本修辞结构关系研究 ·· 25
  2.6 企业年报文本情感倾向性研究 ··· 27
  2.7 企业年报话语可信度研究 ·· 28
  2.8 企业年报话语对资本市场收益的影响研究 ····························· 30

第3章 企业年报话语质量评价的理论基础与方法 ····························· 33
  3.1 语言学理论基础 ··· 33
  3.2 经济学理论基础 ··· 45
  3.3 影响机理 ··· 49
  3.4 理论模型 ··· 54
  3.5 研究语料 ··· 55
  3.6 研究方法 ··· 59

第 4 章　企业年报话语质量特征评价分析 ·············· 73
　　4.1　企业年报文本互文性特征 ···················· 73
　　4.2　企业年报文本复杂度特征 ···················· 78
　　4.3　企业年报文本可读性特征 ···················· 86
　　4.4　企业年报文本修辞结构关系与功能特征 ············ 108
　　4.5　企业年报文本情感倾向性特征 ················· 128
　　4.6　企业年报话语可信度特征 ···················· 133

第 5 章　企业年报话语交际功能特征评价分析 ············ 139
　　5.1　多维话语交际功能特征分析框架 ················ 139
　　5.2　研究问题、语料与方法 ····················· 141
　　5.3　中美企业年报多维话语交际功能特征对比 ··········· 142
　　5.4　中美企业年报劝说性话语功能多维测量与对比 ········· 146
　　5.5　研究发现 ··························· 152

第 6 章　企业年报话语质量影响资本市场收益的预测分析 ······ 153
　　6.1　企业年报文本互文性影响预测 ················· 153
　　6.2　企业年报文本复杂度影响预测 ················· 156
　　6.3　企业年报文本可读性影响预测 ················· 159
　　6.4　企业年报文本劝说性功能影响预测 ··············· 165
　　6.5　企业年报文本情感倾向性影响预测 ··············· 167
　　6.6　企业年报话语可信度影响预测 ················· 170
　　6.7　企业年报话语质量影响预测 ·················· 173

第 7 章　企业年报话语质量评价研究结论与展望 ··········· 177
　　7.1　企业年报话语质量多维评价特征研究结论 ··········· 177
　　7.2　企业年报话语质量的经济影响研究结论 ············ 181
　　7.3　企业年报话语未来研究方向 ·················· 184
　　7.4　企业年报话语质量研究建议 ·················· 185

参考文献 ······························ 187

第 1 章

引 论

1.1 研究背景

近几年,我国与"一带一路"沿线国家不断加强合作,对外贸易规模不断扩大。截至 2020 年 5 月,中国政府已先后与 138 个国家、30 个国际组织签署 200 份共建"一带一路"合作文件。《中国"一带一路"贸易投资发展报告 2020》显示,"一带一路"建设 7 年来,我国同沿线国家的贸易往来持续增长。2019 年,中国与 138 个签署"一带一路"合作文件的国家的货物贸易总额达 1.90 万亿美元,占中国货物贸易总额的 41.5%,服务进出口总额达 1 178.8 亿美元。

同时,我国对沿线国家直接投资规模持续拓展。2013—2019 年,中国企业对"一带一路"沿线国家非金融类直接投资累计超过 1 000 亿美元,年均增长 4.4%,较同期全国平均水平高 1.4 个百分点,主要投向新加坡、越南、老挝、印度尼西亚等国。此外,截至 2019 年年底,中国已与 25 个国家和地区达成了 17 个自贸协定,正在开展 12 个自贸协定谈判或升级谈判,以及 10 个自贸协定联合可行性研究或升级研究。面向全球的高标准自贸区网络正在加快构筑。

根据商务部发布的《中国对外投资合作发展报告 2020》,2019 年,全球对外直接投资流量扭转上年下跌态势。据联合国贸易和发展会议发布的《2020 年世界投资报告》,全球对外直接投资增长至 13 137.7 亿美元,同比增加 33.2%。2019 年,中国对外直接投资流量为 1 369.1 亿美元,对外直接投资流量高出美国 120.1

亿美元，为日本同期的 60.4%，全球占比达 10.4%，继续保持全球第二位，连续 8 年居全球前三位。

中国企业正加快"走出去"的步伐，纷纷到海外投资、建立分公司、上市等。企业在海外上市后需要接受上市公司监管机构的严格监管。上市公司分为在国内证券交易所上市的股份有限公司和在海外证券交易所上市的股份有限公司。几乎所有市场经济国家的立法机构都制定了严格的法律法规，迫使其管辖范围内的上市公司披露必要的信息，以减少投资者由于信息不对称而受到的利益损害。受监管的公司多采取书面报告的形式以满足披露要求。

企业必须按要求定期发布财务报告，包括年度财务报告（年报）、季度财务报告、审计报告、社会责任报告等。企业年报是商业领域的重要文件，上市公司通过企业年报与外部利益相关者沟通。企业年报与企业形象塑造之间有着密切的联系。企业形象具有客观性与主观性（范红，2013）。客观形象包含其品牌标识、产品设计、广告公关、办公厂房及楼宇等可被直观感知的部分。上市企业年报针对企业年度报告期内的生产经营概况、财务状况等信息进行强制性披露，其内容包含财务数据和文本描述两部分。以往关于年报的传统研究主要关注财务数据的披露状况，对年报的话语特征考查不多。相对于客观形象，企业主观形象的研究更为复杂、多元（杨航，2020）。近年来，中国企业海外形象受到研究者的关注，而企业年报成为企业在投资者认知中树立良好形象的工具。企业年报通过文字叙述企业在上一年度的运营状况，公布信息、提升品牌影响力，传递价值观念，促进理解与合作，引导人们关注企业的未来，其中的非财务叙事语篇通过易于理解的语言诱发行动（Amernic and Craig，2006）。因此，企业年报质量成为关注企业国际化的重点方面之一。

本研究至少涉及资本市场中的三大群体：国内企业、投资者和监管机构。1）对国内企业而言，本研究将会有助于其提高财务信息的披露程度，因为只有全面、有效、简洁的财务信息才会有助于投资者更好地了解企业。研究表明，那些冗长又复杂的财务报表往往需要投资者花费较多的时间去理解。2）对投资者，特别是那些并不具备必要的金融和会计知识的业余人士而言，他们同样可以在一定程度上通过测量文本的可读性评估企业的财务绩效。3）对监管机构而言，本研究有助于规范和优化企业年报的撰写。长久以来，监管机构都在极力追求年报的高度统一，然而，高度统一性并不代表高度可读性。Mondher Fakhfakh（2015）的研究表明：监管机构制定的标准审计报告，同样晦涩难懂。所以，对监管机构而言，提高年报文字质量的可读性，永无止境。

企业年报（Corporate Annual Reports，CARs）是上市公司与投资者沟通的重要手段。企业年报由财务报表和文字叙述部分构成，主要披露企业经营状况、资产负债和收益情况，它作为一种商务沟通方式受到商务话语研究的高度关注（Ali，Abu，and Yuit，2013）。年报话语对资本市场的影响不容忽视。Davis 等（2012），Demers、Vega（2010）和 Huang 等人（2014）的研究显示，盈利企业年报语篇中的乐观陈述与市场收益率显著相关。Li（2010）发现，年报前景预测披露语气（tone）对企业未来盈利有影响。Lang、Stice-Lawrence（2015），Courtis、Hassan（2002）和 Li（2008）发现，年报篇幅、可读性等话语特征与企业绩效和资本市场的反应显著相关，关系到信息传递的信度、效度和效率，进而影响资本市场的信心和运作效率。国内学者研究影响投资决策的年报非财务信息指标（胡元木、谭有超，2013），没有涉及年报话语形式和质量对资本市场和投资收益的影响。随着"一带一路"建设与企业不断"走出去"，中国企业不断拓展海外市场规模，寻求兼并收购。基于此，本研究对我国企业"走出去"和提高年报话语质量将起到积极作用。

1.2　研究意义与贡献

1.2.1　学术价值

（1）拓展了语言学与经济学的跨学科视角

本研究是语言学研究在企业管理和财务沟通实践中进行应用的尝试，拓宽了语言研究的学术价值和学术领域。本研究尝试将体裁理论、修辞结构理论、系统功能语言学、语料库语言学、情感分析理论、叙事经济学、语言经济学、语言管理学等语言学理论和印象管理、信号传递理论、有效市场假说、代理理论等经济学理论与管理学理论相结合，构建一个上市公司财务年报语篇的可测量指标体系和分析框架，再运用 RSTTool345 软件工具考查语篇结构关系，运用 Coh-Metrix 软件考查语篇可读性，借助 DICTION 软件考查年报语篇情感倾向性，借助 MAT 等语料库多维分析软件考查年报文本劝说性功能特点，全面分析中外上市公司年报的语篇质量特征，并通过经济学计量模型和回归方程测算各项话语质量指标，预测资本市场收益和企业绩效，因而具有很强的理论构建性和跨学科研究性。

（2）进一步加深对语言经济价值的认识

本研究是语言学研究在企业管理实践中应用的尝试——从话语的信息沟通功能和劝说功能两个角度考查企业年报话语在信息披露过程中的功能与作用，测量企业年报话语质量如何引起资本市场的波动和反应，探讨话语质量对资本市场收益率和企业绩效的预测力，进一步验证语言带来的经济力量、经济后果和经济学价值。

1.2.2 现实价值

（1）有助于提升我国上市企业的国际化水平

当前我国企业围绕"一带一路"倡议，加快实施"走出去"战略，积极参与国际竞争与合作，为经济发展带来了新的机遇和挑战。企业年报的功能正逐渐由"信息披露"向"对外传播"转变（Bhatia，2008），企业年报在对外传播方面将发挥越来越大的作用。本研究对比了中外上市公司企业年报，有助于我国上市企业借鉴国际经验和做法，探索对外传播策略，提升话语能力和对外传播能力，树立良好海外形象。

（2）促进我国上市企业年报话语质量的提升

上市企业年报话语质量关系到投资者的投资利益和企业的对外传播效果。中国证券监督管理委员会（中国证监会）2012年发布的《公开发行证券的公司信息披露内容与格式准则第2号》增加了有关非财务信息和自愿性信息披露的条款，对年报的语言质量提出了新的要求。因此，本研究对比研究了中外上市企业年报的话语质量及其对投资和股市的影响，将帮助我国企业克服语言的跨文化影响因素，提高年报信息披露的质量和有效性，提高读者的接受度。

1.2.3 贡献

本研究从跨学科的视角考查企业年报话语质量与资本市场收益之间的关系，具有以下理论贡献和方法贡献。

1.2.3.1 理论贡献

本研究在概念定义、理论框架和理论假设三个方面做出了贡献。

（1）提出"企业年报话语质量"概念

近年来，对企业年报话语研究的关注日益增多。以往对企业财务信息披露质量的研究多关注财务报表数据的质量，较少关注企业年报话语的语言传播质量。但是企业年报披露的文字信息和财务报表披露的会计信息无论是在编制基础、信息特征还是在表现形式上均有所不同。本研究提出"企业年报话语质量"概念，对开展企业年报话语质量研究是一个概念创新和贡献。

（2）构建出企业年报话语质量多维分析框架

本研究基于体裁理论、系统功能语言学、可读性理论、情感分析理论、叙事经济学、语言管理学理论等语言学理论，构建起企业年报话语传播功能研究框架，丰富了商务话语研究的理论体系。商务话语作为一种应用性较强的特殊体裁话语，其发挥的交际功能与所处的情景语境和社会文化背景息息相关。本研究综合考查企业年报话语质量所表现出来的交际功能，从互文性、文本复杂度、文本可读性、文本修辞结构关系、文本情感倾向性、话语可信度六大维度，建立起企业年报话语质量多维分析框架，并预测企业年报话语质量在企业基本面和市场异象因素干扰下，是否会引起市场波动，是否会影响资本市场收益率和企业绩效，这对开展企业年报话语质量研究是一个框架体系的理论贡献。

（3）提出利用企业年报话语质量预测资本市场收益率的假设

以往企业年报研究关注经济数据和财务信息对资本市场的影响，很少关注年报文本的互文性、复杂度、可读性、情感倾向性等企业年报话语特征是否也会对资本市场产生影响。本研究从理论层面探讨企业年报话语质量为何能影响资本市场收益率，将语言学理论与金融学、管理学理论相结合，从印象管理、有效市场假说和信号传递理论等不同角度，提出企业年报话语质量会产生资本市场效应的理论假设，这对开展企业年报话语质量研究是一个跨学科的理论贡献。

1.2.3.2 方法贡献

（1）本研究建立了国内首个中外上市企业年报语料库（2亿词）

本研究建立了国内首个大型"中外上市企业年报语料库（2亿词）"，收集了纽交所上市企业2012—2016年的中英文年报全文电子文本，以及世界500强中外上市企业年报，总容量超过2亿词，然后经过文本清洁和格式转换，将其加工成语料库工具可读语料。

（2）本研究采用多工具组合方法测量中外上市企业年报话语质量

本研究利用语料库工具WordSmith、MAT、PowerGREP、PatConc、GoTagger、LancsBox、ICTCLAS、Coh-Metrix、Diction、LSA等提取企业年报的话语特征和语

义特征，考查企业年报文本质量的多维特征，包括互文性、文本复杂度、文本可读性、文本修辞结构关系、文本情感倾向性、话语可信度等，同时配合案例分析、内容分析和事件分析等定性分析方法，为企业年报话语质量研究提供了方法和思路。

（3）采用计量经济学和统计学方法考查企业年报话语质量对经济产生的影响

本研究多维度考查了企业年报话语质量对资本市场收益率的预测力，利用描述性统计分析、t检验、方差分析等计量经济学研究方法，对比了中外企业年报话语质量之间的差异；利用t检验、相关性分析、多元回归分析和事件分析等计量经济学研究方法预测了年报话语质量对资本市场收益率和企业绩效的影响，探析了企业年报话语质量引起资本市场反应的原因，拓展了企业话语与资本市场表现研究的方法。

1.3　话语的定义与分类

话语分析起源于西方的语言学研究，discourse通常被翻译成话语或语篇，前者多指口语表现形式，后者则多指书面表现形式。话语分析（discourse analysis）的理论基础包括符号学理论、言语行为理论、功能语言学。符号学中的"能指与所指"概念和"语言任意性"原则指明了语言与社会的互动作用——语言具有编码功能和价值生成功能，因此它是社会生活中用于创造意义的资源手段。语言不仅仅反映现实，也创造现实，在社会的建构中起着重要的作用"（张绍杰，2003：100）。言语行为理论对话语分析的意义在于人们借助言语行为描写单个语句的交际功能，并解释它们在语篇中的相互关系（辛斌，2007）；强调话语是人们改变世界的一种社会行为形式，因为话语必须在社会规约下方能促成行动（Jørgensen and Phillips，2002）。言语行为理论中关于规则和以言行事的分类，关于施事动词的讨论和言外之力的概念，均为对话分析提供了有效的分析框架（Brown and Yule，1983；Fairhurst and Cooren，2004）。话语分析重点关注以下三个方面：1）话语作为一种社会实践；2）话语权力关系的建构与表达；3）话语的运作机制。

1.3.1 话语的定义

话语是大于小句和句子的语篇单位（Stubbs，1983），记录语言在不同的社会、政治和文化领域中发挥的作用。van Dijk（2011）认为话语是一种实践活动，是人们日常生活社会情境的一部分；话语作用的发挥并不局限于通过语言的使用，还借助其他的符号学系统来实现；话语存在不同的形式（type）、种类（sort）或体裁（genre）。

话语通常指一系列连续的话段或句子构成的语言整体。它可以是独白、对话，也可以是众人交谈；可以是文字标志，也可以是诗歌、小说。它可以是讲话，也可以是文章；短则一二句即可成篇，长则洋洋万言。所以，无论是一句问候、一次讲话、一场论文答辩、一次记者招待会的问答，还是一张便条、一封书信、一份科研报告、一本文稿，都可以是话语（黄国文，1988）。

福柯（2017）认为：1）话语是一种陈述，是所有带有意义的言语或语篇，而且话语实践能够对现实世界产生效果。2）话语具有某一群体的言语特征，在某种程度上具有规律性，而且具有共同的连贯性和力量。3）话语用来解释和陈述有规律的实践，其关注点不是具体的言语或语篇，而是话语背后蕴含的制约话语具体实现的文化特征和意识形态。

Barbara Johnstone（2018）认为：话语既是一个不可数名词或物质名词（discourse），又是一个可数名词（discourses），两者各有其含义。"不可数的话语"用来区分"话语分析"和"语言分析"。语言只是一个抽象的规则或结构系统，而话语分析有趣的地方则是人们使用这个系统时的具体情形。由于语言规则是从话语中抽象出来的，所以话语既是语言知识的来源，又是语言知识的结果。"可数的话语"指的是各种传统的说话方式,这些说话方式既创造了传统的思维方式，又被传统的思维方式所创造。话语不仅仅是言语，同时也是观念，两者相互影响。各种说话方式创造了不同的思想意识，使之得以发展，并创造了关于世界的认识和观念。

1.3.2 话语的分类

话语包括三个部分：话语能力、话语体系、话语权。话语体系包括一系列子话语，例如政治话语、经济话语、法律话语、文化话语、科技话语、学术话语、教育话语、传媒话语等专用话语（discourse for specific purposes），见图1.1。

经济话语特指国际组织、国家、企业或个人在国际经济交往活动中沟通经济信息、阐述经济主张、表达经济思想、促进经贸交流、增强经济话语权的话语（安丰存、王铭玉，2019）。由此可见，企业话语属于经济话语的重要组成部分，而企业年报话语则是企业话语和企业传播的重要话语类型，需要开展深入研究。

图 1.1　话语的分类

1.4　企业年报与企业话语的定义与分类

1.4.1　企业年报的定义

企业年报是指包含定量信息、叙述、图片和图表的正式沟通文件，是上市公司向股东提供公司业绩和经营能力信息的通道，有助于股东对是否投入资金、投入多少资金以及如何调整管理结构进行判断。当投资者不能完全了解公司经营状况和财务报表信息时，他们可能会对投资产生犹豫心理，因此，有效的沟通至关重要。当信息发布者能够按照预期来向信息接收者解释信息时，该沟通过程就是有效沟通。然而，当企业年报内容的可读性低时，大多数读者难以理解年报内容，这种信息沟通可能会受到阻碍。在这种情况下，投资者可能会误解年报内容。因此，包含全面且有效信息的企业年报对企业的潜在与实质性发展起到了重要的作用。

1.4.2　企业年报的分类

企业披露财务信息的文本一般包括年度报告、季度报告、招股说明书、盈余公告、管理层盈余预告及电话会议纪要等。上市公司定期提交的报告可大致分为年度报告和中期报告（包括季度报告和半年度报告）。显然，年度报告在所有的报告中重要性最强，关注度最高。三大财务报表——资产负债表、损益表、现金流量表占据了年度报告的大量篇幅。但是，近年来，年报融入了很多文字说明

（如股东致函、管理层讨论与分析、业务审查等），使它的内容和形式都发生了重大变化。

Courtis（1995）认为，企业发布年报的目的是向股东、投资者以及其他读者告知企业的经营情况、现行财务报表和管理结构。国外的典型企业年报通常包括以下11个部分：1）公司综合信息；2）经营和财务状况；3）董事报告；4）公司治理信息；5）首席执行官致辞；6）审计报告；7）非审计信息；8）财务报表；9）财务报表附注；10）会计政策；11）其他内容。我国上市企业的年报一般包括8个部分：1）公司简介；2）会计数据和业务数据摘要；3）股东情况介绍；4）股东大会简介；5）董事会报告；6）监事会报告；7）重要事项；8）财务会计报告。

1.4.3 企业话语的定义与分类

企业话语属于中观经济话语，特指组织机构话语。它是一种特殊的话语体裁，指在企业语境中使用的具有一定功能的口头和书面语言（Nickerson，2000），以及图示、符号、身势语等。企业话语有对外和对内之分：对外部而言，企业话语指一个企业选择向全世界、目标市场或现有客户传达一系列信息时使用的语言；对内部而言，它包括企业内部传达消息的语言，例如用于与员工沟通的语言，或面向特定利益相关方的语言（Breeze，2015）。

企业话语分为宏观战略管理和微观沟通管理。话语战略管理指跨国公司面对多文化和语言多样化的状况而采用的语言政策和规划，涉及语言的工具性、文化性、管理性、印象管理、障碍度、组织性等（Zanoni et al.，2004）。话语战略管理常用于企业跨国并购后的整合管理，说明行政作用和"权利"的殖民性与语言问题的联系，主要关注合资和并购后的公司的"中间语"和"公司通用语"；具体指公司特有的语言交流和表达方式，如首字母缩写词、特殊用语和公司在管理过程中的专业术语等。话语战略管理主要通过印象管理实现，通过操纵信息披露的话语内容和形式、自利性、归因和隐藏等手段，管控企业话语传播，控制公司信息主要接收者（股东、股民、政府、供应商等）对公司的印象，关注公司管理层话语信息的特点和相应的法律法规空白，从而影响投资决策行为（Leung et al.，2015），实现公司目标和绩效，规避风险和影响，等等。话语战略管理包括语言障碍度管理和组织话语管理：语言障碍度指跨国企业面临的语言障碍等级和难度，包括语言多样性、语言扩散度、语言熟练度等；组织话语管理指贯穿组织日常管理与运营的话语活动，包括修辞功能、协调功能、认知功能等，涉及组织话语分析、组织语用分析、组织话语构建、组织话语批评等模式（李琳、王立非，2019）。

话语沟通管理指多种语言所代表的语言竞争关系和等级，反映出语言使用者在公司内部的状况和实力。话语沟通管理强调语言的工具性，把话语看成传递信息的活动，主要关注跨国公司内部的沟通，以及话语技巧在跨国公司沟通中的积极和消极作用。话语沟通管理把语言理解和文化创新作为关键，主要关注国际管理团队成员之间的互动、影响和结果，并从社会语言学的角度检验跨语言团队的人际沟通活动和管理人员与职工之间的工作关系，探索成员的领导交际能力和沟通偏好（李琳、王立非，2019）。

1.5 企业年报研究概况

近 20 年来，对企业年报的研究逐渐转向对年报文本进行分析研究（Loughran and McDonald，2016；Henry，2008）。Bekey（1990）认为，企业年报中的文字说明和分析包含重要的信息，能帮助非业内人士理解报告内容。他对字数统计进行调查，结果显示，文字叙述和分析占企业年报篇幅的一半以上，文字叙述的丰富形式——首席执行官致辞、业务审视与财务状况、董事会报告、公司治理报告、薪酬报告、社会环境报告、管理层讨论与分析和股东致函等——也反映出其重要性。但相关研究的跨学科融合程度较低。

在 Web of Science 期刊数据库[1]检索关键词[2]，将发表时间限定为 2005—2020 年，通过筛选，得到 159 篇与企业年报话语研究相关的 SSCI 期刊论文。经统计发现这些论文具有以下两个特点：

（1）语言学对企业年报话语的关注度上升

---

[1] 即 Web of Science 数据库核心合集中的社会科学引文索引（SSCI）数据库。
[2] "textual analysis" and "financial report"、"textual analysis" and "accounting"、"textual analysis" and "annual report"、"textual analysis" and "quarterly report"、"textual analysis" and "earnings press release"、"textual analysis" and "earnings conference call"、"textual analysis" and "earnings announcement"、"textual analysis" and "IPO prospectus"、"textual analysis" and "accounting"、"corporate report narratives"、"corporate accounting narratives" 等。

2005—2018 年，国外企业年报话语的语言学研究总体呈波浪式上升趋势，企业年报话语近一半（占 44.8%）的论文发表在语言学期刊上，如 *English for Specific Purposes*、*Text & Talk*、*Journal of Pragmatics* 等，反映出企业年报话语研究的语言学属性。此外，有相当一部分研究发表在传播学期刊上，发表量最大的前五份期刊中有四份是传播学期刊，如 *IEEE Transaction on Professional Communication*、*International Journal of Business Communication*、*Journal of Business*、*Technical Communication*。传播类期刊发文量占总发文量的 34.5%，反映出企业年报话语在企业传播领域受到关注。广告学、心理学、公共关系学等期刊也关注企业年报话语，如 *Journal of Advertising*、*Public Relations Review* 等，这更加证明了年报话语研究的跨学科特点。

（2）会计金融领域对企业年报话语的研究呈上升趋势

2012—2016 年来会计金融领域企业年报话语论文的发文数量持续增长，截至 2018 年，发文量较五年前增长了近三倍，这表明会计金融领域出现了语言转向，开始关注企业年报文本研究。统计显示，大多数（占 67.3%）论文发表在会计类期刊上，如 *Journal of Accounting and Economics*、*Accounting Auditing and Accountability Journal*、*Accounting and Business Research*、*Accounting Review*、*Corporate Governance—An International Review*、*Management Science* 等。还有部分论文发表在金融类期刊上，如 *Journal of Behavioral Finance*、*Journal of Financial Economics*、*Financial Management*、*International Review of Financial Analysis* 等，金融类期刊发文量占总发文量的 15.1%。企业年报话语研究成果还发表在计算机科学、经济学、商务沟通学等不同领域的期刊上，如 *Decision Support Systems*、*Applied Economics Letters*、*International Journal of Business Communication* 等，反映出企业年报报表文本研究具有跨学科属性。

相对于财务报表，企业年报的文字叙述部分的自由度较大，因而，文本信息可以为学者们探究市场效率提供更多有价值的信息（Li，2006）。总之，企业年报文本包含了众多信息，具有很高的研究价值（肖浩 等，2016），对会计信息的交流与传播发挥着至关重要的作用。近年来，计算机技术，尤其是自然语言处理技术的发展，为企业年报话语特征等非结构化文本数据的抓取和量化提供了条件，因此，越来越多的学者开始关注企业年报文本研究。

第 2 章

企业年报话语质量研究现状

本研究对核心概念进行了定义，从企业年报的互文性、文本复杂度、文本可读性、文本修辞结构关系、文本情感倾向性、话语可信度等维度综述国内外企业年报话语研究现状，并介绍了年报话语如何影响企业绩效和资本市场收益的研究进展。

2.1 核心概念

本研究考查的企业年报话语质量的核心概念指标包括互文性、文本复杂度、文本可读性、文本修辞结构关系、文本情感倾向性、话语可信度等，本研究考查的企业财务指标包括企业绩效和资本市场收益。本节先对相关核心概念进行定义。

2.1.1 互文性

本研究要考查的第一个概念是互文性（intertextuality），其最早由 Kristeva 在 1966 年提出。在巴赫金对话理论的基础上，Kristeva 提出，任何文本都不是独立的，都会从其他文本中借用词汇、引语和意义（Broadfoot, Deetz, and Anderson, 2004: 201），因而文本存在于与其他文本相互联系的对话中，任何文本都是对其他文本的吸收和转换。互文性不仅解释了文本间存在的联系，还影响了文本的生成方式。Hohl Trillini 和 Quassdorf（2010）提出，互文过程至少包含时间上一前一后两个文本，以及可在后文中辨认出之前文本的内容。由于文本功能不同，互文性呈现出不同的形式，被用于不同的话语共同体（Scollon，2004）。

互文性依据两种不同关系可分为两类：1）语篇与其他特定语篇的关系；2）语篇与特定规约的关系，包括话语规约、体裁规约、文化规约等，作者和读者凭借规约赋予语篇意义（Solin，2004；辛斌，2008）。前者被称为显著互文性，后者被称为构成互文性（Fairclough，1992）。其中，显著互文性指的是语篇表层与其他特定语篇的凸显关系，属于文本的外部特征；而构成互文性被 Bhatia（2010）进一步发展为互语性（interdiscursivity），指特定语篇与不同话语、体裁、文化等规约的杂糅，包括"话语的社会秩序、话语的机构秩序、话语类型以及构成话语类型"的不同要素，涉及语篇所指的整个语言系统，属于文本的内部特征（Bahtia，2010；武建国，2012）。本研究选用互文性指标测量企业年报的互文性。

2.1.2 文本复杂度

本研究要考查的第二个概念是文本复杂度。de Beaugrande 和 Dressler（1981）将文本定义为符合篇章性标准的交际事件，提出 7 个测量语篇的指标，分别是衔接性（cohesion）、连贯性（coherence）、意向性（intentionality）、可接受性（acceptability）、信息性（informativity）、情景性（situationality）和互文性（intertextuality）。如果未完全达到这 7 个标准，语篇就不具有交际性。

Roseberry（1995）在 Halliday、Hasan（1989）和 Hoey（1991）等人的基础上，构建了 6 个文本测量指标，包括连贯（conjunction）、连贯距离（conjunctive reach）、具体性（specificity）、连接性（connectivity）、话题相关性（topic relatedness）、话题转变（topic shift）。和 de Beaugrande 和 Dressler（1981）的语篇测量指标相比，Roseberry 的研究缺少了互文性和情景性，并将意向性、可接受性和信息性 3 个指标合并为话题相关性指标，并根据每个指标在语篇中出现的频率，对语篇沟通有效性进行打分：0 分为特征不存在，1 分表示特征存在，2 分表示出现频数较多。这一指标体系经过了 19 位专家的评定，可靠性和有效性较好。

Sydserff、Weetman（1999）基于 de Beaugrande、Dressler（1981）和 Roseberry（1995）的理论和指标，结合企业年报文本的特征，构建了评价企业年报文本复杂度的指数模型，包含 7 个测量指标，分别为主题性（topicality）、互文性

(intertextuality)、语法连贯(conjunction-based grammatical cohesion)、语义连贯(connectivity based on lexical cohesion and reach)、信息变类(shift in information category)、具体性(specificity)、情景性(situationality)。Sydserff 和 Weetman (1999)对每个指标的测量做出详细规定,但指标测评需要人工标注。本研究选用以上部分指标测量企业年报的文本复杂度。

2.1.3 文本可读性

本研究要考查的第三个概念是文本可读性。文本可读性可以定义为"使文本更容易阅读"的文本特征(DuBay, 2004),通常由弗莱士易读度(Flesch Reading Ease)、弗莱士–金凯德年级水平(Flecsh-Kincaid Grade Level)和迷雾指数(Gunning Fog Index)衡量。弗莱士易读度衡量文章的阅读难度,分数越高表示文本越容易阅读(Flecsh, 1948)。同样以词长和句长作为变量,Kincaid (1975)提出了弗莱士–金凯德年级水平,用以测算要轻松读懂某篇文章,读者需要具备多少年的正规教育,因此分数越高代表着文本越难以阅读。而迷雾指数(Gunning, 1952)虽然是从词数、难度、完整思维的数量和平均句长等方面考查一篇文章的阅读难度,但同样是以教育年来数量化文章的可读性。

本研究在测量文本可读性时采用了迷雾指数。迷雾指数由 Robert Gunning 在 1952 年提出,用于测量读者想要理解一篇文本所必备的教育水平。实际上,"迷雾指数"这种表达相当生动形象,因为当时 Robert 观察到许多报纸和商业文件中包含大量的复杂词语,它们就像是笼罩在读者面前的"迷雾"一般,让读者不知所云。迷雾指数的计算公式是: 0.4×[(单词总数/句子总数)+100×(长单词数量/单词总数)]。如果仔细观察就可以发现弗莱士指数和迷雾指数的测量方式稍有不同。虽然两者都考虑词长和句长,但迷雾指数计算"难词数"而非"音节数"。与弗莱士指数不同的是,迷雾指数得分越高,文本的可读性越低(见表 2.1)。

表 2.1 各类文本的迷雾指数(Gunning, 1952)

文本类型	迷雾指数
技术文献	19.5
学术文献	17
新闻报纸	13.7
用户手册	12.6
一般流通出版物	9.7
青少年期刊	8.6

2.1.4　文本修辞结构关系

修辞结构理论（rhetorical structure theory，简称 RST）由 William Mann、Sandra Thompson 和 Christian Matthiessen 等人创立。该理论认为，语篇由具有层次结构的语篇单位群建构而成，它们之间有着多种多样的关系，被称为修辞关系（Mann and Thompson，1987）。该理论中最重要的两个概念是结构段（span）和关系。结构段指语篇结构中任何具有 RST 结构的、功能完整的片段（王伟，1994），其实现形式是语篇单位，简称篇位（unit）。Mann、Thompson（1987）以功能独立、完整的小句作为基本篇位（EDU）。语篇中的各个部分由语篇关系连接起来组成更大的部分，最终形成意义完整的语篇。Mann、Thompson（1988）指出，自然语篇共有 31 种修辞结构关系，其中包含 24 种单核关系和 7 种多核关系（Taboada and Mann，2006）。单核关系包含提供重要信息的核心结构段和提供次要信息的辅助结构段。多核关系包含两个以上（或多个）结构段，各个结构段之间没有核心或辅助结构之分，呈并列关系（Carlson and Marcu，2001）。本研究选用了单核和多核修辞结构关系特征来测量企业年报语篇的结构关系。

2.1.5　文本情感倾向性

本研究将投资者阅读年报文字信息的过程概念化，研究他们是否会根据不同的文本语气做出不同的决策，产生认知结构的改变。文本情感分析主要涉及主题抽取、观点抽取、陈述选择、评价词抽取以及情感识别等（陆文星、王燕飞，2012）。根据文本的颗粒度，情感分析可划分为词（Esuli，2005）、句子（Benamara et al.，2011）和篇章（Li and Xu，2014）三个分析层级。目前情感分析领域的主流研究方法分为有监督学习和无监督学习两种，其中贝叶斯、支持向量机、最大熵分类器等有监督学习方法被广泛使用。主要流程是先对文本语料进行极性标注，然后将其拆分为训练集和测试集。对于训练集，大多是采用词集或者词袋模型，将文本单元作为词语的集合，以其中的单词、词性或者多词为文本特征进行训练，得到分类模型，最后使用测试集对分类模型的性能进行测试。

无监督学习方法主要是基于情感词典匹配方法、语义模式匹配方法以及二者的混合方法。针对基于情感词典匹配的方法，情感词典是其中的重要一环，手动标注与维护一个大型的情感词典会受到成本与规模的限制，因此基于种子词与词语关系自动构建词典的方法成为主流。该方法的关键点在于通过单词或短语的无监督极性和主观性标注发现新词，并且判断词语的极性以及计算极性强度。在具体操作上，基于词向量的新词发现方法选择情感词典作为种子集，使用 Word2Vec 训练词向量，将余弦相似度作为词语情感倾向性的判别依据，实验表明该方法可以有效应用于情感新词的发现。特定领域情感词典方法将通过对特定领域的语料使用隐含狄利克雷分布和词汇覆盖算法来提取情感词典，在少量标注的情况下得到更佳的情感倾向性分析结果。对于语义模型的匹配方法，其主要是通过分析文本的语义特征、归纳语义模型来分析文本的情感倾向性。前提是构建语义模式库，并为相应模式赋予对应的情感极值。该方法一般与情感词典方法混合使用。本研究采用情感词典匹配方法对企业年报文本的情感倾向性进行测量。

2.1.6　话语可信度

定义话语可信度并非易事，经济活动中经常会有陈述失实的现象。陈述失实指给出与事实不符的说明或判断，或对某事物的性质提供虚假或误导性陈述。在中国《证券法》中，虚假陈述被认定为当事人违反了有义务披露信息的法律规定，通常采取虚假数据、误导性陈述、重大遗漏和在进行资产/证券交易或公开发行证券的程序中不正当披露信息的形式。此外，中国《广告法》第 8 条还规定广告中对商品的性能、产地、质量等有表示的准确、清楚、明白，此条文也有助于理解陈述失实。据此可以得出结论，企业年报文本的话语可信度意味着年报要清晰、具体和真实。对年报欺诈行为的研究包括财务欺诈和语言欺诈两类，前者属于财务会计研究领域，后者多为语言学家的研究对象。如今，很多其他领域的学者都加入对企业年报的语言欺诈研究。

到目前为止，有两个年报语言欺诈检测模型：一个是包含 24 个指标的模型，另一个是包含 10 个指标的模型。包含 24 个指标的变量模型是由 Humpherys（2011）与其他几位学者协作发明的，他们研究了企业年报的话语可信度和上市公司的财务欺诈之间的关系。为了检验欺诈和非欺诈的语言差异，Humpherys S. L. 等（2011）基于上述理论提炼并构建了 8 个识别维度 24 条语言线索（见表 2.2）。他们根据调查结果进一步分析了不真实的企业年报是否会对财务欺诈具有预警作用。根据美国证监会在 1995—2004 年发布的财务欺诈案件，他们从中选择了 101 个非欺诈并具有标准行业分类（SIC）代码的公司，并将它们与 101 家提交欺诈性年报的公司进行对比。完成语料库创建和数据收集后，他们构建了一个包含 24 个变量的话语特征模型，其中 20 个变量是基于比值，其他 4 个是原始数量统计。这些变量使用一个名为 Agent99 analyzer 的软件处理；并对 24 个变量分别进行独立样本 t 检验，将 α 设置为 0.05。他们得出结论，提交欺诈性财务报表的公司的话语可信度会随之降低。他们的研究证实了利用语言欺诈的变量模型推测年报的财务欺诈行为的可行性，为后人的研究指明了方向。

表 2.2 话语可信度识别的维度及指标（Humpherys S. L., 2011）

维度	话语指标
情感性	*Activation Ratio*: Number of activation words divided by the total number of words; *Affect Ratio*: Total number of affect words divided by the total number of words; *Imagery*: Number of imagery words divided by the total number of words; *Pleasantness Ratio*: Number of pleasantness words
复杂度	*Average Sentence Length*: Number of words divided by total number of sentences; *Average Word Length*: Number of syllables divided by total number of words; *Pausality*: Number of punctuation marks divided by total number of sentences
多样性	*Content Word Diversity*: Percentage of unique content words (number of different content words divided by total number of content words); *Function Word Diversity*: Number of function words divided by total number of sentences; *Lexical Diversity*: Percentage of unique words or terms out of total words
表现力	*Emotiveness*: Ratio of adjective and adverbs to nouns and verbs
非相邻性	*Group References*: First person plural pronoun count divided by total number of verbs; *Other References*: Count of all other singular or plural pronouns divided by total number of verbs; *Passive Verb Ratio*: Number of passive verbs divided by total number of verbs
数量化	*Modifier Quantity*: Total number of modifiers; *Sentence Quantity*: Total number of sentences; *Verb Quantity*: Total number of verbs; *Word Quantity*: Total number of words
具体性	*Sensory Ratio*: Number of words referencing five senses, divided by total number of words; *Spatial Close Ratio, Spatial Far Ratio, Temporal Immediate Ratio*, and *Temporal Nonimmediate Ratio*: Number of words that reference temporal or spatial information divided by total number of words
不确定性	*Modal Verb Ratio*: Number of modal verbs divided by the total number of verbs

2.1.7 企业绩效

评估企业绩效可以首先将其细分为四个要素：盈利能力、资产质量、债务风险和业务增长。主要采用两种方法来测量以上四个指标：一是通过市场的方法，并借助股市的交易数据，其重点是计算股东收益率。这种方法的不足之处是指标高度依赖企业所处市场的灵活性和效率。二是基于财务数据，通过一系列的财务指标评估上述四个要素。这种方法有利于反映企业整体的生产和经营状况，以及过去一年中取得的财务绩效。

在财务术语字典中，财务绩效是一个衡量企业能否通过主要业务模式和所控制的资产产生价值的主观标准，可以表现出企业在特定时期内的财务状况。现代会计学有多种方法来衡量一家企业的财务业绩，其中较为基本的指标包括净利润率（NPM），每股收益（EPS）和净资产收益率（ROE）。净利润率指的是扣除所有成本、费用和企业所得税后的利润率。每股收益代表了普通股股东每持有一股所能享有的企业净利润或需承担的企业净亏损。而净资产收益率即股权收益率，指的是企业税后利润除以净资产得到的百分比，用以衡量企业运用自有资本的效率。

此外，评估企业绩效的指标还包括公司规模、账面市值比、销售量以及杠杆率等代表性指标（Henry，2008）（见表2.3）：

表 2.3 企业绩效与资本市场重要经济指标

经济指标	计算方式
公司规模	年报描述的财政年公司总资产的自然对数
账面市值比	年报描述的财政年每股的账面价值与股价的比值
销售量	销售额与上年相比的变化量
杠杆率	总负债与总资产的比值

公司规模的定义与公司市值的定义相同，其对于判断公司结构有着重要意义：规模越大的公司，其管理的难度也越大，越需要达到综合一致。公司追求市值的最大化也是为了降低股本成本，因为市值本身是在扣除股本成本之后从公司转向消费者的未来预期现金流，降低股本成本就是增加公司市值，从而形成良性循环。在短时间内，公司发行的股票数量可以被看作一个常量，因此在本研究中，市值与总股价的含义是基本一致的。而账面市值比是通过公司账面价值与市值的比值来判断公司价值的指标；账面价值是指会计价值，或是历史股价，而市值与前述公司规模中的定义一致。该比值旨在确定某公司现在的股价是被高估还是被低

估。一般情况下如果该比值大于 1，那么公司的股价是被低估的；如果比值小于 1，那么公司的股价就被高估了。本研究选用以上评价企业绩效的指标测量企业的财务情况。

2.1.8 资本市场收益

本研究选择美国纽约证券交易所作为资本市场的调查对象。根据詹姆斯·范霍恩（James van Horne）的定义，资本市场指经营一年以上的长期资金交易场所，分为股票市场和债券市场。根据有效市场假说（Fama，1970），在有效市场中，证券价格总是能够及时、准确、充分地反映所有相关信息，其中包括所有与决策相关的信息，而这些与决策相关的信息又能够引起资本市场反应。本研究选取累计异常收益率（CAR）作为衡量资本市场收益情况的指标。累计异常收益率指事件窗口期内股票的实际收益率与预期收益率之间差额的总和。本研究选用这一指标考查企业年报话语质量对资本市场收益的影响。

2.2 企业年报文本互文性研究

企业年报的互文性研究涉及多个维度。Bhatia（2010）从体裁、实务和文化三个维度，以企业年报体裁、商业仲裁实务、融资与广告文化为对象，研究不同商务沟通中的互文性。国外研究从多维度考查年报互文性，涉及定量与定性方法（Bhatia，2010；Hyland，1998；Shaw and Pecorari，2013），主题广泛，包括话语策略（Thomas，1997）、文本与语境（Prasad and Mir，2002）、体裁分析（Bhatia，2008；Rutherford，2005；Yeung，2007）、元话语分析（Hyland，1998）、主题分析（Conaway and Wardrope，2010）等。Shaw 和 Pecorari（2013）从引号、引语动词、N-元词组（词块重复）等维度考查了 2000—2012 年间 36 家英国上市公司发布的 251 份年报中首席执行官致辞的互文性类型。Hyland（1998）研究企业年报，发现引语来源词（attributors）能够表明文本间的相互关系。Nickerson 和 de Groot（2005）发现企业年报的首席执行官致辞部分由六个语步组成：背景、去年财务绩效、未来财务绩效、运营、战略和资质。有的研究在分析语步结构和互文性等文本体裁特征的基础上，进一步探究报告话语的交际目的和功能，这类研究普遍认为企业年报话语可以实现"宣传"或"劝说"的功能。Bhatia（2010）分析了企业年报话语的互文性，发现企业年报话语是会计话语、经济话语、公共关系话语和法律话语四种话语的混合体；企业可通过巧妙地使用这四种话语，在遵循财务信息披露规范和传统的同时，策略性地宣传积极的企业形象。Camiciottoli（2010）分析了盈余电话会议的语步结构和互文性，探讨盈余电话会议与投资者沟通的有效性，将盈余电话会议话语界定为一个特殊体裁，发现"灌输信心"这一步骤在不同语步中重复出现。

国内学者从语言使用视角解读年报（蒋艳辉、冯楚建，2014；汪炜、袁东任；2014），关注字数、句长等表层特征。体裁特征视角的研究主要关注企业年报的语步特征、体裁资源的使用以及互文性特征等。王立非、韩放（2015）采用体裁分析方法，对比了中英文企业社会责任年报的语轮结构特征，发现中英文企业年报语轮结构大体相同，但其分布、顺序和种类存在差异，反映出中英文商务体裁的跨文化差异；徐珺、肖海燕（2016）以批评体裁分析为框架，以2012年我国十大银行的中英文年报致辞为研究语料，以同期境外十大银行的年报致辞作为参照，构建了商务翻译研究的五维层次模型，研究了商务翻译中体裁资源的使用；王立非、李炤坤（2018）对比分析了中美企业年报首席执行官致辞的互文性特征，发现二者存在异同。乌楠、张敬源（2020）以华为2017年年报为语料，从主题互文策略入手，探究年报语篇主题互文策略的实现方式及语言特点。

国内对企业年报话语的研究较少，这些研究关注企业年报话语的体裁特征、词汇语法特征、隐喻特征、年度报告翻译（杨静宽，1998；徐珺、肖海燕，2016）和语篇修辞结构特征（王立非、部寒，2016），较多使用语料库研究与定性分析相结合的方法，包括运用结构方程模型探究报告话语的评价特征（李琳、2016a；李琳，王立非，2017）和隐喻特征（李琳，2016b）。国内的研究语料主要为企业年报，对盈余公告、盈余电话会议等其他企业通报的研究较少。

2.3 企业年报文本复杂度研究

众多研究已证实文本复杂度会对文本的可理解性造成影响。在词汇层面上，William、Dallas（1984）提出，即使讨论的是读者熟悉的话题，但运用了较难词汇的文本阅读起来也并不容易。除此之外，词汇的频率和密度也与文本丰富度和复杂度密切相关（Milton，2009）。而在句法层面上，复杂的句子结构和欠佳的句子衔接度都会降低文本的可理解性和可读性。Schlesinger（1968）曾表示，包含大量长句和从句的文本甚至可能会给母语读者造成阅读和理解上的困难。因此，降低句法复杂性可以促进不同语言能力的读者对文本的理解（Blau，1982）。

语篇研究认为，篇章特征指标会影响语篇沟通的有效性，复杂度是影响语篇可理解性和交际有效性的因素之一，一直是研究热点。Alderson（2000）曾提出很多变量都会影响语篇复杂度和阅读难度，比如词汇复杂度、句法复杂度和可读性。其中词汇复杂度和句法复杂度分别是指影响文本可理解性的词汇和句法特征（Smith and Taffler，1992），如词长、词汇密度、句长、句型结构等。关于可读性，前文已阐述，此处不再赘述。

以往关于文本复杂度的研究多关注商务报告和政府报告，以及英语教科书或考试中的阅读材料。例如，Still（1972）测量了英国企业董事会主席报告的弗莱士易读度，指出80.7%的母语成年人发现将近77%的主席报告超出了他们的阅读能力。类似地，Courtis在1995年也提出企业年度报告中的叙述部分"超出90%成年人的通畅理解能力"，表明公司年度报告读起来要比一般文章难得多。通过对比两种为二语学习者设定的考试——TEM8（英语专业八级考试）和IELTS（雅思考试），国内研究人员发现，两类考试中阅读理解部分具有不相同的文字复杂度特征，很难断定哪一类考试更有难度（He，2013）。

对于企业年报语篇来说，语篇的沟通有效性会影响投资者对信息的理解，进而影响投资者的投资行为，最终影响股票市场的反应和企业的收益。Courtis、Hassan（2002）和Li（2008）发现，年报文本篇幅、可读性等话语特点与企业绩效和资本市场响应的关系密切，关系到信息传递的信度、效度和效率，从而会影响资本市场的信心和运作效率。这类研究对可读性的测量，一般是通过可读性公式得到样本语篇的可读性评分值，由于测量过程简单易行，因此应用广泛。也有专家认为，单一可读性公式无法测量话语的可理解性（Jones and Shoemaker，1994；Smith and Taffler，1992a，1992b），因为它只专注于句长、词长和语篇篇幅，忽略了其他影响语篇理解的因素。

有关企业社会责任年报的研究考查了如何传播并营销企业社会责任年报（Du and Sen，2010），以及哪些因素会影响报告质量（Fifka，2013）。语言学家也一直尝试揭示企业社会责任年报的话语特征。Bakar、Sheikh 和 Ameer（2011）发现，马来西亚企业社会责任年报阅读起来较难，绩效不佳的企业很可能会故意降低企业社会责任年报的可读性。Farewell（2014）也发现，普通水平的民众阅读企业社会责任年报有一定难度，希望公司能够简化文字的复杂度，提高企业社会责任年报的质量。

2.4 企业年报文本可读性研究

可读性是文本的一个属性，是衡量读者阅读文本难度的标准（Jones，1997；Chiang et al.，2008），它需要作者、读者与文本进行互动（Snyman，2004）。Plucinski 等（2009）认为可读性指"读者能够理解的文本质量"。文本可读性指标提供了文本可读性（难度）更为完整的图像，通过文本的话语特征体现出来。此外，许多已有研究运用不同种类的文本分析方法来检验文本可读性。在定量研究领域，文本可读性公式是测量文本可读性指标的实用方法。Klare（1974—1975）的研究使用了 40 多种可读性公式，其中弗莱士易读度最为广泛应用。

近 40 年对企业年报文本可读性的研究都表明：对于绝大多数人来说，财务报表确实晦涩难懂。Pashalian 和 Crissy 曾在 1949 年分析了 26 家美国公司的年度报告。H. Eugene Baker 和 Dilip D. Kare 在《企业年报和财务绩效的关系》中也给出了一样的结论："企业年报确实冗长、复杂，通常要求读者的阅读能力达到大学生水平。"即便在中国，阎达五和孙蔓莉在 2002 年的论文中也不出人意料地证实了 59 家深市 B 股上市公司的年报的可读性极低。不过，因为他们的研究对象是中国公司的英文年报，其可读性也部分受到翻译水平的影响。

如前所述，年报中的几乎每一部分都被测量了可读性水平。在大多数情况下，研究人员倾向于选择"首席执行官致辞"和"财务报表的脚注"部分。"首席执行官致辞"之所以被选中，是因为在一些研究（Lee and Tweedie，1975；Wilton and Tabb，1978；Winfield，1978；Anderson，1979）中，该部分已经被证实是外部投资者阅读最多的部分。而选取"财务报表的脚注"部分是为了进行比较，因为它被视为年报中最少阅读的部分。许多研究（Barnett and Leoffler，1979；Courtis，1986，1995；Healy，1977；Heath and Phelps，1984；Li，2008；Smith and Smith，1971，转引自 Baker Ⅲ and Kare，1992）已经验证了这一假设。此外，尽管许多国家都采用国际财务报告准则，致力于向金融市场提供透明度和可信度高的报告，但财务报告的可读性并未随着时间的推移得到改善。

企业年报的可读性往往通过衡量词长、句长等文本特征来测量。常见的可读性公式有弗莱士易读度、弗莱士-金凯德难度等级可读性测试（Flesch-Kincaid Reading Grade Level Readability Test）、迷雾指数、甘宁灰雾指数（SMOG）等。Li（2008）利用迷雾指数和年报长度测量年报的可读性。迷雾指数从文本的句子长度和单词复杂度方面衡量读者读懂文本所需要的最低教育年限，即迷雾指数越高，文本的可读性越差。年报分析的国外研究主要包含两个方面：会计信息特征研究和文本分析研究，其中文本分析研究主要关注可读性分析。年报可读性领域的会计研究始于1952年。Alford等（1993）开启了会计信息研究的先河，该研究检测了企业年报中的会计数据，尤其是不同国家的净收入和股东权益。Land、Lang（2002）也对会计信息的和谐趋势进行了研究分析。近期以来，会计数据研究的重点主要在国际企业年报准则对会计数据的影响上。Barth等认为，随着国际企业年报准则的不断完善，企业年报的会计质量也会随之提高。

除了会计信息，文本分析研究在年报研究中也占有重要的地位。在过去几年的发展中，许多不同国家的学者在年报可读性领域进行了研究，这些国家包括加拿大、澳大利亚、新西兰、美国和英国（Courtis，1986；Lewis et al；1986；Parker，1982；Pound，1981；Healy，1977；Pashalian and Crissy，1950；Schroeder and Gibson，1990；Jones，1988）。在美国，越来越多的应用文本分析成果涌现。在众多的文本研究成果中，可读性在年报文本分析中占有一席之地。研究发现，理解年报对于不同读者来说都存在不同程度的困难。90%以上的普通人和约50%的投资者与股东都认为年报难以理解。总体来说，年报的阅读困难程度超出了读者的理解能力。

Fielden、Dulek（1984），Haggie（1984）和Arfin（1993）致力于研究如何提高年报的可读性和易读性。此外，研究还发现，股东年度信函中缺少第一人称代词（Dorrell and Darsey，1991）。之后，有研究提出了企业年报可读性与企业绩效之间的相关性。Subramanian、Insley和Blackwell（1993）认为当公司表现良好时，年报更容易理解；相反，运行不良的公司，其年报的可读性较低，读者难以理解。

阎达五、孙蔓莉（2002）借助弗莱士易读度公式，分析了深圳证券交易所59家B股发行企业英文年报中非财务信息的可读性特征，发现我国B股上市企业英文年报可读性介于较难和非常难之间，盈利状况对上市企业年报可读性存在显著的负向影响，与国外相关研究结果相反。孙蔓莉（2004）运用Simth和

Taffler（1992）的完形填空测试法，考查了我国企业年报对信息使用者的可理解性。马连福、赵颖（2007）构建了基于投资者关系战略的非财务信息披露指标体系，对上市公司社会责任信息披露程度及其影响因素进行了实证研究。臧文佼、马元驹（2014）采用自动文本分析考查了企业年报中未来展望信息的长度对盈利的预测作用。陈艺云等（2018）采用自动文本分析方法，对财务困境公司和正常公司年报管理层讨论与分析文本内容进行比较分析，自建词表并对特征词设置权重，考查年报管理层讨论与分析的内容特征与上市公司财务困境的关系，发现年报内容可以为预测财务困境提供增量信息。李春涛等（2020）运用文本分析技术，构建年报可读性指标，考查年报可读性对企业创新的影响及其机制。张秀敏等（2021）基于印象管理理论，以我国 2007—2017 年上市企业年报文本信息为研究对象，结合中文的话语特征，从驱动、约束、风格三个维度分析影响易读性运用的因素，结果显示，企业绩效与年报易读性水平显著正相关。

关于国有企业披露的企业社会责任信息的可读性研究发现（吉利、张丽、田静，2016），信息的可读性能够影响听众对报告内容的理解程度，并进一步影响投资者对企业等对象的评估。根据代理理论和印象管理理论，吉利、张丽和田静（2016）选取 2011—2013 年发布的 1 750 份中国上市公司企业社会责任年报，发现管理者权力与企业社会责任年报之间有正向相关关系。企业年报语言可读性研究多使用弗莱士指数作为研究工具，如葛伟琪（2007）以随机选取的 B 股上市公司 2001 年与 2005 年各 40 份年报为样本，采用弗莱士指数和一些中文可读性变量来测量公司在这两个年份的表现，没有发现显著差异。

2.5　企业年报文本修辞结构关系研究

近年来，研究语篇结构的国外学者多关注语篇的衔接与连贯（Peng, 2009）、语篇结构特点（Golebiowski, 2009; O'Halloran, 2012）、语篇单位的划分（Taboada and Zabala, 2008）、语篇结构关系及话语标记语（Andersson and Spenader, 2014; Duque, 2014）等，主要基于以下理论：GST（grosz and sidner's theory）、向心理论（centering theory）、Hobbs 模型、修辞结构理论（rhetorical structure theory, RST）。GST（Grosz and Sider, 1986）将语篇结构、交际意图和交际者的注意焦

点同时呈现，认为每一个语篇片段都有一个交际意图，语篇片段之间的跨段衔接关系由交际意图间的关系决定，其关系种类有二：控制（dominance）和优先满足（satisfaction-precedence）。向心理论（Grosz et al., 1995）与 GST 一脉相承，关注语篇中心如何对语篇的生成和连贯性发挥作用，不同之处在于向心理论关注局部连贯（local coherence）。Hobbs 模型（Hobbs，1979，1985）中的语篇结构关系（coherence relation）指语篇单位间的语义关系，共 12 种，Hobbs 模型为 RST 的提出和发展奠定了基础。与上述理论相比，RST 中语篇单位的划分规则（Carlson and Marcu，2001）更加严格细致，且结构关系种类较多，能够较全面地呈现语篇单位之间的复杂关系和语篇整体结构特点。

  修辞结构理论是对其他语篇描述方法的补充。首先，从语言学角度来看，该理论提供了研究语篇结构组织的新视角。其次，该理论指出语篇中的修辞结构关系与连贯性密切相关，从而建立起一种解释连贯性的方法。最后，从计算机角度来看，它对语篇关系特性的描述可以应用于不同系统和应用程序，比如文本生成和自动摘要。它灵活开放，适用于各种应用领域和语言环境（王立非、部寒，2018）。Berzlanovich 和 Redeker（2012）基于 RST 研究了不同体裁文本的修辞结构及词汇衔接，发现词汇衔接手段在说明文中发挥着重要作用，在其他体裁文本中则不然。Trnavac 和 Taboada（2012）研究了修辞结构关系（RST relations）和虚拟标记语对表达态度评价的作用。Antonio（2011）分析了在正式演讲和口头面试中目的关系的表达。王立非和部寒（2017）研究发现，中美银行年报中首席执行官致辞的语篇结构存在异同：1）两类语篇的主要语篇结构关系类别为概念关系；2）中国工商银行（简称"工行"）中文年报语篇的人际关系远低于美国花旗银行英语年报语篇，表明工行年报更倾向于呈现事实和信息；3）花旗银行年报对非财务信息的披露更全面，工行年报则对公司战略和顾客满意度指标披露更充分；4）两类年报非财务信息披露的语篇结构关系也存在较大差异，主要反映在公司外部环境、公司战略、风险及应对措施和顾客满意度指标上。王立非和部寒（2019）研究发现：1）两类年报语篇均使用了六种结构关系，但工行年报语篇单独使用了背景和综述关系，而花旗银行年报语篇单独使用了意愿性原因、非意愿性原因和证据关系；2）工行年报中并列、背景、综述三类结构关系出现的频率较高，而花旗银行年报中阐述、原因、空间和时间类结构关系出现的频率较高；3）双方年报语篇采用不同的结构关系来实现话语传播策略，工行语篇较多地使用呈现关系来影响读者态度，而花旗银行语篇则更多采用主题结构关系来实现传播目的，二者显示出明显的差异。

近几年研究方法呈现出自动化趋势。Crossley 等（2007）利用计算工具 Coh-Metrix 研究了简化文本与真实文本的语言结构差异。Joty 等（2015）设计了话语剖析器——CODRA，可以基于 RST 自动切分语篇单位并描绘结构树图。Lorenzo 和 Rodriguez（2014）利用软件 Synlex 考查了二语学术话语的句法复杂度和衔接关系。Barzilay 和 Lapata（2008）编制了一套基于实体的新算法来考查局部连贯。Peng（2009）利用修辞结构标注工具 RSTTool 进行标注并对比了初级与职业口译员的译稿，讨论了其在语篇结构和连贯性上的差异。国内学者也从不同角度对语篇结构进行了深度研究，如杜金榜（2007）、袁秀凤和陈文娟（2006）、张玮（2014）、洪明（2011）、陈莉萍（2007）等。

2.6　企业年报文本情感倾向性研究

管理学运用文本自动分析技术和方法挖掘企业年报、管理层讨论与分析、收益公告、股东致函、招股说明书等文本的情感特征，并考查这些情感特征与市场收益、企业绩效、产品销售等财务情况和运营情况的关系。Yu 等（2013）建立了一个熵测度模型来识别情感词，用于对股市新闻进行情感分类，预测股票走势，帮助投资者决策。Kang 和 Park（2014）将 VIKOR 与情感分析相结合，建立了一套基于网上客户评价测量客户满意度的方法。Henry（2008）运用基于计算机的内容分析法，对企业收益公告进行修辞分析，用自建的商务话语情感词表分析语篇情感，发现语篇情感能影响市场反应。Loughran 和 McDonald（2011）针对企业年报话语建立了一套适用于金融行业的情感词表，并将词表与企业收益、贸易量、收益波动、重大缺陷和非预期盈余等相关联。Hájek 等（2014）运用机器学习和神经网络等计算机方法，建立预测模型，探究年报中的情感特征对财务业绩的影响，发现情感特征是预测财务业绩的重要因素之一。谢德仁、林乐（2015）通过人工筛选情感词汇，测量我国公司年度业绩说明会的情感倾向，发现文本情感与公司次年业绩显著相关。现有的商务文本情感分析主要借助词表和 General Inquirer、LIWC、Diction 等词典工具或机器学习方法测量文本情感，考查其与财务指标的关系（Larcker and Zakolyukina，2012；Li，2010；Price et al.，2012）。本研究以语言评价理论和印象管理理论为框架，分析《财富》上榜中美前 50 强上市企业年报的情感特征和主题，考查其与企业国别和财务绩效的关系，分析中美企业的年报话语传播策略的异同。

会计文本信息中普遍存在波丽安娜效应（Pollyanna principle）或积极偏向（positive bias）（Abrahamson and Park，1994；Clatworthy and Jones，2003；Hildebrandt and Snyder，1981），即文本中的乐观、肯定词汇出现的频率远远大于消极词汇出现的频率，在潜意识层面人脑会倾向于关注乐观向上的信息，而在意识层面我们却倾向于消极信息。近年来，会计金融领域对企业年报话语情感倾向的研究逐渐增多。大部分相关研究主要关注报告文本情感倾向性与资本市场收益和企业未来财务绩效的关系（Feldman et al.，2010；Li，2010b；Davis et al.，2012；Demers and Vega，2010；Huang et al.，2014）。还有部分研究关注报告文本情感倾向性与企业社会责任表现（Song et al.，2018；Arena et al.，2015）、股东诉讼（Rogers et al.，2011）、企业行为（Ahmed and Elshandidy，2016；Lopatta et al.，2017）和企业政策（Loughran and McDonald，2014）等不同的非财务指标之间的相互关系。

2.7 企业年报话语可信度研究

除了对企业年报文字部分信息进行研究，还有对企业年报的欺诈行为进行的研究。年报中的欺诈行为包括财务欺诈和语言欺诈。前者是经济学家的专属研究领域，后者也曾经多为语言学家的研究对象，然而，如今很多其他领域的学者也展开了对语言欺诈的研究（见表2.4）。

表2.4　年报语言欺诈指标（Minhas and Hussain, 2016）

语言欺诈指标	表现形式	作者	理论/方法
词汇量	增加或减少某类特定词汇的使用。通常动词、名词、修饰词及集体代词的使用会更频繁	Zhou [123]	人际欺诈理论
代词使用	减少第一人称单数代词使用，增加第三人称代词使用，即通过疏远策略降低文本的个人关联度，增强客观性	Newman et al [127] Zhou [123]	人际欺诈理论
情感词	负面情感略有加剧，情绪表达更加强烈	Newman et al [127]	泄露理论

续表

语言欺诈指标	表现形式	作者	理论/方法
认知复杂性的语言表征	欺诈语言中较少使用排他性词语（例如"但是 but"，"除外 except"）、否定词（例如"不 no"，"从不 never"）、因果词（例如"因为 because"，"造成 effect"）以及动作动词，以避免措辞的具体性和精确性要求。重复表达和单一化语言更为显著，如"思考""承认""期望"等认知操作表述增多	Newman et al [127] Hancock et al [132]	真实监控
情态动词	使用 would（将会）、should（应该）、could（可以）等情态动词，降低了事实陈述的明确性	Hancock et al [132]	人际欺诈理论
言语非直接性	欺骗者选择特定的词汇、句法结构和措辞，使表达不一致、不直接，造成距离感，回避与交流对象的互动，往往导致语言风格不正式、不直接	Zhou [123]	人际欺诈理论
不确定性	使用的句子结构复杂晦涩、语言含糊其辞，造成句法歧义和语义歧义。频繁使用修饰词、情态动词（例如 should, could）和泛化用语（例如 everybody），增添了语义上的不确定性	Zhou [123]	人际欺诈理论
语言半真半假、模棱两可	增加了修饰句意的形容词和副词，降低句子的连贯性和清晰度，影响了可读性	McNamara et al [50] Bloomfield [137]	管理混淆假设
被动语态	增加被动语态的使用，改变主宾语的顺序（疏远策略之一）	Duran et al [141]	人际欺诈理论
相关性操纵	引入无关细节	Duran et al [141] Bloomfield [137]	管理混淆假设
感官词汇	增加了 see（看）、touch（触）、listen（听）等感官动词的使用	Hancock et al [132]	真实监控

  Persons（1995）使用逐步 Logistic 回归模型，对上市公司的财务指标进行建模，并做出识别，效果较好，识别出了大部分的财务造假公司。K. Fanning（1995）也是筛选了财务指标变量，采用回归模型和神经网络模型进行建模分析，研究结果表明，回归模型的正确识别率为 87%，而神经网络模型具有更高的识别率，神经网络模型在此基础上提高了 3% 的准确率。

Chan 和 Ngai（2011）等总结了 1997—2008 年间关于财务欺诈识别研究的文献，认为财务造假研究领域主要是从方法来研究，在抵押贷款诈骗、证券以及商品交易诈骗这些方面的研究很缺乏。上述文献主要通过利用这些财务指标变量建立相应的模型来识别公司财务造假概率，未见通过财务年报的会计文本指标识别财务造假的研究报道。

国内对于财务造假的研究比起国外来说起步较晚。彭子坤、曾志勇（2013）提出公司对财务数据的粉饰越来越隐蔽，单纯从财务信息中发现造假行为的平均识别率只有 73.79%，管理层大多通过操纵和修改财务报表数据来完成舞弊行为，因此企业年报不能满足投资者和监管部门的需要。虽然有少量针对非财务信息与财务造假关系的相关研究，但是这些研究所提及的非财务信息仅仅涉及少量内部非财务信息，比如董事会特征等，或者外部非财务信息，如宏观经济信息、行业信息等（彭子坤、曾志勇，2013）。由此可见，深入研究非财务信息会计文本不仅是识别财务造假的有益补充办法，而且从某种程度上显得尤为紧迫和必要。

2.8 企业年报话语对资本市场收益的影响研究

企业年报话语与资本市场的关系研究通常基于有效市场假说或代理理论，分析企业年报文本能否增加对决策有用信息的披露，减少管理者和外部利益相关者之间的信息不对称，提高资本市场效率（Bagiski, Hassel, and Hillison, 2000; Botosan and Plumlee, 2002）。这类研究考查的企业年报文本一般为年度报告、盈余公告和盈余电话会议纪要（Hájek et al., 2016）。其中的非财务信息包含对公司业务和财务状况的全面概述，年报中的管理层讨论与分析（MD&A）部分提供了管理层对过去业绩、当前财务状况和未来前景的看法，常常被认为是最重要的内部信息来源，因而，该部分文本对于公司业绩和股票价格的预测具有重要意义（Hájek, 2016），所以，在考查企业年报文本与资本市场关系的研究中得到了广泛关注。

对企业年报文本与资本市场的关系研究主要分析企业年报文本是否与市场价值相关，是否为决策的制定提供有用信息（Ball and Brown, 1968）。近十年来，相关研究关注较多的话语特征主要包括文本情感倾向性、文本可读性以及风险信息等内容特征,这些研究考查企业年报文本特征与股票的异常收益、交易量、股价波动、市场异象、首次公开募股(IPO)抑价等指标之间的关系,对企业年报文本市场价值的相关性进行检验。首先,企业年报话语的情感倾向会影响资本市场对信息披露的反应(Feldman et al., 2010; Price et al., 2012; Loughran and McDonald, 2013; Borochin et al., 2017; Brockman, Li, and Price, 2017)。其次,企业年报话语的可读性也会引起资本市场的反应(Miller, 2010; Dempsey, 2012; Rennekamp, 2012; Lawrence, 2013; Loughran and McDonald, 2014; Hwang and Kim, 2017)。最后,企业年报话语中的风险信息等内容特征也会影响资本市场收益(Groth and Muntermann, 2010; Arnold, Fishe, and North, 2010; Campbell, 2014; Hassanein and Hussainey, 2015; Chakrabarty et al., 2018)。

国内对企业年报话语特征与资本市场之间关系的研究较少。谢德仁、林乐(2015)基于我国上市公司年度业绩说明会上的管理层语调数据,分析其中话语的情感倾向性,发现在我国强调"意会"的语境文化背景下,管理层语调具有信息含量,话语的情感倾向性与资本市场收益显著正相关。朱朝晖、许文瀚(2018b)发现传媒类上市公司的企业年报话语情感倾向性能够显著引起股价波动。许文瀚等(2020)探讨了公司创新活动与年报文本信息之间的关系,研究表明上市公司的创新强度越大,年报文本信息就越保守。

文献综述显示,企业年报话语质量与资本市场收益关系的研究较少,主要关注年报话语体裁特征、词汇语法特征、隐喻特征等,考查文本可读性、情感倾向性、风险等话语形式和内容特征,关于企业年报话语的信息传递性、劝说性话语特征和交际功能对资本市场回报率的影响的研究较少。本研究将借助语料库综合考查企业年报话语的迷雾指数、可读性、词汇复杂度、句法复杂度、修辞结构关系、情感倾向性、可信度等维度文本指标,衡量年报话语质量。

第 3 章

企业年报话语质量评价的理论基础与方法

3.1 语言学理论基础

3.1.1 体裁分析

（1）体裁的定义

体裁指所有话语/语篇的类型。体裁分析（genre analysis）是指从语篇宏观结构入手来研究交际目的和语言策略，强调对特定语篇结构的把握，通过揭示语篇深层交际目的来描述与解释某一特定体裁的结构和话语特征。体裁分析的概念于 1981 年被首次提出，已被广泛应用于不同语篇的分析。Swales 将体裁定义为可被某一话语社区共同指认的具有特定交际目的的一系列传播事件。根据 Swales 的观点，Bhatia（1993）对"体裁"的定义进行了进一步的归纳：体裁是一种可以辨认的交际事件，但不是一般的交际事件，而是一种内部结构特征非常鲜明的交际事件。在建构语篇时，我们必须遵循某种特定体裁所要求的惯例。尽管体裁有其惯例和制约性，但是内行人仍可在体裁规定的框架内传递个人的意图或交际目的。体裁分析不对语篇的话语特征进行描述，而是关注语篇如何建构并实现交际意图。

（2）体裁分析发展阶段

体裁分析作为话语/语篇分析的一个组成部分，经历了三个发展阶段：

词汇－语法资源的文本化阶段、话语的组织化阶段和话语的语境化阶段；产生了三个流派：语域分析（register analysis）、语法修辞分析（grammatical rhetorical analysis）和互动分析（interactional analysis）。Bhatia（1993）认为体裁及体裁分析对话语的理解在本质上是解释性的，而前人的话语分析方法只是表层的、描述性的分析。Bhatia（1993）详尽指出了前人三种书面话语分析流派的不足之处。

语域分析中规定了语场（field）、语式（mode）和风格（style），风格后被语旨（tenor）所取代，三者共同用以描写话语的各类语域特征，尤其是词汇语法层面的特征或语义及符号学特征。Bhatia 指出语域分析只侧重于语法修辞层面的分析，没有深入系统地研究职业场景中语篇的信息组织方式。

语法修辞分析主要考查书面科技英文中语法成分的选择及其与修辞功能之间的关系，注重对话语功能性的描述。语法修辞分析强调对科技文本沟通中特殊语言现象的描述，而不是对常用语言现象的描述，故语法修辞分析研究的是某一类语篇的特殊语言使用和修辞惯例，甚至不考虑其句法或语义特征，因而无法解释特定体裁的语篇为何会具有特定的话语特征。

互动分析与前两种话语分析流派的不同之处在于其对读者这一重要角色的充分考虑，它强调读者与作者共同协调后对话语的理解，是一种动态话语分析方法。如果说前两种话语分析流派中的文本尽是作者的话语，那么互动分析视角下的话语则是读者的话语。尽管互动分析十分罕见地将文本的读者纳入文本分析的考虑之中，然而其缺点在于把话语的产出和话语的解读两者之间的关系简单化，尤其是当话语属于学术和职业场景下的惯例语篇时，两者之间的关系可能更为复杂。有学者指出，运用互动分析时往往会忽略社会文化及机构组织文化对话语形成的规约性和话语结构的常规性（韩金龙、秦秀白，2000）。

ESP（English for Specific Purpose，专门用途英语）学派认为语类是社会行为，体裁是可识别的交际事件，以其发生的职业或学术共同体成员可辨别或互相理解的一组交际目的为特征；体裁是高度结构化和惯例化的构件，是领域与组织文化的体现。ESP 学派对体裁分析的研究及教学影响很大，Swales 和 Bhatia 分别阐明了某些学术性语篇和职业性语篇的特性，二人一直被视为 ESP 学派体裁分析的理论性权威。

（3）体裁分析理论观

话语体裁理论认为（Bhatia，2008）体裁具有鲜明的特点：1）行业体裁是可识别的交际事件；2）行业体裁是高度结构化和惯例化的构件，在词汇语法资源方面有一定限制；3）行业资深成员比新成员或行外人士拥有更多的体裁知识和更熟练的运用能力；4）职场人士经常运用体裁资源构建社会公认的交际目的框架，并在这一框架内表达私人和机构的意图；5）行业体裁是行业与组织文化的体现；6）行业体裁自成一体，通过组合文本、话语和语境因素来识别。

体裁理论强调，体裁分析具有明确的目的（Bhatia，1993）：1）理解并解释话语世界中的现实，提高体裁理论深度；2）理解职业体裁的"个人意图"，提高体裁理论的效度；3）理解如何在特定职业文化中通过话语实践建构个人、组织、职业和社会身份；4）理解职业边界如何通过话语实践得到厘清；5）从社会批评视角研究作为行动的话语，基于文本，超越文本，但不脱离文本；6）为教学提供有效的解决方案，促进教育界与行业的合作；7）协调话语实践与职业实践之间的相互影响。

根据体裁理论（Bhatia，2008），体裁分析具有五个研究重点：1）文本特征。运用文本知识分析话语的表层特征，包括话语的形式与功能，如语音、词汇、语法、语义、句间衔接和文本结构、已知和未知信息、主位和述位、信息结构，只考虑狭义的语境和文本内部特征，特别是修辞语步、话语策略、组织规律性、互文性和话语间性的语境赋值。2）社会认知特征。运用体裁知识分析和解释话语是如何在企业机构与职场中得到理解和运用的，话语共同体成员是如何充分运用话语资源，做出各种修辞语境下的回应的。考查语言运用的策略，尤其是互文性。3）职业与机构特征。将体裁概念扩展至商务实践，运用专业知识分析话语，不但要求运用体裁知识，还要求运用专业知识和行业实践经验，研究专业人士如何运用专业知识维持和控制体裁，实现职业目标。4）人类学特征。运用人类学知识分析体裁。体裁运用的典型语境是话语共同体，分析焦点从文本特征转向话语共同体特征，如参与者的身份变化、体裁维持、社会结构与职业关系的变化。5）社会批评特征。运用社会知识分析话语，从意识形态角度开展批判分析。

3.1.2 语篇功能分析

语篇分析指出，语言是一个功能体系，研究语言必须将其同交际的具体语言环境联系起来，同社会与文化联系起来。话语语法主要研究大于句子的言语单位（超句统一体），借助话语分析来揭示连贯性话语的横向线性扩展规律。话语修辞主要研究大于超句统一体的言语单位——节、章、篇，借助修辞分析来揭示连贯性话语的纵向线性扩展规律。研究句际关系和句际连接手段，是分析连贯性话语的前提；研究话语的结构及其交际功能、交际条件，分析语篇结构及表达方式，是探索连贯性话语线性扩展规律的基础。

de Beaugrande 和 Dressler（1981）将语篇定义为符合语篇性标准的交际事件。他们提出了七个语篇性标准，分别是衔接性（cohesion）、连贯性（coherence）、意向性（intentionality）、可接受性（acceptability）、信息性（informativity）、情景性（situationality）和互文性（intertextuality）。如果未完全达到这七个标准，语篇就不具有交际性（见图 3.1）。

图 3.1 语篇的交际功能特征（de Beaugrande and Dressler，1981）

Roseberry（1995）基于 de Beaugrande 和 Dressler 的理论，又综合了后来 van Dijk（1988），Halliday、Hasan（1989），Hoey（1991），Stoddart（1991）和 Virtanen（1992）等人的理论观点，构建了语篇特征指数，将 de Beaugrande 和 Dressler（1981）提出的七个语篇性标准修改、完善成了六个易于精确测量分析的指数，分别是语义连贯（conjunction）、连贯距离（conjunctive reach）、具体性（specificity）、前后照应（connectivity）、主题相关性（topic relatedness）、主题变化性（topic shift）（见图 3.2）。相比于 de Beaugrande 和 Dressler（1981）的语篇性标准，Roseberry 舍弃了互文性和情景性，并将意向性、可接受性和信息性三个指标合并成了主题相关性指标，并根据每一个特征指标在语篇中的出现情况对语篇的沟通有效性进行打分：0 分表示特征未出现，1 分表示有出现，2 分表示出现的次数较多。这一指标体系经过了 19 位语言学专家的评定，具有较高的可靠性和有效性。

第 3 章 企业年报话语质量评价的理论基础与方法

图 3.2 语篇特征指数（Roseberry，1995）

Sydserff、Weetman（1999）基于 de Beaugrande、Dressler（1981）和 Roseberry（1995）的理论与指数，结合企业年报文本的特征，构建了评价企业年报语篇特征的指数模型。他们的模型包含七个评价指标，分别是主题性（topicality）、互文性（intertextuality）、语法连贯（conjunction-based grammatical cohesion）、语义连贯（connectivity based on lexical cohesion and reach）、信息种类变化（shift in information category）、具体性（specificity）、情景性（situationality）（见图3.3）。Sydserff 和 Weetman（1999）对每一个指标的测评标准也给出了详细描述，但指标的应用测评都需要人工标注，比较耗时。如前人研究所示，语篇特征指标会影响语篇沟通的有效性。对于企业报告语篇来说，语篇沟通的有效性会影响投资者对信息的理解，进而影响投资者的投资行为，最终影响股票市场的反应和企业的收益。

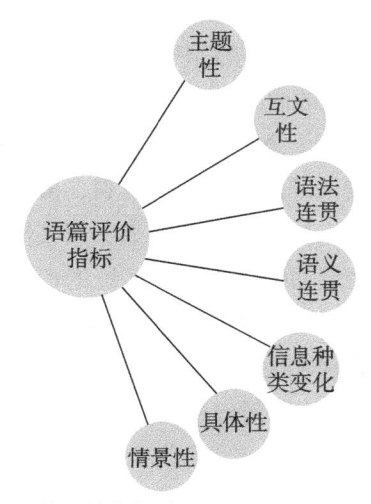

图 3.3 语篇评价指标（Sydserff and Weetman，1999）

3.1.3 叙事经济学

叙事分析（narrative analysis）是话语分析的一个分支，早期以文学、神话、新闻和历史作品的"故事"叙事（storytelling）为主，经历了传统的形式结构主义、后结构主义和社会建构主义三个发展阶段，将语言本身看作历史或现实的社会现象，认为语言的重要作用在于建立对意义的诠释和理解，多使用语言学的分析框架，比如分析语词、语法、语义、语境、转喻、隐喻等。叙事分析认为"社会现实"是由各方不断协商、交往和辩证对话共同构建而成的，研究的切入点应该落实在故事中叙事者表达的内容、表达的方式，以及结构如何反映叙事者的意图、身份建构和诠释其行动等主题，分析应更加侧重于揭示叙事的结构、形式和个人对意义的理解，以及由叙事构建的"实在"或阐述的"故事"如何为个体或群体创造共享意义并将这种共享意义转化为行动的动力。

Shiller（2017）提出叙事经济学，指那些容易引发人们兴趣和情绪的热门叙事、故事的传播和动态，及其随着时间变化这些叙事和故事对经济波动的影响。Beattie（2014）指出，叙事经济学以叙事分析理论为基础，将语言本身看作历史或现实的社会现象，多以语言学的分析框架为基础，并注重不同理论的融合，认为"社会实践"是由各方不断协商、交往和辩证对话共同构建而成的，如Livesey（2002）结合修辞分析和福柯话语分析来考查埃克森美孚公司公共关系广告对气候变化的影响。

叙事经济学主要关注以下五个方面（李琳、王立非，2019）：1）叙事的内容是什么。多运用包括内容分析、语言分析和批判话语分析在内的实证研究方法，考查经济语境中的语言属性，如语义、句法特征。传统的内容分析关注文本的话题、数量和特性，基于自然语言处理的内容分析关注文本的可读性、生动性、说服力、语气和归因性（使其有意义和赋予意义）。2）如何解释观察到的叙事实践，也就是叙事背后的动机和决定因素。可以从宏观、中观、微观三个层面来解释：微观层面关注个体；中观层面关注机构或行业；宏观层面关注国家效应，如经济、制度、政治、文化因素等。每个层面都可以进行实证的信息披露研究或批判叙事研究：如微观层面通过信息披露考查管理风格对盈利预测披露的影响（Bamber et al., 2010），宏观层面考查与宗教相关的社会规范对企业年报质量的影响（Dyreng et al., 2012）；微观和中观层面的批判叙事研究关注特定文本，宏观层面关注话语和社会秩序之间的关系。3）作者/叙事者对叙事实践的解读。关注叙事者采用某种特定方式叙事的原因，如是对叙述主体所表达的内容、采用的表达手法，以及这些因素如何映射叙述者旨在表达的意图、身份构建及其行为的解释等主题进行深入探讨。4）叙事实践的结果。如叙事内容和其他变量之间的关系，既可以是微观层面的个案研究，也可以是中观层面的关于资本市场、财务危机、信用等级、非资本市场效应（企业形象、声誉、合法性、信任）等方面的研究，或者是宏观层面的对社会的批判话语研究。5）叙事中应该包含的内容，即标准化陈述，这可以为政策制定提供依据。

叙事经济学主要运用量化语料库分析和质性批判话语分析相结合的混合式研究方法。语料库分析可以有效识别具有统计显著性的文本特征，为之后的话语分析提供数据支持，编写自然语言处理公式则可以挖掘经济叙事中的信息不对称。质性批判话语分析可以深层次发现经济叙事中的欺诈、逃避、不确定和模糊性等特征。

研究发现（Beattie，2014；Holland，2004；Humpherys et al.，2011；Merkl-Davies and Brennan，2007，2011），公司财务报告的叙事方式与话语策略直接影响公司内部管理和外部形象构建。财务叙事话语指在企业财务管理以及财务报告中使用的语言形式和社会象征符号，包括口语和书面语、图片、图表、音频、视频等，它们共同构成一个话语事件（Grant et al.，1998），主要分为以下类型：股东分红大会话语、管理层话语、总裁话语、路演话语、招股话语、上市话语、会计话语、审计话语等。财务叙事话语作为组织话语的重要组成部分，关注语言在财务管理或财务信息披露等特定语境中的使用和实践，不仅具有发布、传达或沟通财务信息的功能，还具有社会、文化、价值和意识形态等多重意义。财务叙事话语研究关注财务文本的文字叙述部分，将叙事学理论和财务话语结合，是财务信息披露和沟通的有效途径之一（Hopwood，1996），也是一个社会建构的过程（Hines，1988）。

（1）经济叙事质量影响公司管理

国外许多研究关注财务叙事对公司管理的影响。公司内部管理涉及计划、组织、人事、激励和控制五个领域，外部管理涉及公司形象和声誉的维护。语言决定了组织管理与沟通的效率，构成了信息传递与披露的基础，对组织构建起到关键作用（Brannen et al.，2014；Mughan，2015；Piekkari and Tietze，2011）。而财务叙事是企业特有的话语资源，因而以何种特定的话语方式和策略建构意义，对公司内部和外部管理影响很大，包括财务叙事在组织管理三角模型中的作用与影响，话语对企业领袖领导力的影响以及对公司治理的影响。从话语分析的角度看，组织管理是"在特定社会和组织情境下，人们以实现预期目标为导向来创造、生产和传播话语,形成理解与意识/意图,并以此影响他人行为的一系列话语实践活动"(吕源、彭长桂,2012)。财务叙事研究超越了传统研究只关注组织实体结构和行为的狭隘视角,从叙事学的故事、话语、叙述三个层面展开,为组织管理和财务研究提供了全新的角度和方法。

(2)经济叙事质量影响信息披露与投资决策

研究发现,公司年报叙事成为影响投资和决策的重要因素。年报叙事存在主观和操控成分,通过词语选择、搭配、词语互文联系以及语篇结构引发外部行为,对股东、公众等产生影响。财务研究更关注财务报表数据,揭示财务报告中的定量财务数据对市场和市场参与者的影响(Ball and Brown,1968;Allee et al.,2007;Francis,Schipper,and Vincent,2002)。近年来,财务话语的研究重点开始转向定性的叙事方法对投资者判断和决策的影响,这些叙事方法往往与财务数据同时发布。与财务数据相比,财务叙事的方式或手段对投资者的判断和决策产生的影响更大(Merkl-Davies and Brennan,2007)。从叙事学角度看,财务报告中的人物引语是叙述语言的次语言。由于财务报告引导性功能的增强,其中人物的言语,尤其是总裁话语,将会对目标读者产生一定的影响。因此,如何有选择性地对人物话语进行叙述和怎样叙述颇为重要,可能影响到财务报告信息披露的内容和质量,进而影响目标受众的经济选择或投资决策。由此可见,千万不可小视话语的经济力量。

(3)经济叙事质量影响企业形象与身份构建

企业年报叙事分析遵循一套操作规范,如对叙事主题、结构、形式和脉络的分析,主要以质化研究为主,量化方法为辅,分析对象主要以文字、文本或与文字有关的传播或媒介材料为主,反映出财务叙事不同的策略和模式及其对公司内部管理以及外部形象树立的影响。近年来,财务叙事通过不同角色,如女性员工或领导者,以不同的故事情节,如就业、公司治理,传达出不同的观点或主题。这种方式增强了财务报告的客观性与可读性,提高了信息披露的质量和效果,不失为企业年报一种新的策略和模式。有国外学者指出(Hansen and Kahnweiler,1993;Gabriel,2000;Eshraghi and Taffler,2013):西方企业界正盛行"财务故事报告",即将企业年报尽可能地故事化。这种财务报告"软着陆"的处理方式不仅指在内容上从严肃和严谨的财务会计信息披露中挖掘软性内容,还指叙事策略和模式的改进,即通过"讲故事"构建意义,一改财务报告刻板无趣的印象,引起受众的阅读兴趣,进而对企业内部管理和外部形象树立产生积极的影响。

3.1.4 语言经济学

语言经济学运用经济学的概念和分析方法，把语言作为变量，不仅研究语言本身产生、发展、演化和变迁的规律和路径，而且考查语言在经济活动中的作用以及语言和经济活动之间的关系。Marschak（1965）提出了语言经济学的两大研究领域，即语言的经济学属性和经济与语言的密切关系。就语言的经济学属性而言，主要表现为价值（value）、效用（utility）、成本（cost）和收益（benefit）及其相互关系；就语言与经济的关系而言，语言经济学从经济学的角度考查语言与经济活动之间的关系。

一方面，语言作为重要的经济成本可以促进经贸增长。Melitz、Toubal（2014）的研究显示，共同官方语言、共同母语和共同口语，可以显著促进双边贸易的增长；Egger、Lassmann（2012）发现，相同官方语言或相同口语能够直接提升44%的双边贸易流量。之后他们通过对在瑞士的德国人、法国人和意大利人的抽样研究发现，共同母语影响双边贸易的半弹性系数为0.3（Egger and Lassmann，2013）。张卫国、孙涛（2016）发现，国民英语能力与我国对外服务贸易流量显著正相关，并呈现上升趋势。改善和提高国民英语能力对我国对外经贸往来大有裨益。

Grinblatt 和 Keloharju（2001）发现，语言对个人的投资决策有影响。研究者采集了两年来的日常交易数据以及每位投资者所说的语言，发现语言和文化对家庭的投资行为都有影响：说瑞典语的人对用瑞典语发布企业年报的瑞典公司投资更多，说芬兰语的人更倾向于选择芬兰公司。一份瑞典语报告显示，相对于芬兰股东，瑞典股东的比例增加了8%，讲瑞典语的家庭更愿意持有首席执行官是瑞典人的公司的股票，语言似乎比财务收益产生了更大的影响（Grinblatt and Kelohardju，2001）。

另一方面，语言距离和差异会增加经济成本，在一定程度上阻碍跨国投资和贸易的开展。Lohmann（2011）计算了201个国家的官方语言距离和贸易流量，发现语言障碍指数每增加10%，贸易流量则降低7%~10%。王立非、金钰珏（2018）采用《世界语言结构图谱》（*The World Atlas of Language Structures*）测量了我国与"一带一路"各国间的语言距离，发现语言障碍指数每下降10%，我国的进出口贸易、出口贸易额和进口贸易额就分别增长20%、22.9%和17.6%。苏剑、葛加国（2018）进一步证明，分属不同语言谱系的语言会对双边贸易流量产生负影响。金钰珏（2018）测量了我国与"一带一路"48国的语言障碍度后发现，在其他变量不变的情况下，语言障碍指数每降低 10%，我国对东道国的对外直接投资就增加 10.61%。

3.1.5 语言管理学

Spolsky（2004）明确提出"语言管理"的概念，这是"语言规划"向"语言管理"发展的一个标志。Spolsky 提出的"语言管理"是对"语言规划"的一种继承和发展，与 Jernudd、Neustupný（1987）所提出的"语言管理"有所区别。

（1）语言管理系统观

王立非（2020）对前人的语言管理理论进行总结归纳后发现，第一种观点是将语言管理看成一套理论体系，认为语言管理是一个基于纠正话语的过程：首先涉及语言使用的话语的产生和接受过程；其次是话语的产生和接受活动，即话语的管理（Nekvapil，2007；Nekvapil and Nekula，2006），当发现话语偏离既定规范时，管理过程开始，并持续评估该偏离，调整计划，进行"调整设计"标记；最后是调整的实施（Nekvapil and Sherman，2009）。在语言管理过程的第二部分，即话语管理过程中，语言纠正措施是在实践中实施的。语言管理理论（LMT）的核心是在微观层面执行的简单的语言管理和在宏观层面执行的有组织的语言管理之间的划分。当简单的语言管理发生在个体话语层面时，通过自我纠正，有组织的语言管理就能超越这一话语层面，因为管理行为往往通过复杂的社会网络的参与而变得跨情境，如通过政府机构的参与（Nekvapil and Sherman，2009）。同时，语言管理理论还强调了这两种类型之间的联系和关系，如图 3.4 所示（Sanden，2014）。特别是在最初的语言管理阶段，语言管理理论首先注意到语音偏差。话语在个体话语过程中自然生成，而语言问题的处理则转移到纠错阶段，纠错阶段出现在不同的层面。虽然简单的语言管理相对简单，但有组织的语言管理是一个多方面的过程，需要在系统中设置一定程度的组织任务。

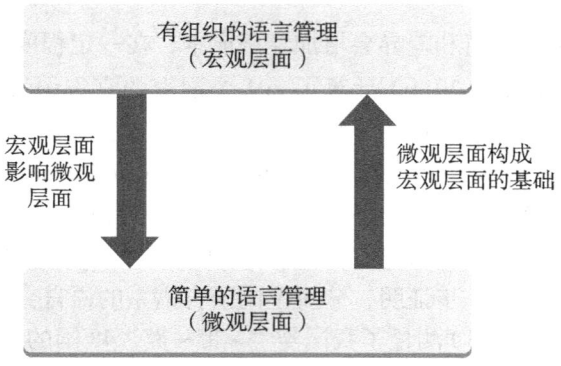

图 3.4　语言管理的宏微观分类（Sanden，2014）

语言管理理论的中心在于划分微观层面的简单的语言管理和宏观层面的有组织的语言管理，但同时语言管理理论强调两者之间的相互影响和作用：前者是后者的基础，后者反过来影响前者。语言管理理论在范围和内容上改进了传统的语言规划理论，将语言、交际、社会文化、经济等要素纳入其中，是一个较为综合的理论模型。

（2）语言管理规划观

第二种观点是将语言管理看成一个子概念，Spolsky（2009）将语言管理视为广义语言政策的组成部分。语言政策由三个部分组成，三个部分之间相互联系但又相互独立：1）语言实践，即可观测的语言行为和选择；2）语言信仰，亦称意识形态，即赋予语言的价值与身份；3）语言管理，即个人或团体拥有权限或声称具有权限修改某个领域的语言习惯或信仰的外部可观测的工作（见图3.5）。这种概念下的语言管理需要"语言经理"的存在——一个人或者一群人（包括机构或组织）占据语言管理执行过程的中心地位，制定、公布明确的语言规划与政策。

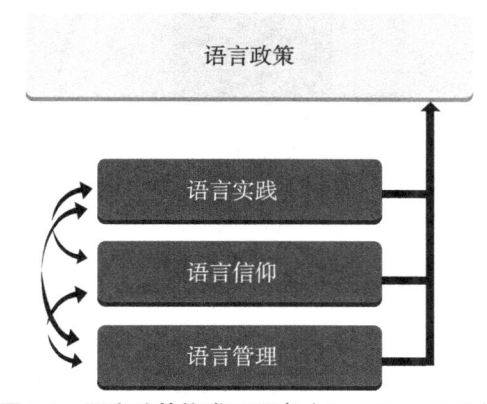

图 3.5　语言政策构成三要素（Spolsky，2009）

Spolsky（2009）基于领域的视角分析了不同社会语言学领域（家庭、学校、部队等）的语言实践。Spolsky模型的解释力一方面基于语言使用选择之间的关系，另一方面基于或多或少已有的制度特征和活动范围。在此框架内，职场中的语言管理被称为旨在改变员工实践和信念的管理决策，以解决沟通问题。这种理解接近了企业语言管理的精髓，侧重多语言商业组织的语言规范，但同时，不同的"语言管理范式"之间存在重要的理论差异。但 Nekvapil 批评 Spolsky 的理论模型"没有涉及个体话语管理"，只是对20世纪六七十年代语言政策规划的延续，并无新意。该模型没有涉及国际贸易中语言的复杂性和战略的重要性，因而缺乏解释力。

（3）语言管理工具观

第三种观点是将语言管理看成一种商业和企业的战略管理工具，Marschan-Piekkari（1999a）等人在语言标准化管理领域，尤其是在通用企业语言的成本和收益关系方面进行了大量研究。Feely、Harzing（2003）从跨文化管理的角度确定了语言障碍包含哪些组成部分，并研究了不同的企业语言管理战略，特别是总公司与分公司之间的关系。语言管理工具观认为，语言管理是管理层通过语言沟通对员工层实施的自上而下的主动管理和调控，管理层主要采用规划、设计和实施三类语言战略手段，直接影响和作用于员工，而管理层实施的语言战略管理受到员工沟通需求的影响（Sanden，2014）（见图3.6）。

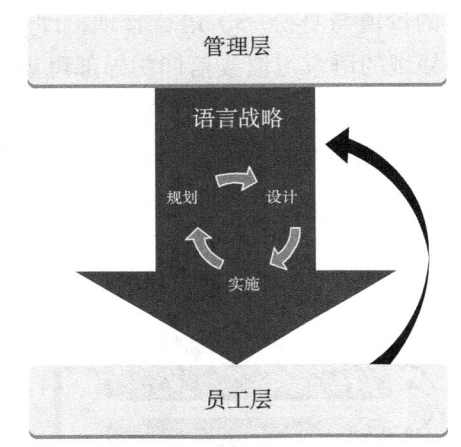

图3.6 语言管理构成三要素（Sanden，2014）

（4）小结

综上，语言管理包括宏观层面的语言战略管理和微观层面的语言沟通管理。语言战略管理指跨国公司面对多文化和语言多样化的状况而采用的语言政策和规划，涉及语言的工具性、文化性、管理性、障碍度、组织性等（Zanoni et al.，2004）。语言战略管理常用于跨国公司并购后的整合管理，说明行政作用和"权利"的殖民性与语言问题的联系，主要关注合资和并购后的公司"中间语"和"公司通用语"，具体指公司特有的语言交流和表达方式，如首字母缩写词、特殊用语和公司在管理过程中专用的行话等。语言沟通管理强调语言的工具性，把语言看成传递信息的翻译活动，主要关注跨国公司内部的沟通，以及语言技巧在跨国公司沟通中的积极和消极作用。

3.2 经济学理论基础

3.2.1 印象管理理论

印象管理指人们通过规范控制社会交际中传递的信息，有意识或者无意识地试图影响别人对个体、物体甚至一件事的看法的一种行为。最早提出印象管理概念的是戈夫曼（Erving Goffman，1959），他在1967年后对定义进行了拓展。西方学者已经将印象管理理论应用到企业的信息披露研究中，他们认为管理层会利用灵活的语言处理方式进行印象管理。如果管理层在非财务信息中故意操控语言，信息披露的质量与利益相关者的权益都会受到损害。利益相关者包括政府、股东、供应商、客户、雇员以及其他与企业利益息息相关的个人或组织。Smith和Taffler将年报中的印象管理行为定义为"操纵公司外部利益相关者对公司及其管理层的印象，旨在引导利益相关者按照他们的意图行动"。

企业年报话语中的印象管理策略可分为以下几类：可读性操纵、措辞操纵/修饰性操控、主题操纵（着重强调积极含义词汇或积极信息）、可视化与结构操纵、绩效比较、收益数字选择以及绩效归因等（Merkl-Davis and Brennan，2007）。

隐藏（concealment）和归因（attribution）是最常用的两大印象管理策略。隐藏通过强调好消息和弱化坏消息实现：强调好消息一般通过操纵语言和数据信息实现，比如强调积极情感词、积极性评价主题和积极的财务业绩等；隐藏坏消息通过操纵语篇的可读性和使用各种修辞手法或说服性语言实现。自利性归因就是将好的结果归功于自身的努力而将不理想的结果归咎于人为无法控制的外部因素，如竞争者、机会或外部环境。企业年报中的自利性归因是指管理层在分析公司运营状况的原因时，会倾向于把良好的业绩归功于自身高明、有远见的管理技巧，而把不理想的业绩归功于糟糕的外部经济环境。管理层容易将成绩归功于自己，从而避免承担失败的责任。

在企业年报中，管理层经常通过操控管理层讨论与分析这一部分的语言来展现自利性归因行为，因为这一部分的作用就是向利益相关者清楚描绘当前公司的经营现状。过度的自利性归因也很容易被信息阅读者发现，如果他们对管理层产生了信任危机，那么公司的利益也会因此受到损害。利益相关者的信任危机也会波及其他客观的信息披露语言，这将降低公司外部信息交流的效率，不利于公司长远发展。

Staw 等选择了 81 封首席执行官致辞进行研究,发现无论企业经营状况如何,首席执行官在致辞中都会倾向于使用积极词汇。Salancik 和 Meindl(1984)通过对比 18 家美国企业的年报,确认了自利性归因现象的存在。他们的研究结果表明,业绩不好的企业倾向于提及不可抗力,而业绩好的企业尤其是在一段时间内保持稳定的良好业绩的企业更加倾向于采用自利性归因,因为他们希望向利益相关者传递一种信息,即管理层对企业负责,而且企业的经营情况处于可掌控之中。Kwok 和 Tsang(2002)进行了跨文化研究,他们发现虽然这种现象是普遍存在的,但新加坡企业的自利性归因可能是因为其在信息选择过程中出现偏差而造成无意识行为,而美国企业则不然。Reggy(2008)对比了日本企业与美国企业的年报,发现当面临赤字的时候,日本企业会比美国企业更加倾向于将过错归咎于外部环境。

还有一些研究则发现,管理层与投资者之间永远处于博弈状态,所以当公司试图通过印象管理影响投资者决策的时候,公司的股价会产生相应的波动,这种现象的产生并不是单向的。举例来说,Kimbrough 和 Wang(2013)发现,业绩不好的公司在以下两种情况下会得到利益相关者的原谅:一是同行业公司的业绩都不尽如人意;二是尽管业绩下降,但公司的每股利润依然和市场平均水平持平。而公司的自利性归因也只有在以下两种情况下会获得正面的市场收益:一是公司业绩远远超出同行业公司的业绩,二是公司的每股利润与市场行业共同性较少。也就是说,市场会对公司的印象管理行为做出反应,但是不会单向地、轻易地接受。投资者也会通过将公司业绩与市场上其他公司的业绩做出比较,从而判断公司自利性归因的程度。

3.2.2 信号传递理论

香农(C. E. Shannon)在 1949 年发表的《在噪声中通信》中归纳了信息传递过程包含的几个关键要素:信源、编码、信道、噪声、译码、信宿。其中,信源是信息的来源,是产生各类信息的实体;编码是将信息转化成某种信号的过程,将信息从一种形式或格式转换为另一种形式或格式;信道是传递信息的媒介和途径;噪声是指信息在传递过程中受到的各种干扰;译码是编码的逆过程,指把信号翻译成最初的信息;信宿是指信息的接受者(见图 3.7)。

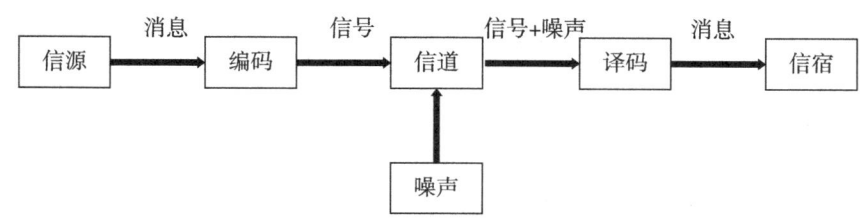

```
信源 →消息→ 编码 →信号→ 信道 →信号+噪声→ 译码 →消息→ 信宿
                              ↑
                             噪声
```

图 3.7　香农信息传递过程模型

该理论最初仅局限于通信领域。从 20 世纪 70 年代起，经济学家开始认识到信息在经济研究中的作用。Leland、Pyle 等（1977）将信号传递理论应用到了金融、财务研究领域。上市公司信息披露其实就是一个信号传递的过程。企业内部管理者作为信源，将企业的经营管理状况等内部信息编码为财务数据、语言、图表等不同形式的信号，通过发布年度、季度报告等信道将信号传递给信宿，即外部投资者等信息需求者。在信息传递的过程中，信号会受到各种因素带来的噪声干扰，传递效率会降低，进一步影响市场价格对信息的反应效率。因而，想要提高信息传递的效率和资本市场的有效性就要加强对噪声的控制。语言是传递信息的代码（吕公礼，2007），企业年报话语交际功能的有效发挥对于降低噪声干扰、提高信息传递效率具有一定作用。

3.2.3　有效市场假说

有效市场假说（Efficient Market Hypothesis，EMH）是由尤金·法玛（Eugene Fama）于 1970 年提出的。法玛（Fama，1970）认为，在法律健全、功能良好、透明度高、竞争充分的理想资本市场中，证券价格在任何时候都"充分反映"所有有价值的信息，在这一前提下，企业可以做出生产投资决策，投资者可以在代表企业活动所有权的证券中进行选择，这样的市场就是有效的市场。有效市场假说认为，在有效的市场中，证券价格总能充分反映所有有用信息。但是，有效的市场只是一种理想状态。在实际中，绝对有效的市场并不存在，资本市场中的证券价格始终无法充分反映所有有用信息，在市场中总有人能够利用信息获得超额收益。因此，有效市场假说（Fama，1970）将有效率的资本市场细分为三种类型：弱有效（weak form）、半强有效（semi-strong form）和强有效（strong form）。研究表明，证券价格对盈余公告（Ball and Brown，1968；Bernard and Thomas，1990）、股票回购（Ikenberry et al.，1995）、新股增发（Loughran and Ritter，1995）、股票分拆（Ikenberry et al.，1996）等公开信息的反应不足。在资本市场中，处理信息需要大量成本，因而一些信息可能不会立即被市场价格反映出来。

3.2.4　不完全反映假说

Bloomfield（2002）提出了不完全反映假说（incomplete revelation hypothesis, IRH），指市场上存在大量披露的信息，投资者从中搜集自己需要的信息，但在将搜集到的信息转化为有助于预测未来收益的信息的过程中会产生一定的信息解析成本，而信息解析成本是决定市场价格反映信息程度的因素，致使市场价格难以包含所有公开信息，强调了投资者要理性收集并使用获得的信息来做出决策和进行交易。企业年报话语的质量影响信息使用者对信息的解读，影响信息解析成本和沟通效率，进而影响市场价格对信息的反映程度，会对信息使用者识解、判断、决策等产生影响，从而直接或间接引起证券市场波动和股票或债券价格的反应。

3.2.5　代理理论

代理理论（agency theory）由詹森（Jensen）和梅克林（Meckling）于1976年提出。代理理论认为，委托-代理关系是一种契约关系：委托人与代理人建立契约，将工作委托给代理人，代理人代表委托人执行日常工作，根据契约得到某种报酬（Jensen and Meckling, 1976）。代理理论已广泛应用于会计学（Demski and Feltham, 1978）、金融学（Fama, 1980）、经济学（Spence and Zeckhauser, 1971）、营销学（Basu et al., 1985）、政治学（Mitnick, 1975）、组织行为学（Eisenhardt, 1985, 1988）、社会学（White, 1985）等不同领域。

代理理论对代理关系做出了两个重要假设，即代理关系中一定同时存在目标冲突和信息不对称。代理人和委托人作为经济理性人，都追求效用的最大化，但是他们的效用目标并不一致。委托人的目标是公司价值最大化，代理人的目标是获得较高的报酬和闲暇时间。因而，代理人并不总是以实现委托人的最大利益而行事（Jensen and Meckling, 1976）。代理人由于负责管理公司日常事务，对工作任务细节、个人行为、能力、偏好、组织运营状况等信息的掌握必然比委托人更全面，占有信息的绝对优势（Eggertsson, 1990），因而存在牺牲委托人利益以追求自身利益最大化的动机。对于委托人来说，信息的有效披露可以为其决策提供有用信息，减少委托人进行投资决策时所面临的不确定因素，保证自身利益不受侵害。

信息的有效披露还可以提升公司治理效率和资本市场效率。企业年报作为代理人披露企业财务状况、经营成果、现金流量等相关信息的重要媒介，在减少信息不对称、降低代理成本、为投资者提供决策的有用信息等方面发挥着重要作用。

3.2.6 小结

印象管理理论、信号传递理论、有效市场假说、不完全反映假说、代理理论为研究企业年报话语质量对资本市场的影响提供了经济学理论基础：

1）企业年报是上市公司披露内部信息的重要途径，而话语是信息传递的主要载体，企业年报话语质量的好坏在降低信息解析成本、减少信息不对称、增强资本市场的有效性等方面具有一定作用。

2）企业年报话语信息沟通功能的有效发挥可以降低信息的理解难度，因而可以提高投资者理解相关价值信息的速度和深度，降低信息解析成本，提高信息传递效率，减少信息不对称，从而提高市场价格对信息的反应程度。

3）企业管理者在信息披露过程中通过发挥企业年报话语功能，可以帮助投资者发掘信息的价值相关性，影响投资者对信息决策有用性的识解和判断，也就是影响投资者将报告中披露的信息识解、转化为可用于预测未来收益信息的过程，进而影响投资者决策，最终影响市场价格对信息的反应。

3.3 影响机理

3.3.1 企业年报话语质量的经济影响机理

本研究构建了企业年报话语质量对资本市场收益的影响机理模型。年报话语质量具体考查话语形式质量和内容质量，并考查企业话语质量与企业收益之间的相互关系（见图3.8）。根据信息传递理论，企业话语质量的提高可以提高信息传递的效率，从而提高企业对外传播的有效性，使企业赢得良好的信息披露声誉。企业年报是对企业运营状况的披露，因此，企业运营绩效对企业年报的话语形式和话语内容也存在一定的影响，企业绩效与企业年报话语质量的影响应该是相互的。

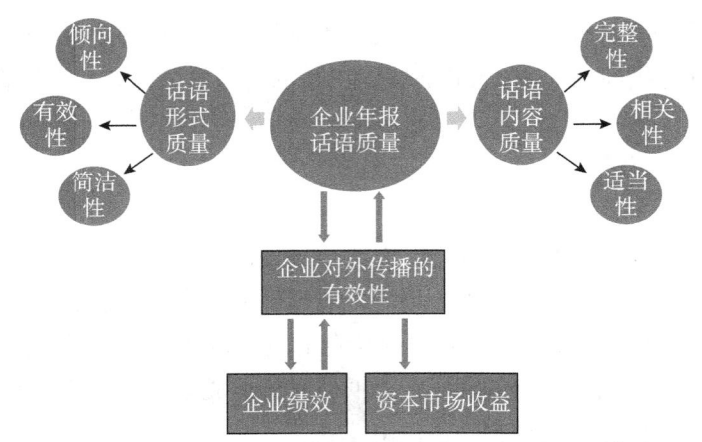

图 3.8　企业年报话语质量影响资本市场收益的机理模型

3.3.1.1　话语形式质量

（1）倾向性

美国财务会计准则委员会和国际会计准则理事会将倾向性作为信息表达质量的特征之一，要求企业披露的信息不得带有任何偏见和态度倾向。狭义的文本情感倾向指篇章的积极或消极程度（Kearney and Liu，2014）。很多关于企业信息披露的研究使用术语"tone"来表示文本情感。广义的文本情感倾向不仅包括篇章的积极－消极倾向，还包括强势－弱势等情感倾向。此外，劝说性表达指说话者为了说服听话者而进行的个人观点表达，常带有主观色彩，会增强话语的倾向性。本研究选取的话语倾向性的三级指标有：

1）情感倾向性。该指标包含对话语积极－消极倾向的测量和对语气强势－弱势倾向的测量。对话语积极－消极倾向的测量将通过公式算法得到抽样年报文本的情感倾向概率，以此概率值作为样本文本积极－消极倾向的得分。对话语强势－弱势倾向的测量将运用字典法，借助文本分析软件 Diction 测量样本中情感表达的强势－弱势倾向得分。该指标得分越高，表明该企业的主观情感表达越多，客观倾向性越弱，越不利于投资者对信息的理性解读和判断。

2）劝说性。对该指标的测量通过统计不定式、劝说性动词、条件从句、分裂助动词等话语特征的频率进行，并根据其因子载荷计算得到"显性劝说型表达维度"的分值，以该分值作为样本文本在该指标上的得分。该指标得分越高，表明该企业的年报话语劝说性越强，客观倾向性越弱，越不利于投资者做出理性判断。

（2）有效性

可理解性属于语言学和传播学领域的范畴概念，即文本内容是否能为信息的使用者所理解，可理解性直接影响到信息传递的质量和效率。文本的可理解性越强，越能达到有效传播的目的，越能提高沟通的有效性。

可理解性属于语言学和传播学领域的范畴概念。美国财务会计准则委员会、国际会计准则理事会、加拿大特许会计师协会、英国会计准则委员会陆续将可理解性作为与会计信息表达有关的质量特征。Sydserff 和 Weetman（1999）构建了篇章沟通有效性指数来代替饱受争议的可读性公式，测量企业年报话语的可理解性。测量可理解性的具体指标如下：

1）互文性。根据 de Beaugrande 和 Dressler（1981）的研究，互文性指某个文本的理解和使用依赖于使用者已具备的关于其他文本的知识。Sydserff 和 Weetman（1999）对互文性的阐述沿用了这一定义。由此可以看出，他们所说的互文性指具体的互文，与语言学中常提到的另一类互文——体裁的互文不相关。因此，本研究在评价互文性时将统计样本中的引语来源指示词（Hyland，1998）和引语动词（Shaw and Pecorari，2013）的出现频数，以标准化的频数值作为该指标的得分。该指标得分越高，文本的互文性越强，越能增强文本的可理解性，提高沟通的有效性。

2）衔接与连贯。根据 de Beaugrande 和 Dressler（1981）的研究，衔接与连贯指篇章的句法衔接和语义连贯。在篇章语言学中，衔接与连贯是第一大篇章特征，对篇章意义的生成和读者理解起着至关重要的作用。对衔接与连贯指标的测量本研究综合了 de Beaugrande、Dressler（1981），Sydserff、Weetman（1999），Halliday、Hasan（1976）和 Louwerse（2001）等学者对衔接与连贯的研究，测量样本语篇在指称衔接、语义连贯和连接词三个特征的得分，以此作为衔接与连贯这个指标的评价得分。该指标得分越高，文本的衔接性与连贯性越强，文本越易于理解。

3）具体性。具体性指篇章注重对例证、原因、细节、数据、传闻信息、名称、定义等具体信息的描写（Roseberry，1995）。Sydserff 和 Weetman（1999）将企业年报话语中是否包含具体财务数据作为话语具体性得分的依据。但是，根据语言学领域对篇章具体性的研究，仅仅靠数据的出现来判断篇章的具体性不够全面。因此，本研究将结合语言学领域关于语篇具体性的研究（Roseberry，1995），选取数值数据、例证、原因阐释、细节阐释四个特征作为指标的得分依据。投资者做出决策需要基于具体信息，该指标得分越高，话语的具体性越强，文本越能满足投资者的信息需求，越能达到有效传播的目的。

4）情景性。情景性指使篇章与其所发生的语境相关联的因素（de Beaugrande and Dressler，1981）。本研究结合 de Beaugrande、Dressler（1981）和 Biber（1988）的相关研究及他们提到的情景模型（situation models），选取时间地点指示词、人称代词和指示代词等特征来衡量话语情景性，统计情景性特征频率，以频率之和作为样本话语情景性的得分。该指标得分越高，篇章的情景性越强，文本越易于读者理解。

除了以上指标，de Beaugrande 和 Dressler（1981）提出的篇章测量标准还有意向性和可接受性（intentionality and acceptability）以及信息性（informativity）。Roseberry（1995）根据 de Beaugrande 和 Dressler（1981）的思想建立了篇章沟通有效性指标体系，在其中将这两个指标统一综合为主题相关性指标。Sydserff 和 Weetman（1999）构建的企业年报文本沟通有效性指标也沿用了 Roseberry（1995）的主题相关性指标。

（3）简洁性

简洁性也是提高企业年报可理解性、增强企业年报传播效果的重要因素之一。可读性、词汇复杂性和句法复杂性可衡量话语简洁性。

1）可读性。对可读性的测量一般使用弗莱士易读度或迷雾指数等可读性公式。这些公式从词长、句长等角度考查语篇可读性，具有操作简便、客观和可靠等优点，因此本研究将利用弗莱士易读度公式和迷雾指数公式来测量企业年报话语的可读性。企业年报可读性越高，篇章越简洁，投资者越容易理解。

2）词汇复杂性。该指标下的四级指标是词汇密集度（词汇密度）和词汇具体性，以得分来衡量。词汇越复杂，篇章理解起来越困难。

3）句法复杂性。该指标下的四级指标是句法复杂度和句法形式密度，以得分来衡量。句法越复杂，篇章理解起来越困难。

3.3.1.2 话语内容质量

（1）完整性

毕马威对来自全球 16 个国家的 270 家较大上市公司的年报进行了调研，发现年报中平均 42% 的篇幅用于呈现财务数据，而与经营战略相关的文字陈述仅占总篇幅的 14%。只有 11% 的企业年报完全涵盖了经营状况六个核心部分的绩效信息。毕马威认为，虽然财务报表在投资者和管理层沟通中发挥着核心作用，但它无法完全呈现经营绩效和前景。投资者需要评估企业基本的经营状况、增长潜力和盈利持续性,而企业年报对这些信息的披露相当欠缺。这种信息披露不平衡状况将导致企业追求短期收益。根据毕马威的调研报告,企业年报内容须包含三大部分——经营绩效、经营模式与战略、风险。本研究将以它们作为内容完整性的评价指标。

1)经营绩效。毕马威认为,非财务的关键业绩指标可以帮助企业解决信息披露不平衡的问题,尤其是运营方面的相关指标可以提供关于企业业务发展和长期前景的重要信息。因此,本研究将以企业披露的品牌与市场、研发、员工、经营效率、客户与销售和产品绩效信息来衡量企业的经营绩效披露情况。经营绩效信息披露得越多,越能满足投资者对企业业务发展和长期前景信息的需求。

2)经营模式与战略。经营模式是高质量企业年报的基础。毕马威调查报告显示,年报中经营模式与战略信息的篇幅仅相当于财务报表篇幅的三分之一,相关的信息披露相当不充分,而且相关表述很笼统,不够具体。经营模式与战略的有效披露有利于读者对年报其他部分信息的理解。根据毕马威的调查,年报中经营模式与战略信息一般包含八个方面:产品、客户、员工、关键流程、品牌与市场定位、运营场所、知识与技能、供应商与投入。本研究通过统计与以上八个方面相关的主题的出现频率,以此作为评价得分,来衡量经营模式与战略信息披露的完整性。经营模式与战略信息披露得越多,越能帮助读者理解年报信息。

3)风险。披露风险信息为企业传达重大风险的潜在影响提供了机会。但毕马威的调查发现,很多风险信息的披露只是为了满足管制要求,并没有帮助投资者了解企业如何管理重大风险。本研究以风险信息的篇幅和所披露的风险种类来衡量企业风险信息披露的完整性,将统计风险描述的篇幅占年报总篇幅的比例,以此作为风险信息数量的得分。首先提取与风险种类相关的主题,然后统计提到的风险种类数量,将其作为风险种类的得分。以两个得分之和作为风险指标的得分。风险信息披露得越多,企业越能向投资者传达自身的风险管理状况及能力。

(2)相关性

美国财务会计准则委员会将相关性界定为信息影响决策的能力。对决策最有用的信息是面向未来的信息(曹伟,2004)。因此,前瞻性信息能增强企业年报的相关性(Beattie et al.,2004;Athanasakou and Hussainey,2014)。本研究把前瞻性信息作为衡量相关性的评价指标,统计其占年报总篇幅的比例,以此作为前瞻性信息指标的得分。前瞻性信息披露得越多,越能满足投资者对前瞻性信息的需求,越能影响投资者决策。

（3）适当性

适当性指与决策者决策相关的信息应充分披露，但又不能过度提供，因为过量的信息会增加使用者的使用成本（曹伟，2004）。因此，本研究选取年报篇幅作为衡量内容适当性的指标。毕马威的报告显示，企业年报平均篇幅为204页。本研究把抽样年报的页数与204页的差值绝对值作为年报总篇幅指标的得分。若年报篇幅适中，则既能充分披露相关信息，又不会增加阅读者的解读成本。

根据上述分析，得出企业年报话语质量评价指标体系，如表3.1所示。

表 3.1　企业年报话语质量评价指标体系

一级指标	二级指标	三级指标
A1. 话语形式质量	B1. 倾向性	C1. 情感倾向性
		C2. 劝说性
	B2. 有效性	C3. 互文性
		C4. 衔接与连贯
		C5. 具体性
		C6. 情景性
	B3. 简洁性	C7. 可读性
		C8. 词汇复杂性
		C9. 句法复杂性
A2. 话语内容质量	B4. 完整性	C10. 经营绩效
		C11. 经营模式与战略
		C12. 风险
	B5. 相关性	C13. 前瞻性信息
	B6. 适当性	C14. 年报篇幅

3.4　理论模型

本研究构建了企业年报话语质量与资本市场之间相互影响的理论模型，选取了影响企业年报话语质量的六个维度，包括企业年报文本的互文性、复杂度、可读性、语篇结构、情感倾向、可信度，每个指标又由若干个观测点组成。对于资本市场收益，选取资本市场收益率和企业财务绩效表现两个控制变量指标，前者由两个财务观测指标组成，后者由三个财务指标构成，具体如下：

在本模型中，企业年报话语质量会影响资本市场情绪，使资本市场产生积极或消极的反应，在此过程中，市场异象和公司基本面等因素会产生影响（Feldman et al., 2008; Battalio et al., 2006; Price et. al; 2012）。因此，本研究选取了市场异象和公司基本面两个控制变量：其中，市场异象指标采用测算盈余意外和应计利润；公司基本面指标采用测算企业规模、账面市值比和净资产收益率三类数据得出。本研究考查在市场异象和公司基本面不变的前提下，企业年报话语质量是否会影响资本市场的反应。企业年报话语质量影响资本市场收益的理论模型见图 3.9。

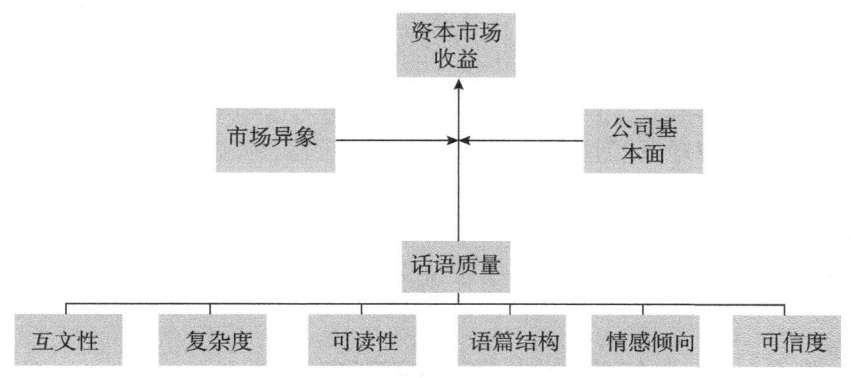

图 3.9　企业年报话语质量影响资本市场收益的理论模型

3.5　研究语料

本研究对企业年报话语质量的分析借助语料库方法，即收集中外企业年报样本语料，进行语料清洁，建立"中外上市企业年报语料库"。所建语料库由 892 份报告组成，总容量为 17 934 276 个词符，其中来自美国上市公司的语料有 14 674 047 个词符，采用伪随机抽样法抽取了 135 家美国本土上市公司。为了避免样本偏向大规模企业（或小规模企业）或价值型企业（或成长型企业），本研究将 Compustat & CRSP 数据库中的所有纽交所上市公司按照 2012 年的规模和账面市值比（book-to-market ratio，BM）排序。规模以市值（market capitalization）计，账面市值比为账面价值（book value of equity）除以市值。账面市值比较高的企业为价值型企业，反之为成长型企业。按照 Kenneth French 网站上的基准，按规模将这些企业分成三等份，然后将每一等份中的企业再按照账面市值比分成三等份，最后将这些企业分成了九等份。随后用随机抽样法在每一等份中随机抽取 15 家企业作为样本。从 EDGAR 网站（www.sec.gov）下载抽样企业 2012—2016 年五年的年报，共得到 675 份年报。

3.5.1 企业年报文本互文性研究语料

企业年报互文性研究语料选自 2015 年世界 500 强 30 家上榜中国企业和 54 家上榜美国企业，共计 84 家企业，具体选取 2008—2015 年 8 年间企业发布的年报（240 份中文年报，672 份英文年报）的首席执行官致辞部分，行业涉及能源、科技、零售等，构建"中国企业首席执行官致辞""美国企业首席执行官致辞"两个语料库，并以净资产收益率高低来区分绩优组、绩差组。"中国企业首席执行官致辞"语料经 ICTCLAS 2015 软件进行词语切分后，总词符数为 101 874 个，其中绩优组有 53 782 个词符，绩差组有 48 092 个词符；"美国企业首席执行官致辞"总词符数为 181 539 个，其中绩优组有 99 537 个词符，绩差组有 82 002 个词符。

3.5.2 企业年报文本复杂度研究语料

本研究从 EDGAR 网站下载了在纽交所上市的中国 52 家企业 2012—2016 年的 20-F 年报，共得到 260 份年报，来自中国在美上市公司的语料有 3 260 229 个词符。为了提高语料标注和测量统计的精确度，本研究借助正则表达式，去掉了样本语料中的表格、标题、非文本材料和少于 10 个单词的段落，且删掉了总词符少于 2 000 或者在后续测量中很多话语特征值显示异常的 43 份（美国企业 33 份，中国企业 10 份）报告样本，最后得到 892 份管理层讨论与分析报告语料。

此外，本研究采用的语料还包括 2013—2015 年中国工商银行和中国农业银行的英文版企业社会责任年报。在中国"中农工建四大行"中，只有中国工商银行（ICBC）和中国农业银行（ABC）连续多年发布英文版企业社会责任年报。作为对比样本的是同时段花旗银行的企业社会责任年报（也称作全球公民报告）。语料不包含企业社会责任年报附注中由会计师事务所发表的独立声明和全球报告倡议（Global Reporting Initiative，GRI）索引表格。本研究首先从中国工商银行、中国农业银行和花旗银行官方网站上下载了 2013—2015 年度企业年报和企业社会责任年报，并使用 AntFileConverter 软件将 PDF 格式的报告转换为可进行语料分析的纯文本格式。之后应用 TreeTagger 软件标识企业社会责任年报文本，以便手动删除或修改数据、表格内容和不符合句法的混乱表达与间隔符等。利用处理后的纯净文本分别建成了两个英语语料库——一个为 2013—2015 年度中国银行业企业社会责任年报语料库，另一个为 2013—2015 年度花旗银行企业社会责任年报语料库。

3.5.3　企业年报文本可读性研究语料

本研究采用了《财富》杂志发布的世界 500 强企业排名。与《财富》世界 100 强榜单和《财富》世界 1 000 强榜单相比，《财富》世界 500 强榜单在金融研究领域具有更广泛的应用。本研究从世界 500 强上市企业中选出 20 家外资企业和 20 家中国企业，并对其年报进行研究。研究选取了企业年报中管理讨论与财务状况分析这一章节进行分析，共计选取了 94 份报告，语料库规模为 47 万个词符。从中检测语料的以下可读性指标：叙事性、词汇具体性、句法简洁性、指称衔接性和深层衔接性。

本研究的所有审计报告都是从公司官方网站上下载得到的。因为绝大部分公司一般不会单独出具审计报告，所以我们首先下载企业年报，从中选取审计报告部分，将其从 PDF 格式转化为 DOCX 格式，制成"中外企业审计报告语料库"，便于文本统计分析。因为审计报告还包含其他不相关信息（如日期、地点、审计师签名等），所以本研究进行清洁处理，将这些全部删除，只保留审计报告正文内容本身。为了避免受到其他因素的影响，本研究随机选取了 30 家国内公司和 30 家国外公司，这些公司涉及能源、高科技、房地产、快消品等不同行业。除此之外，为了进行逐年对比，本研究考查了所选企业连续五年的审计报告变化趋势。样本语料还选取了中外各 30 家公司 2011—2015 年的审计报告，这些审计报告样本分别来自美国、英国、澳大利亚、荷兰等国的上市公司，具有较强的代表性。

3.5.4　企业年报文本语篇结构关系研究语料

企业年报文本语篇结构关系研究所选语料为中国工商银行和花旗银行 2015 年年报中的首席执行官致辞和企业社会责任报告部分。工行首席执行官致辞语篇总长度为 3 272 个中文字符，花旗银行首席执行官致辞语篇总长度为 1 885 个英文词符。工行社会责任报告语篇总长度为 1 008 个词符，花旗银行社会责任报告语篇总长度为 836 个词符。这两家银行的市值曾分别位列中国第一和美国第一，具有一定的代表性。

3.5.5　企业年报文本语篇功能研究语料

本研究所选语料为 2016 年《财富》中美前 50 强上榜企业的英文年报，时间跨度为 2005—2015 年，企业所属行业为金融、石油、IT 等，语料总量为中国企业年报 340 份，语料总词符数为 26 507 156 个，平均长度为 77 962.22 个词符；美国企业年报 351 份，语料总词符数为 25 824 347 个，平均长度 73 573.64 个词符；年报语料库总词符数为 52 331 503 个。

3.5.6　企业年报文本情感倾向性研究语料

本研究所选语料为 2015 年《财富》中美前 50 强企业 2005—2015 年的英文年报，涉及的企业类型包括金融、石油、IT、公用事业等，共收集中国和美国企业年报各 310 份，共计 620 份。两类年报语料库总词符数为 45 122 201 个，其中，中国企业年报语料总词符数为 23 517 191 个，美国企业年报语料总词符数为 21 605 010 个。此外，为考查语篇情感与企业绩效的关系，本研究又分别选取两类语料：1）2015 年《财富》中美前 50 强企业排名前 10 位的上市公司（榜首企业）在 2005—2015 年的英文年报，包含中国企业年报 89 份，美国企业年报 72 份；2）2015 年《财富》中美前 50 强企业排名后 10 位的上市公司（榜尾企业）在 2005—2015 年的英文年报，包含中国企业年报 72 份和美国企业年报 71 份。

3.5.7　企业年报话语可信度研究语料

本研究样本来自中国三大石油公司（中石油、中石化、中海油）和全球三大石油公司（壳牌、埃克森美孚、英国石油）2015 年的年报。

3.5.8　本研究的财务数据

本研究采用的财务数据选自沃顿商学院 WRDS 系列数据库中的 Compustat &

CRSP 数据库、I/B/E/S 数据库和 Capital IQ 数据库，财务数据包括企业规模、账面市值比和净资产收益率等企业基本面数据，以及应计利润等市场异象。此外，盈余意外数据选自 I/B/E/S 数据库。由于两个数据库中的企业代码不一致，因此将企业的 Permno 代码转化为 I/B/E/S 代码，从 I/B/E/S 数据库中提取数据。部分缺少 Permno 代码的企业由于无法获取数据，被剔除。事件分析所采用的事件窗口期内的异常收益数据选自 Capital IQ's Key Development 数据库。

3.6 研究方法

3.6.1 企业年报跨学科研究方法

企业年报研究是一个跨学科研究领域，其语言与商务的交叉属性要求本研究以系统观和现实观为指引，结合语言学、经济学、管理学、数据科学、统计学等多学科范式，合理运用四种研究方法，即语言指数方法、语言计量方法、语言建模方法、语言大数据方法。语言数据思维范式通过语言数据挖掘，发现大数据中有价值的模式和规律，主要包括语言大数据相关性思维范式和情感倾向思维范式。其中，语言大数据相关性思维范式关注语言与其他因素之间的关联，适用于分析企业年报语言质量的多维特征。情感倾向思维范式则侧重于分析语言中的情感倾向及其模式。此外，语言统计思维范式适用于推断语言与经济变量或管理变量的因果关系。企业年报研究往往涉及一个因变量与一组自变量之间的关系检测，需要借助多元线性回归模型。主成分分析、因子分析、聚类分析可用于客观评价对象，不依赖专家的主观判断，能够排除人为因素的干扰和影响，适合对评价指标之间高度相关的对象进行综合评价。引力模型建模是计量经济学建模的一种研究范式，非常适用于考查语言如何影响经济发展。商务英语的跨学科属性决定了研究者不仅要关注语言变量，还要关注经济变量，将语言变量和经济变量纳入同一模型考查语言和经济之间的相互影响：考查语言和文化多样性如何影响沟通交流从而影响生产要素的流通；如何影响信任和认同，从而影响劳动力流动，导致市场分割和资源错配；如何影响教育和人力资本积累、制度和技术传播。

本研究利用语料库工具 WordSmith、MAT、PowerGREP、PatConc、GoTagger、LancsBox、ICTCLAS、Coh-Metrix、Diction 等提取话语特征和内容特征，并统

计特征出现频次，测量企业年报文本质量的多维特征，包括互文性、复杂度、可读性、语篇结构、语篇功能、情感倾向、可信度等。

本研究在考查企业年报话语质量与资本市场收益之间的相互影响作用时，采用建立回归方程模型的方式，通过将数据导入进行回归统计分析。首先，将企业话语质量综合评分作为自变量，因变量选择不同的企业财务指标，如资产收益率（ROA）、净资产收益率（ROE）、每股收益（EPS）、累计异常收益率、盈余意外等，将企业规模、资产增长率和账面市值比等作为控制变量，考查话语质量与资本市场收益之间的影响。

3.6.2　企业年报文本互文性分析方法

本研究在考查企业年报文本互文性特征时采用 WordSmith Tool 5.0 提取各项指标，分析中美年报首席执行官致辞的文本互文性特点。此外，本研究使用 GoTagger 赋码器对英文语料进行赋码，基于九种英文被动句结构，使用 Patter Builder 撰写正则表达式，用 PatCount 统计被动语态。

3.6.3　企业年报文本复杂度分析方法

英语语言艺术与读写共同核心国家标准（The Common Core State Standards for English Language Arts & Literacy）提供了三种衡量文本复杂度的方法：定量研究、定性研究、读者和任务研究（Lunholm et al.，2014）。定量研究中影响文本复杂度的变量包括词汇复杂度、句法复杂度（Alderson，2000）。其中词汇复杂度和句法复杂度分别是指影响文本可理解性的词汇和句法特征（Smith and Taffler，1992），如词长、词汇密度、句长等。除定量研究方法之外，学者通常还会采用定性研究方法、阅读和任务研究方法来进一步衡量文本复杂度。其中，定性研究方法主要分析文本中所运用的社会惯用表达、写作目的等语义特征。而阅读和任务研究方法则主要关注两个影响文本复杂度的外部变量，即文本是否匹配特定读者群体，以及文本的任务是否合理。本研究采用词汇复杂度和句法复杂度指标，对企业年报文本复杂度进行测量，具体如下：

（1）词汇复杂度

测量词汇复杂度主要涉及词汇的熟悉性（familiarity）、具体性（concreteness）、意象性（imaginability）和意义性（meaningfulness）。根据 Kale 和 Crossley

(2015），词汇的熟悉性、具体性、意象性和意义性的分值来源于英国医学研究理事会心理语言学数据库（Coltheart，1981）、Brysbaert 等（2014）和 Kuperman 等（2012）。词汇熟悉性的计算过程包含了该心理语言学语料库中 4 943 个词元的得分（Coltheart，1981）。词汇具体性的计算过程包含了该心理语言学语料库中 4 315 个词元（lemma）的得分。词汇意象性的计算过程包含了该心理语言学语料库中 4 848 个词元的得分（Coltheart，1981）。词汇意义性的计算过程包含了 Toglia 和 Battig（1978）收集的 2 644 个词元的得分。

（2）句法复杂度

本研究采用部寒（2022）的做法，借助句法分析工具 TAASSC 测量企业年报话语的句法复杂度。根据 Kyle（2016），该句法分析工具所测量的指标包含 32 个句法相对复杂度指标、31 个细粒度从句复杂度指标和 132 个细粒度短语复杂度指标，共计 195 个测量指标。该工具测量 COCA 语料库在这些指标上的得分，然后进行主成分分析，得到了 9 个成分。本研究测量样本语篇在这 9 个维度上的得分，以此衡量中美企业年报话语的句法复杂度。

3.6.4 企业年报文本可读性分析方法

语义特征、句法结构形式和连贯性是影响文本可读性的重要因素（Bailin and Grafstein，2016）。本研究将利用语料库和自然语言处理技术测量样本语料的词汇复杂度、句法复杂度，同时，使用迷雾指数公式测量样本语料可读性，以综合考查企业年报话语的可读性特征。

（1）迷雾指数

本研究利用迷雾指数公式来测量企业年报话语的可读性。通过公式计算得到的可读性得分越低，意味着篇章越简洁，投资者越容易理解。对于迷雾指数的测量，本研究将借助语料库工具 Qt4.5.2，分别测量中美抽样企业年报话语的迷雾指数得分。迷雾指数的计算公式为：

$$迷雾指数 = 0.4 \times [（单词总数 / 句子总数）+ 100 \times （长单词数量 / 单词总数）]$$

（2）弗莱士易读度

英文文本可读性通常采用弗莱士易读度作为第一衡量指标。弗莱士指数由弗莱士（Rudolph Flesch）在其 1948 年的论文 "A New Readability Yardstick" 中提出。

在弗莱士易读度公式中，公式输出的结果在 0～100，表示文本的阅读难度。当输出结果较高时，文本更容易理解和阅读。以下是弗莱士易读度计算公式：

$$易读度水平 =206.835–（1.015×每句话包含的单词数）–（84.6×每个单词包含的音节数）$$

根据弗莱士指数，最后的得分越高，也就意味着年报越容易读（见表 3.2）。

表 3.2　弗莱士易读度数值参照表

弗莱士读易读度指数	阅读难度水平	所要求的教育水平	文本类型
<0	无法理解	研究生	——
0～29	极度艰涩	研究生	科研杂志
30～49	较为艰涩	本科生	学术刊物
50～59	稍有难度	10～12 年级	高端刊物
60～69	标准水平	8～9 年级	文摘类
70～79	相对宜读	7 年级	流行小说
80～89	易于阅读	6 年级	通俗小说
90～100	非常简明	5 年级	漫画刊物

虽然易读度公式具有诸多优点，但是其有效性存在争议。因为这些公式忽略了很多影响读者理解的篇章特征（Jones and Shoemaker，1994；Smith and Taffler，1992b，1992c）。因此，除了易读度公式，本研究又基于可读性理论（Bailin and Grafstein，2016）增添了词汇复杂度、句法复杂度指标，来衡量年报语言的可理解程度。

本研究使用 Coh-Metrix 分析工具提供的多维文本可读性指标，具体包括叙事性、句法简洁性、词汇具体性、深层衔接性、指称衔接性 5 个维度，共 108 个测量指标，可以全面考查中外企业年报的可读性。

3.6.5　企业年报文本修辞结构关系分析方法

RSTTool 是标注语篇修辞结构关系的计算机软件，由澳大利亚的 Mick O'Donnell 博士在 RST 理论的基础上设计。该工具自开发以来已经过多次升级，功能不断完善。当前使用最多的版本是 RSTTool345。可登录 http://www.wagsoft.com/ 网站免费下载并安装使用。该工具界面友好，可以对文本进行编辑、切分，标示结构关系，生成并输出结构树图，选择、编辑结构关系，并生成、输出统计数据。它只可以对纯文本文件进行操作。

本研究采用修辞结构关系和软件 RSTTool345 对篇章结构进行自动切分并生成语篇结构段之间的关系树图，进行量化统计并输出统计分析数据。参照《话语标注参考手册》(*Discourse Tagging Reference Manual*)(Carlson and Marcu, 2001)，对两类英文年报语篇结构进行多次标注，对所得数据进行对比分析。根据企业年报修辞结构关系的特点，本研究对现有的关系集进行补充，新增加了 5 种单核心结构关系：举例关系（example）、时间点（temporal-location）、时间范围（temporal-extent）、空间位置（spatial-location）、空间范围（spatial-extent）和一种多核心结构关系：同一单元（same-unit）。

3.6.6 企业年报文本功能多维分析方法

本研究使用 Nini（2015）开发的多维标注与分析工具 MAT（multidimensional analysis tagger 1.3），进行自动文本标注、特征提取和数据统计，借助该工具分别统计中美企业年报的 5 个功能维度特征和 61 个详细话语特征，然后对维度特征统计结果进行独立样本 t 检验，考查两类语料的功能维度差异。之后，针对具有显著差异的维度，对该维度的各个详细话语特征进行统计分析，并进行独立样本 t 检验，考查哪些主要话语特征值的差异会导致两类话语的功能维度差异，并讨论产生差异的原因。

3.6.7 企业年报文本情感倾向性分析方法 [①]

本研究采用情感词袋法测量企业年报文本的情感倾向值。文本情感词袋法最常使用的 4 个代表性词表分别为：哈佛 GI 词表、Diction 词表、Henry（2008）词表和 Loughran、McDonald（2011）金融词表。其中，哈佛 GI 词表和 Diction 词表是针对通用英语的词表。Henry（2008）词表和 Loughran、McDonald（2011）金融词表是针对金融英语的专业词表，在企业年报文本情感倾向性研究中应用广泛。因此，本研究采用 Diction 软件和其自带词表对企业年报文本情感倾向值进行测算。金融词表中的积极与消极情感词见表 3.3。

---

① 部分内容已发表在 2018 年《外国语文》第 1 期上。

表3.3　金融词表中的积极与消极情感词（Henry，2008）

未来词汇	积极词汇	消极词汇
eventual	positive, positives, success, successes,	disappoint, disappoints,
forthcoming	successful, succeed, succeeds,	disappointing, disappointed,
imminent	succeeding, succeeded, accomplish,	disappointment,
impending	accomplishes,	risk, risks, risky,
planned	accomplishing, accomplished,	threat, threats, threaten,
prospective	accomplishment, accomplishments,	threatened, threatening,
subsequent	strong, strength, strengths,	penalty, penalties,
ultimate	certain, certainty,	negative, negatives, negatively
approaching	definite, solid, excellent, good,	fail, fails, failed, failing, failure,
coming	leading, achieve, achieves, achieved,	weak, weakness, weaknesses,
final	achieving, achievement,	weaken, weakens, weakening
inevitable	achievements, progress, progressing,	weakened,
unfolding	deliver, delivers, delivered, delivering,	difficult, difficulty
booked	leader, leading,	hurdle, hurdles
budgeted	pleased, reward, rewards, rewarding,	obstacle, obstacles
close at hand	rewarded, opportunity, opportunities,	slump, slumps, slumping
coming up	enjoy, enjoys, enjoying, enjoyed,	slumped
destined	encouraged, encouraging, up,	uncertain, uncertainty
down the line	increase, increases, increasing,	uncertainties,
down the pike	increased, rise, rises, rising, rose, risen,	unsettled,
down the road	improve, improves, improving,	unfavorable downturn,
fated	improved, improvement,	depressed, down,
from here in	improvements, strengthen, strengthens,	decrease,
from here on	strengthening, strengthened,	decreases, decreasing,
from here to eternity	stronger, strongest,	decreased, decline, declines,
from now on in	better, best,	declining, declined, fall, falls
in the cards	more, most,	falling, fell, fallen, drop, drops,
in the course of time	above, record,	dropping, dropped,
in the offing	high, higher, highest,	deteriorate, deteriorates,
just around the corner	greater, greatest,	deteriorating, deteriorated,
later	larger, largest,	worsen, worsens,
likely	grow, grows, growing, grew, grown,	worsening, worse, worst,
looked toward	growth,	low, lower, lowest,
near	expand, expands, expanding,	less, least,
next	expanded, expansion,	smaller, smallest,
scheduled	exceed, exceeds, exceeded,	shrink, shrinks, shrinking, shrunk,
to be	exceeding,	below, under,
ulterior	beat, beats, beating	challenge, challenges,
unborn		challenging, challenged,
up		poor, poorly

本研究采用文本情感自动分析软件Diction 7.0，利用金融专用词表（Henry，

2008）考查中美企业年报传达出的积极与消极情感，对比分析中美企业年报的情感倾向差异。Henry（2008）词表是金融专用词表，Loughran、McDonald（2011）和 Price 等（2012）都认为，专用词表更适合商务文本研究。借鉴 Henry（2008）和 Price 等（2012）的做法，本研究采用的上市企业年报文本情感倾向值测算公式如下：

$$\text{TONE}_{iT} = \frac{\text{Positive}_{iT} - \text{Negative}_{iT}}{\text{Positive}_{iT} + \text{Negative}_{iT}}$$

其中，Positive_{iT} 为本年度企业年报的积极情感值，即平均每 500 个词中出现的积极情感词词频；Negative_{iT} 为本年度企业年报的消极情感值，即平均每 500 个词中出现的消极情感词词频。情感倾向值 Tone_{iT} 为积极情感值减去消极情感值之差除以积极情感值加上消极情感值之和。

为进一步考查中美两类企业年报的情感主题特征，本研究选取《财富》上榜中美前 50 强榜首（前 10 名）和榜尾（后 10 名）企业年报中的股东致函语篇作为语料，将金融专用词表（Henry，2008）中的积极情感词表导入 WordSmith 工具，检索并提取中心情感词前后各 5 词，筛选出股东致函语篇中出现的主观陈述部分，组建小型情感表达语料库。将该语料库导入主题可视化软件 VOSViewer，提取情感词的评价对象，剔除与商务不相关的词汇，保留名词和名词短语作为语篇情感主题词并加以分类，对比分析《财富》上榜中美前 50 强榜首和榜尾企业年报的语篇情感主题分布的异同。

3.6.8 企业年报话语可信度分析方法

本研究使用语料库研究常用工具 WordSmith 提取抽样企业年报的话语可信度指标。话语可信度指标参考前人研究的框架，精选 7 类 9 个指标，并使用 SPSS 计算变量的相关性，检验年报话语可信度与企业绩效之间是否存在相关性。

3.6.9 企业年报文本互文性影响企业绩效的分析方法

本研究考查企业年报互文性对企业绩效的影响，选取净资产收益率、资产收益率、每股收益三项指标（蒋艳辉、冯楚建，2014），并以净资产收益率为核心标准，分别选取中美净资产收益率排名前 50 企业和后 50 企业的年报，共计中文年报 100 篇、英文年报 100 篇，运用卡方检验考查各项互文性指标的组间差异，使用多元回归分析探究企业年报互文性与企业绩效的相互影响。

3.6.10　企业年报文本复杂度影响资本市场收益的分析方法

本研究将累计异常收益率（CAR）作为被解释变量，将企业年报话语质量指标作为解释变量，将其他市场异象数据和企业基本面数据作为控制变量，进行累计异常收益率的回归分析，以此考查企业年报话语对资本市场收益的影响效应。借鉴 Price 等（2012），Feldman（2008），Loughran、McDonald（2011）和 Engelberg（2008）等的研究成果，本研究建立了企业年报文本复杂度影响资本市场收益计量模型：

$$CAR_i = \beta_0 + \beta_1 lexical_i + \beta_2 SURP_i + \beta_3 Accruals_i + \beta_4 SIZE_i + \beta_5 BTM_i + \beta_6 ROE_i + \varepsilon_i \quad 1)$$

$$CAR_i = \beta_0 + \beta_1 syntac_i + \beta_2 SURP_i + \beta_3 Accruals_i + \beta_4 SIZE_i + \beta_5 BTM_i + \beta_6 ROE_i + \varepsilon_i \quad 2)$$

其中，β_0 为常数项，β_1 至 β_6 为回归系数，ε_i 为随机扰动项。模型 1）和 2）用于检验在其他条件不变的情况下，上市企业年报本文复杂度对资本市场是否会产生正向效应。解释变量 $lexical_i$ 为企业年报词汇复杂度分值，$syntac_i$ 为企业年报句法复杂度分值。被解释变量 CAR_i 为企业年报发布事件 i 在事件窗口期内的累计异常收益率，控制变量为盈余意外、应计利润、企业规模、账面市值比和净资产收益率。计算方法为 Fama-French 三因子模型，用于衡量窗口期内股价对年报披露信息的反应。

3.6.11　企业年报文本可读性影响资本市场收益的分析方法

本研究考查企业年报文本可读性影响资本市场收益的方法是建立迷雾指数影响资本市场收益的计量模型：

$$CAR_i = \beta_0 + \beta_1 迷雾指数_i + \beta_2 SURP_i + \beta_3 Accruals_i + \beta_4 SIZE_i + \beta_5 BTM_i + \beta_6 ROE_i + \varepsilon_i$$

其中，β_0 为常数项，β_1 至 β_6 为回归系数，ε_i 为随机扰动项。该模型用于检验在其他条件不变的情况下，上市企业年报的迷雾度是否会引起资本市场的正向反应，从而导致股价升高。解释变量迷雾指数 i 为企业年报迷雾指数分值。被解释变量 CAR_i 为企业年报发布事件 i 在事件窗口期内的累计异常收益率，控制变量为盈余意外、应计利润、企业规模、账面市值比和净资产收益率。计算方法为 Fama-French 三因子模型，用于衡量窗口期内股价对年报披露信息的反应。

3.6.12 企业年报劝说性影响资本市场收益的分析方法

本研究考查企业年报劝说性影响资本市场收益的方法是建立劝说性影响资本市场收益的计量模型：

$$CAR_i = \beta_0 + \beta_1 persuasive_i + \beta_2 SURP_i + \beta_3 Accruals_i + \beta_4 SIZE_i + \beta_5 BTM_i + \beta_6 ROE_i + \varepsilon_i$$

其中，β_0 为常数项，β_1 至 β_6 为回归系数，ε_i 为随机扰动项。该模型用于检验在其他条件不变的情况下，上市企业年报的劝说性功能是否会导致资本市场收益发生变化，进而带来经济回报。解释变量为 $persuasive_i$，表示企业年报劝说性得分。被解释变量 CAR_i 为企业年报发布事件 i 在事件窗口期内的累计异常收益率。控制变量为盈余意外、应计利润、企业规模、账面市值比和净资产收益率。计算方法为 Fama-French 三因子模型，用于衡量窗口期内股价对企业年报劝说性披露话语产生的正向或负向反应。

3.6.13 企业年报文本情感倾向性影响企业绩效的分析方法

本研究对《财富》上榜中美前 50 强企业的年报情感值和企业未来绩效进行回归分析，考查通过企业年报披露的情感倾向是否能有效预测出企业绩效，选取 $T+1$ 年的每股收益（EPS_{iT+1}）作为被解释变量，解释变量为本年度企业年报的积极情感值（$Positive_{iT}$）、消极情感值（$Negative_{iT}$）和情感倾向值（$Tone_{iT}$），控制变量为本年度企业的每股收益（EPS_{iT}），构建了两个回归模型：

$$EPS_{iT+1} = \beta_0 + \beta_1 Positive_{iT} + \beta_2 Negative_{iT} + \beta_3 EPS_{iT} + \varepsilon_{iT} \quad \text{1）}$$

$$EPS_{iT+1} = \beta_0 + \beta_1 Tone_{iT} + \beta_2 EPS_{iT} + \varepsilon_{iT} \quad \text{2）}$$

其中，β_0 为常数项，β_1 至 β_3 为回归系数，ε_{iT} 为随机扰动项。$Positive_{iT}$ 为本年度企业年报的积极情感值，$Negative_{iT}$ 为本年度企业年报的消极情感值，$Tone_{iT}$ 为本年度企业年报的情感倾向值，这三个情感值用以衡量本年度企业年报情感对下一年度企业业绩的影响和预测作用。EPS_{iT} 为本年度的每股收益，用以衡量本年度企业业绩对下一年度企业业绩的影响。由于 2015 年企业年报暂时缺失 $T+1$ 年的每股收益数据，且个别年报缺失其他相关数据，因此，样本量由原来的 620 份减少至 597 份（中国企业 300 份，美国企业 297 份）。

为了进一步考查企业年报文本情感倾向性是否会引起资本市场的波动，从而带来股票的涨跌和股市的收益，本研究构建以下计量模型：

$$CAR_i = \beta_0 + \beta_1 sentiment_i + \beta_2 SURP_i + \beta_3 Accruals_i + \beta_4 SIZE_i + \beta_5 BTM_i + \beta_6 ROE_i + \varepsilon_i$$

其中，β_0 为常数项，β_1 至 β_6 为回归系数，ε_i 为随机扰动项。该模型用于检验在其他条件不变的情况下，上市企业年报文本情感倾向性是否会导致资本市场出现波动和反应，影响市场收益。解释变量为 $sentiment_i$，代表企业年报情感倾向得分。被解释变量 CAR_i 为企业年报发布事件 i 在事件窗口期内的累计异常收益率。控制变量为盈余意外、应计利润、企业规模、账面市值比和净资产收益率。计算方法为 Fama-French 三因子模型，用于衡量窗口期内股价对企业年报文本情感倾向性产生的积极或消极反应。

3.6.14　企业年报话语可信度影响企业绩效的分析方法

本研究使用每股收益、净资产收益率、成本费用利润率（RPCE）三大财务数据来测算财务绩效。

为降低汇率差异、公司规模和石油公司历史总绩效的差异对研究的影响，本研究使用 2015 年每股收益、净资产收益率、成本费用利润率三大财务数据与 2014 年相比的增长率，测算公司 2015 年的财务绩效表现（见表 3.4）。

表 3.4　中外企业财务绩效统计

企业分类	企业名称	每股收益	净资产收益率	成本费用利润率
外国石油企业	英国石油公司（BP）	−2.67	−2.83	−3.88
	埃克森美孚（Exxon Mobil）	−0.49	−0.51	−0.38
	壳牌（Shell）	−0.87	−0.86	−0.89

续表

企业分类	企业名称	每股收益	净资产收益率	成本费用利润率
中国石油企业	中石油（CNPC）	−0.68	−0.65	−0.52
	中石化（SINOPEC）	−0.34	−0.27	0.16
	中海油（CNOOC）	−0.50	−0.50	−0.42

综合来看，2015 年中石化在这六家公司中的财务绩效表现最佳，而英国石油公司的财务绩效最令人担忧。这意味着如果假设是正确的，财务绩效与企业年报话语可信度具有相关性，那么英国石油公司的年报话语可信度可能会是这六份年报中最低的。

3.6.15　企业年报话语质量影响资本市场收益的分析方法

（1）企业年报话语质量影响资本市场收益的回归模型

企业年报话语质量对资本市场收益影响的回归模型如下：

$$\begin{aligned}\mathrm{CAR}_i(2, 60) =& \beta_0 + \beta_1 F_i + \beta_2 \mathrm{CAR}_i(-1,1) + \beta_3 \mathrm{SURP}_i + \beta_4 \mathrm{BTM}_i + \beta_5 \mathrm{SIZE}_i + \\ & \beta_6 \mathrm{ROA}_i + \beta_7 \mathrm{AssG}_i + \beta_8 \mathrm{LEVERAGE}_i + \beta_9 \mathrm{VOLUME}_i + \beta_{12} \mathrm{OCF}_i \\ & + \beta_{13} \mathrm{TURNOVER}_i + \varepsilon_i\end{aligned}$$

其中，β_0 为常数项，β_1 至 β_{13} 为回归系数，ε_i 为随机扰动项。因变量 CAR_i（2，60）为企业年报发布后第 2~60 天的累计异常收益，自变量 F_i 为企业年报话语质量的综合评分值，控制变量 CAR_i（−1，1）为企业年报发布前一天到后一天的累计异常收益，SURP_i 为盈余意外，BTM_i 为账面市值比，SIZE_i 为企业规模（当期总资产的对数），ROA_i 为总资产收益率，AssG_i 为资产增长率，$\mathrm{LEVERAGE}_i$ 为杠杆率，VOLUME_i 为交易量，OCF_i 为经营现金流，$\mathrm{TURNOVER}_i$ 为资产周转率。

（2）企业年报话语内容质量影响资本市场收益的回归模型

企业年报话语内容质量对资本市场收益影响的回归模型如下：

$$\begin{aligned}\mathrm{CAR}_i(2, 60) =& \beta_0 + \beta_1 C_i + \beta_2 \mathrm{CAR}_i(-1,1) + \beta_3 \mathrm{SURP}_i + \beta_4 \mathrm{BTM}_i + \beta_5 \mathrm{SIZE}_i + \\ & \beta_6 \mathrm{ROA}_i + \beta_7 \mathrm{AssG}_i + \beta_8 \mathrm{LEVERAGE}_i + \beta_9 \mathrm{VOLUME}_i + \beta_{12} \mathrm{OCF}_i + \\ & \beta_{13} \mathrm{TURNOVER}_i + \varepsilon_i\end{aligned}$$

其中，β_0 为常数项，β_1 至 β_{13} 为回归系数，ε_i 为随机扰动项。因变量 CAR_i（2，

60）为企业年报发布后第2~60天的累计异常收益，自变量C_i为企业年报内容质量的评分值，控制变量$CAR_i(-1,1)$为企业年报发布前一天到后一天的累计异常收益，$SURP_i$为盈余意外，BTM_i为账面市值比，$SIZE_i$为企业规模（当期总资产的对数），ROA_i为总资产收益率，$AssG_i$为资产增长率，$LEVERAGE_i$为杠杆率，$VOLUME_i$为交易量，OCF_i为经营现金流，$TURNOVER_i$为资产周转率。

（3）累计异常收益率计算

本研究中的事件为企业发布的年度报告，借鉴 Price 等（2012）、Feldman 等（2008）、李琪琦（2008）等的研究，分别选择（-1, 1）和（2, 30）事件窗口期考查企业年报话语质量影响资本市场收益的短期效应与长期效应，年报发布当天为第 0 天。为了避免对正常收益率的估计受到事件的影响，本研究将估计窗口设定为事件窗口期前 150 天到事件窗口期前 50 天。然后，本研究根据 Fama-French 三因素模型，对市场参数进行估计，以计算企业在事件窗口期内的预期收益率。较市场模型、市场调整模型、CAMP 等其他常用方法，该模型的优势在于，综合考虑了市场的系统风险、市值风险和账面市值比风险对股票预期收益率的影响。基于该方法，建立回归方程如下：

$$E(R_{i,t}) = R_{f,t} + \alpha_i + \beta_i(R_{m,t} - R_{f,t}) + s_i SMB_t + h_i HMI_t + \varepsilon_{i,t}$$

其中，$E(R_{i,t})$ 表示企业 i 在时间 t 的预期收益率，$R_{f,t}$ 表示时间 t 的无风险收益率，$R_{m,t}$ 表示市场在时间 t 的收益率，$R_{m,t}-R_{f,t}$ 表示市场风险溢价，SMB_t 表示时间 t 的市值因子的模拟组合收益率，HMI_t 是时间 t 的账面市值比因子的模拟组合收益率。β_i、s_i、h_i 分别为以上三个因子——风险因子、市值因子和账面市值比因子的系数，α_i 和 β_i、s_i、h_i 为待估计的参数。通过参数估计，可以计算出企业 i 在时间 t 的预期收益率。然后，计算企业 i 在时间 t 的异常收益率——用企业 i 在时间 t 的实际收益率减去预期收益率，公式为：

$$AR_{i,t} = R_{i,t} - E(R_{i,t})$$

其中，$AR_{i,t}$ 是企业 i 在时间 t 的异常收益率，$R_{i,t}$ 是企业 i 在时间 t 的实际收益率，$E(R_{i,t})$ 是企业 i 在时间 t 的预期收益率。然后，将企业 i 在事件窗口期内每天的异常收益率加总，得到累计异常收益率，公式为：

$$CAR(-1, 1)_i = \sum_{T=-1}^{1} AR_{i,t}$$

$$\text{CAR}(2, 30)_i = \sum_{T=2}^{30} AR_{i,t}$$

计算得到抽样年报的异常收益率与累计异常收益率之后，按照企业年报话语可读性、劝说性和情感倾向性的指标得分，由低到高，将抽样年报平均分为三组（G1、G2、G3），对 G1 组和 G3 组抽样年报企业在窗口期内的平均累计异常收益率进行独立样本 t 检验，考查各话语指标得分较低与较高的抽样年报的累计异常收益率是否存在显著差异，以分析哪些年报话语指标影响资本市场收益。此外，通过 t 检验，分别考查两组年报在窗口期的累计异常收益率是否异于零，以探究话语指标得分高的年报是否更易带来资本市场收益。最后，对 G1 组与 G3 组抽样年报在事件窗口期内每一天的累计异常收益率进行比较，检验话语指标对资本市场收益的影响。

第4章

企业年报话语质量特征评价分析

4.1 企业年报文本互文性特征[①]

4.1.1 文本互文性测量指标

本研究在总结现有商务体裁互文性指标的基础上构建出一个三维指标体系，从文本性（textual）、互文性（intertextual）与互语性（interdiscursive）三个维度考查企业年报的互文性特征（见表4.1）。

表 4.1 商务语篇互文性三维评价指标体系

互文性	指标	观测点	来源依据
文本性	文本长度	首席执行官致辞长度	Clatworthy and Jones, 2006; Clatworthy, 2006; Sydserff and Weetman, 2002; Thomas, 1997; Rutherford, 2005
	被动结构	单篇出现频数	
	人称指代	第一人称单复数代词（例如 I、we）	
互文性	引号	每篇出现频数	Shaw and Pecorari, 2013; Hyland, 1998
	指示词	引语来源指示词频数	
	转述动词	词频数	
	N-元词组	文本高频词组数	

[①] 部分内容已发表在《外语教学理论与实践》2018年第3期上。

续表

互文性	指标	观测点	来源依据
互语性	财务绩效	绩效描述词频数	Clatworthy and Jones, 2006; Rutherford, 2005
	前瞻表述	描述预期词频数	

4.1.2　研究问题

本研究试图回答以下三个问题：
1）中美企业年报首席执行官致辞文本性特征是否存在差异？
2）中美企业年报首席执行官致辞互文性特征是否存在差异？
3）中美企业年报首席执行官致辞互语性特征是否存在差异？

4.1.3　结果与讨论

（1）中美企业年报首席执行官致辞的文本性特征

统计结果显示，中美企业年报首席执行官致辞的文本性特征指标存在显著差异：与美国企业相比，中国企业首席执行官致辞篇幅较短，少用被动结构与人称指代（见表4.2）。语料库统计与独立样本 t 检验结果显示，中文首席执行官致辞平均每篇 1 018.74 个词（sd=514.76），英文首席执行官致辞平均每篇 1 815.39 个词（sd=1 006.52），二者存在显著差异（t=7.05，df=147.47，$p<0.01$），美国企业首席执行官致辞显著长于中国企业首席执行官致辞（md=796.65）。

表 4.2　中美企业年报首席执行官致辞的文本性特征对比

文本性特征	观测指标	中文语篇	英文语篇	差异检验
语篇长度	首席执行官致辞长度	1 018.74 个词/篇（sd=514.76）	1 815.39 个词/篇（sd=1 006.52）	md=796.65（t=7.05，df=147.47，$p<0.01$）
被动结构	单篇出现频数	62；0.61 个/千词	1 947；10.72 个/千词	英文语篇多 10.11 个被动结构/千词
人称指代	第一人称单复数代词（例：我、我们，I、We，等等）	单数代词数：125 复数代词数：789（χ^2=483.09，$p<0.01$）	单数代词数：714 复数代词数：9 271（χ^2=3 539.36，$p<0.01$）	英文语篇多用 589 个单数代词和 8 482 个复数代词（χ^2=160.97，$p<0.01$；χ^2=3 576.36，$p<0.01$）

统计结果显示，中文首席执行官致辞共使用 62 个被动结构，平均每千词 0.61 个；英文首席执行官致辞共使用 1 947 个被动结构，平均每千词 10.72 个，显著高于中文年报。中文年报多用无标记被动结构，有标记被动结构形式多样，且语用功能与英语不同，常使用主动语态表达被动含义（柯贤兵，2005），从而导致中文年报的被动结构数量显著少于英文年报。

关于第一人称单复数代词①的统计结果显示，中文年报使用第一人称单数代词 125 次，复数代词 789 次，复数代词显著多于单数代词（χ^2=483.09，$p<$ 0.01）；英文年报使用单数代词 714 次，复数代词 9 271 次，复数代词同样显著多于单数代词（χ^2=3 539.36，$p<$ 0.01）。对比发现，美国年报在单数人称代词（χ^2=160.97，$p<$ 0.01）、复数人称代词（χ^2=3 576.36，$p<$ 0.01）的使用上均显著多于中文年报。

人称指代通过建立自身与读者的距离关系，构建自身的话语身份并表达立场、观点与态度（Aiezza，2015）。使用第一人称代词，可暗示管理层在取得绩效过程中发挥的主导作用（Thomas，1997）。Clatworthy（2006）发现，首席执行官致辞的第一人称复数代词数量与企业绩效正相关。

（2）中美企业年报首席执行官致辞的互文性特征

统计结果显示，中美企业年报首席执行官致辞的互文性特征指标存在显著差异（见表 4.3）。

表 4.3　中美企业年报首席执行官致辞的互文性特征对比

互文性特征	观测指标	中文语篇	英文语篇	卡方检验
引号	语篇中双引号的数量	974	81	（χ^2=227.43，$p<$ 0.01）
引语来源指示词	表明引语内容来源的非动词词频	86	36	（χ^2=61.77，$p<$ 0.01）
引语动词	表明引语内容来源的动词词频	54	181	（χ^2=16.62，$p<$ 0.01）
N-元词组	文本间重复语块（3 词以上）的个数	52.1 个/篇	63.3 个/篇	（χ^2=1.08，$p>$ 0.05）

1）引号。

统计结果显示，中文年报大量使用引号，总计 974 次（绩优组 57 次、绩差

---

① 中文第一人称单数：我（的）、本人（的）；中文第一人称复数：我们（的）、本公司（的）、本集团（的）；英文第一人称单数：I、my、me；英文第一人称复数：we、our、us。

组 397 次），涉及 3 种主要用法：一、直接引语，如引用企业使命、服务宗旨、发展计划等外部文本，展现企业宗旨、战略、工作方针等内容，常与"实施""坚持""推进""围绕"开展"等动词搭配，但缺乏引语来源信息。二、表示特定称谓，如缩写、专业术语、特有名称（产品名、奖项、榜单）等。三、表示突出强调。使用引号引用他人话语或观点，表明不同文本间在语言使用层面的显著关联，体现了首席执行官致辞的互文性（Shaw and Pecorari，2013）。卡方检验显示，中文年报里的引号显著多于英文年报（χ^2=227.43，$p<0.01$），中文引语以企业宗旨、战略、方针为主，英文引语以总裁采访为主。剔除不属于互文性用法后得到中文直接引语引号共 218 次，占引号总频次的 22.38%。英文年报共使用引号 81 次，整体较少，以引用首席执行官采访为主，少用于文章标题、特殊词汇或突出强调。剔除其他用法后，英文直接引语引号频次为 50，占总频次的 61.72%。

2）引语来源指示词与引语动词。

统计结果显示，检索中英文年报，分别得到"按照"、"根据"、"按"以及"就"等 4 个中文引语来源指示词，总频次为 86，每千词 0.84 个；英文引语来源指示词为 according to 和 based on，总频次为 36，每千词 0.19 个。在引语动词上，中文引语动词包括"建议"、"讨论"、"宣布"和"报告"，总频次为 54，每千词 0.53 个；基于 Shaw 和 Pecorari（2013）的引语动词列表，检索到 13 个英文引语动词[①]，总频次 181，每千词 1 个。

引语来源指示词与引语动词标志着文本间的关联，可表明信息来源，起到连接作用（Hyland，1998；Shaw and Pecorari，2013）。Hyland（1998）研究发现，英文写作文本每千词仅有 1 个引语来源词，使用频率低；Shaw 和 Pecorari（2013）发现，首席执行官致辞每千词约有 1.5 个引语动词，与其他体裁每千词 10.7 个引语动词相比，年报中的引用动词使用频率低。本研究结果显示，美国首席执行官致辞每千词有 0.19 个引语来源指示词、1 个引语动词；中国首席执行官致辞每千词有 0.84 个引语来源指示词、0.53 个引语动词。卡方检验显示，中美年报间存在显著差异（$\chi^2_{引语来源指示词}$=61.77，$p<0.01$；$\chi^2_{引语动词}$=16.62，$p<0.01$），且二者的使用频率均属于较低水平。

3）N-元词组。

统计结果显示，10 篇英文年报中共有 6 种 3 词以上的语块重复，词块总频

[①] 13 个英文引语动词：agree、ask、discuss、express、note、publish、quote、report、say、submit、tell、welcome、write。

数为 633（63.3 个 / 篇）；13 篇中文年报中共有 3 种 3 词以上的语块重复，词块总频数为 678（52.1 个 / 篇），卡方检验显示不存在显著差异（$\chi^2=1.08$，$p>0.05$）。同一语块重复均发生在同一家公司不同年份的年报中，即首席执行官致辞的互文性存在于企业内部，后期文本以前期文本为范本进行创作。Shaw 和 Pecorari（2013）通过检索 N-元词组（文本间多词重复）考查首席执行官致辞间的互文关系，指出文本间的多词重复可能是由于高频使用的多词词丛。

（3）中美企业年报首席执行官致辞的互语性特征

统计结果显示，中美企业年报首席执行官致辞的互语性特征存在显著差异与无显著差异并存的现象。中国企业年报对绩效信息的披露显著多于美国企业年报，中英文首席执行官致辞对前瞻性信息的披露无显著差异（见表 4.4）。

表 4.4 中美企业年报首席执行官致辞的互语性特征对比

互语性特征	观测指标	中文语篇	英文语篇	卡方检验
绩效信息	表达绩效的高频词数	5.41 个 / 千词	4.27 个 / 千词	（$\chi^2=17.76$，$p<0.01$）
前瞻性信息	表达前瞻性信息的核心词（组）频数	5.03 个 / 千词	7.86 个 / 千词	（$\chi^2=0.62$，$p>0.05$）

1）绩效信息。

统计结果显示，中美企业年报均使用了 5 个指标，中文年报每千词表达了 5.41 个绩效信息，美国年报每千词表达了 4.27 个绩效信息，二者均以"收入""利润"为主，但美国年报表达的绩效信息的数量显著少于中文年报（$\chi^2=17.76$，$p<0.01$）。绩效信息是利益相关方关注的核心，汇报绩效信息体现了首席执行官致辞的信息性功能，反映了首席执行官致辞兼具财务信息披露与非财务信息披露功能，具有体裁杂糅性。Rutherford（2005）归纳了 5 个绩效高频词[①]。本文基于这 5 个绩效高频词，检索英文年报；同时归纳了 5 个中文绩效词[②]用于检索。报告财务信息需基于管理层讨论与分析等文本及各类财务报表，整合财务信息与非财务信息，实现与利益相关方沟通的目的，这构成了首席执行官致辞的体裁规约。但管理层与利益相关方之间存在信息不对称（马连福、赵颖，2007），存在操控动机，导致文本间互文性存在差异。

2）前瞻性信息。

Schleicher 等（2007）在对企业年报非财务信息的披露质量与股价预期关系

---

① 5 个英文绩效高频词：income、margin、revenue、sales、loss。
② 5 个中文绩效词：收入、利润、收益、销售额、亏损。

的研究中，归纳了披露前瞻性信息的 35 个核心词（组），用于考查前瞻性声明的数量及质量。本研究利用该词表提取英文年报中的前瞻性信息词（组），并将词表译成汉语，用于提取中文年报中的前瞻词。卡方检验显示，中英文年报首席执行官致辞中的前瞻性信息词无显著差异（$\chi^2=0.62$，$p>0.05$）。前瞻性信息是企业对未来经营成果与财务状况不确定性因素的汇报（Aiezza，2015），兼具信息体与推销体功能。

4.1.4　研究发现

本研究构建出互文性三维理论框架，运用语料库定量方法，对中美企业年报的互文性特征进行对比分析，发现：1）中美企业年报首席执行官致辞的文本特征有差异，中文首席执行官致辞篇幅较短，少用被动结构，第一人称单、复数指代频次较少；2）中美企业年报首席执行官致辞的互文性存在共性与差异。二者均使用直接引语，披露绩效信息与前瞻性信息，部分年报间存在语块重复。但中文年报多用直接引语，侧重财务信息；英文年报少用直接引语，引语动词数量较多。本研究对帮助我国企业在"走出去"过程中了解企业年报话语互文性特点和传播的差异，提升企业对外传播能力具有价值，对商务英语教学与跨学科研究具有启示意义。

4.2　企业年报文本复杂度特征

4.2.1　中美企业年报文本复杂度对比分析

4.2.1.1　研究问题

本研究考查以下两个问题：

1）中美企业年报话语质量在词汇熟悉性、具体性、意象性、意义性四项复杂度指标上是否存在差异？

2）中美企业年报话语质量在 201 项句法复杂度指标上是否存在差异？

4.2.1.2 结果与分析

（1）中美企业年报词汇复杂度对比分析

单因素多元方差分析结果显示，中美企业年报话语的词汇复杂度存在显著差异 [$F(4,889)=43.21$，$p<0.01$，Wilks' Lambda=0.84，partial $\eta^2=0.16$]。组间一元方差分析结果（见表4.5）显示，中国企业年报话语的词汇熟悉性显著高于美国企业（$md=0.62$，$F=24.17$，$p<0.01$，partial $\eta^2=0.026$），词汇具体性显著低于美国企业（$md=-3.72$，$F=150.07$，$p<0.01$，partial $\eta^2=0.144$），词汇意象性显著低于美国企业（$md=-2.99$，$F=82.09$，$p<0.01$，partial $\eta^2=0.084$），词汇意义性显著低于美国企业（$md=-1.01$，$F=7.04$，$p<0.01$，partial $\eta^2=0.008$）。总体来看，中国企业年报话语的词汇复杂度低于美国企业，因而，从词汇层面来看，相比于美国企业，中国企业年报用词要易懂，具有第二话语特征，词汇量和难度要小于美国企业年报。

表 4.5　中美企业年报话语词汇复杂度差异对比

测量维度	中国企业（$n=249$）均值	标准差	美国企业（$n=645$）均值	标准差	F 值	显著性	partial η^2
词汇熟悉性	579.810	1.728	579.190	1.673	24.170	0.000	0.026
词汇具体性	291.470	4.100	295.200	4.062	150.070	0.000	0.144
词汇意象性	316.330	4.230	319.320	4.489	82.090	0.000	0.084
词汇意义性	319.860	4.380	320.870	5.345	7.040	0.008	0.008

（2）中美企业年报句法复杂度对比分析

单因素多元方差分析结果显示，中美企业年报话语的句法复杂度不存在显著差异 [$F(9,818)=0.631$，$p>0.05$，Wilks' Lambda=0.993，partial $\eta^2=0.007$]。组间一元方差分析结果（见表4.6）显示，中国企业年报话语的所有句法复杂度指标与美国企业均不存在显著差异。由此可见，中国企业年报话语的句法复杂度与美国企业相当。因而，从句法复杂度方面来看，中国企业年报话语与美国企业年报话语的可读性相当。

表 4.6　中美企业年报话语句法复杂度差异对比

测量指标	中国企业（n=233）均值	标准差	美国企业（n=595）均值	标准差	F 值	显著性	partial η^2
名词短语阐释性	0.030	4.708	0.296	4.523	0.596	0.451	0.001
动词-动词论元结构频率	−0.474	4.463	−0.266	4.190	0.397	0.529	0.000
名词修饰语和修饰语变体	−0.154	3.035	−0.151	1.909	0.000	0.988	0.000
限定词	0.126	3.350	0.025	3.288	0.157	0.692	0.000
动词论元结构和直接宾语	−0.163	1.980	0.045	2.265	1.588	0.208	0.002
关联强度	−0.126	1.745	−0.129	1.973	0.001	0.982	0.000
多样性和频率	−0.044	2.539	−0.213	2.643	0.705	0.401	0.001
所有格	0.087	2.495	0.053	2.827	0.025	0.876	0.000
频率	−0.130	1.642	0.027	1.769	1.369	0.242	0.002

对比分析显示：中美企业年报文本在词汇复杂度层面存在显著差别。具体而言，相较于美国，中国企业年报中使用的词汇在熟悉度方面表现出显著优势，而在具体性、意象性以及意义性方面则相对较低。

4.2.2　中美企业社会责任年报的文本复杂度对比 [①]

为了进一步验证和对比中美企业年报的文本复杂度，我们选择中美银行业企业社会责任年报为研究样本，用词汇复杂度、句法复杂度和可读性三个维度进行验证测量。其中词汇复杂度由平均词长和词汇密度（标准类符/形符比）决定。平均句长和被动结构会影响到句法复杂度。文本的可读性则通常由弗莱士易读度和金凯德难度级数来测量。所涉及的维度变量和测量指标可见表 4.7。

---

① 部分内容已发表在《外国语文研究》2018 年第 1 期上。

表 4.7　企业年报文本复杂度测量指标

测量参数	测量变量与指标	统计值
文本复杂度	词汇复杂度 平均词长	平均词长（以字母计数）
	词汇复杂度 词汇密度	标准类符/形符比
	句法复杂度 平均句长	平均句长（以单词计数）
	句法复杂度 被动结构	被动语态频率
	可读性 弗莱士易读度	弗莱士易读指数
	可读性 金凯德难度级数	金凯德难度指数

4.2.3　研究问题

本研究考查以下两个问题：

1）中美银行英文版企业社会责任年报的词汇复杂度（平均词长、词汇密度）和句法复杂度（平均句长、被动结构）有何特征，是否存在差异？

2）中美银行英文版企业社会责任年报在弗莱士易读度和金凯德难度级数两个可读性指标上是否存在差异？

4.2.4　结果与讨论

（1）中美银行业企业社会责任年报词汇复杂度分析

数据统计结果显示，中美银行企业社会责任年报（2013—2015 年）的平均词长和标准类符/形符比呈现出较大差异（见图 4.1）。平均词长衡量的是语料库中单词所包含的字母平均数，平均词长越长，说明文本中使用的长词越多，阅读难度也相对越大。而标准类符/形符比在语料库语言学中通常用来测算文本中的词汇密度，反映每 1 000 字文本中未重复词（实词）所占的比例。文本中实词越多，句子负载的信息量越大，阅读起来难度也就越大。

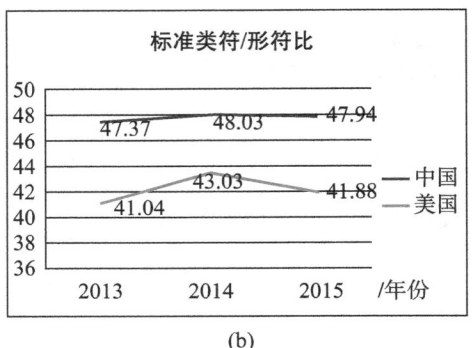

图 4.1 中美银行业企业社会责任年报词汇复杂度分析

1）中国银行业企业社会责任年报词汇复杂度特征。

统计显示，中国银行业企业社会责任年报词汇复杂度高于花旗银行，平均词长保持在 3.22~3.32 个：2013 年中国银行业企业社会责任年报的平均词长是 3.32 个，2014 年该指标降至 3.15 个，之后略有上升，在 2015 年达到 3.22 个。由此可见，2013 年中国银行业企业社会责任年报使用长词的频率最高，词汇相对复杂，文本有一定的阅读难度。一般来说，英语中 6 个字母以上的词被称为长词或大词。使用长词虽然能够使商务报告显得更为专业、郑重，但相应地也会提高文本的词汇复杂度。中国银行业 2014 年和 2015 年的企业社会责任年报的平均词长相对于 2013 年有所减低，说明银行正努力降低长词或大词的使用频率，以在词汇层面上降低读者阅读报告的难度。

统计结果显示，与平均词长的变化趋势正好相反，中国银行业企业社会责任年报的标准类符/形符比高于花旗银行企业社会责任年报，标准类符/形符比保持在 47.37~48.03，并呈现出先升后降的特征：先是在 2013 年达到了最小值 47.37，之后提高到了 48.03 的峰值，2015 年则稍有下降，但仍保持在 47.94 这一较高水平。由于标准类符/形符比越高，词汇密度就越高，因此 2014 年中国银行业企业社会责任年报的词汇密度最高，报告所承载的信息量最大，理解难度相对最高，其次是 2015 年和 2013 年。基于平均词长和词汇密度两方面变化趋势可见，中国银行业的企业社会责任年报一直将词汇复杂度控制在稳定的水平——如果报告的平均词长增加，提高了阅读难度，那么银行就会通过降低词汇密度来调整。反之亦是如此，如果词汇密度提高，那么就相应调低平均词长。

2）美国银行业企业社会责任年报词汇复杂度特征。

统计结果显示，2013—2015 年花旗银行企业社会责任年报的平均词长分别是 3.10 个、2.96 个和 3.01 个，呈现出先降后升的变化趋势。2014 年平均词长达到最小值，表明 2014 年花旗银行企业社会责任年报中使用长词或大词的频率最低，词汇相对简短，文本较为浅显易懂。与 2014 年相比，2015 年年报的平均词长虽然有所上升，但仍远低于 2013 年的水平。所以从总体变化趋势来看，花旗银行也正努力降低平均词长，从词汇层面上提高企业社会责任年报的可理解性并扩大年报的受众范围。而 2013—2015 年花旗银行企业社会责任年报的标准类符/形符比分别是 41.04、43.03、41.88，呈现出先升后降的趋势。由此可知，2013 年花旗银行企业社会责任年报的词汇密度最小，年报承载的信息量也最小，报告文本阅读起来较为容易，而 2014 年年报的词汇密度大幅增加，可见 2014 年报告文本所传达的内容和所使用的词汇都较为丰富、多样，这在一定程度上增加了阅读的难度，所以花旗银行有可能在 2015 年重新调整了报告的词汇密度，使之保持在一个较为平稳、适度的水平。基于平均词长和词汇密度相反的变化趋势，美国花旗银行采取了"此消彼长"的策略，即将企业社会责任年报的词汇复杂度控制在一个合理的水平，以提高企业社会责任年报的阅读质量。

（2）中美银行业企业社会责任年报句法复杂度分析

本研究发现 2013—2015 年中美银行业企业社会责任年报的平均句长差异较大，被动语态的出现频率则普遍较小（见图 4.2）。平均句长统计的是语料库中每一个独立句子中平均包含的单词数量。通常来说，长句包含的信息量更多，逻辑关系更复杂，读者想要理解句子所要传达的内容也较为困难。因此，平均句长会影响到读者的阅读速度和阅读效率。而被动语态频率这一指标衡量的是文本中出现被动语态的次数。在主动语态中主语一般是动作的施动者，而被动语态的主语却是动作的承受者。这种倒置的逻辑关系通常需要读者花费更长的时间进行解读。因此，如果文本中频繁出现被动语态，那么读者处理文本的效率就会降低，这也意味着文本的复杂度较高。

1）中国银行业企业社会责任年报句法复杂度特征。

统计结果显示，在过去的三年里，中国银行业企业社会责任年报的平均句长一直呈现下降态势，平均句长保持在 33.36~41.55 个单词：从 2013 年的 41.55 大幅降至 2014 年的 33.65，之后平稳过渡到 2015 年的 33.36。依据英语国家商务题材写作标准，平均句长在 15~20 个单词的文本传达信息的效率最高。如果文本中每句话平均包含的单词个数等于或大于 35，那么读者阅读的速度将会大幅降低。由此可知 2013 年中国银行业企业社会责任年报的平均句长太长，给受众造成了一定的阅读障碍。而 2013—2015 年连年下降的平均句长说明银行可能已经认识到企业社会责任年报的句法复杂度，并希望通过缩短平均句长提高报告的可理解性和扩大受众范围。除平均句长以外，被动语态频率也会影响文本的句法复杂度。但是 2013—2015 年中国银行业企业社会责任年报的被动语态频率始终维持在较低水平，分别为 2%、3%、2%。由此可见中国银行业更倾向于使用主动语态进行信息披露。企业一般会将其履行社会责任的理念、战略、方式方法，其经营活动对经济、环境、社会等领域造成的影响，及其取得的成绩等信息都记录在报告之中。因此，在报告中反复提及这些成就的施动者（企业）有益于企业塑造良好的公众形象，进行印象管理。鉴于被动语态在中国银行业企业社会责任年报中出现的频次极少，故其对于文本句法复杂度的影响可忽略不计。

2）美国银行业企业社会责任年报句法复杂度特征。

统计结果显示（见图 4.2），2013—2015 年花旗银行企业社会责任年报的平均句长波动较小，平均句长保持在 20.82～22.91 个单词：从 2013 年的 20.82 缓增至 2014 年的 22.91，之后在 2015 年又回降到 22.05。由于平均句长在 15～20 个单词的文本传达信息的效率最高，花旗银行企业社会责任年报的平均句长一直保持在合理水平，从而将句法复杂度控制在一定范围之内，促进了报告信息的高效传达。而花旗银行 2013—2015 年企业社会责任年报的被动语态频率一直维持在较低水平——从 2013 年的 2% 下跌至 2014 年和 2015 年的 1%。可见基于印象管理理论，花旗银行在披露企业社会责任年报时也更倾向于使用主动语态，而非被动语态。故被动语态频率对花旗银行企业社会责任年报句法复杂度的影响也可忽略不计。

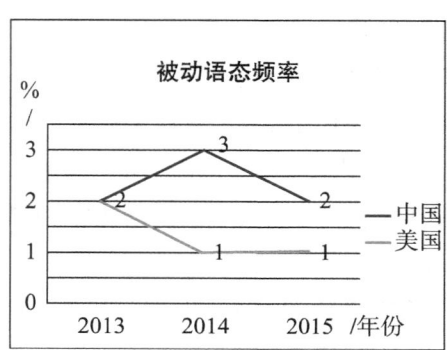

图 4.2　中美银行业企业社会责任年报的句法复杂度分析

3）中美银行业企业社会责任年报文本复杂度对比。

中美银行业始终将企业社会责任年报的词汇复杂度控制在特定水平，一旦平均词长增加，就会相应调减词汇密度。统计数据显示，中国银行业企业社会责任年报的平均词长和标准类符/形符比都远高于美国花旗银行，且在2013—2015年两国银行业企业社会责任年报之间的差距也未缩小。由于平均词长越长、词汇密度越高，文本的词汇复杂度就越大，故2013—2015年中国银行业企业社会责任年报的词汇复杂度远高于美国花旗银行。

而在句法复杂度层面上，无论是中国银行业的企业社会责任年报还是美国花旗银行的企业社会责任年报都很少出现被动语态，可见被动语态对文本复杂度的影响不大。但是两者的平均句长指标差异较大，虽然2013—2015年中国银行业企业社会责任年报中的平均句长逐年降低，但是仍高于美国花旗银行企业社会责任年报的平均句长。所以综合来看，这段时间中国银行业企业社会责任年报的句法复杂度也高于美国花旗银行，只是两者差距在不断缩小。

总而言之，2013—2015年中国银行业英文版企业社会责任年报的词汇复杂度维持在稳定水平，句法复杂度有所下降，而可读性呈现出了逐年提高的趋势。而美国花旗银行英文版企业社会责任年报的词汇复杂度也基本稳定，尽管其句法复杂度有小幅上升。无论在哪一年，中国银行业企业社会责任年报的文本复杂度都要高于美国花旗银行，两者的差异也较为显著。因此，如果中国银行业希望提升英文版企业社会责任年报的质量，推动其向国际化、大众化方向发展，那么应该将报告的文本复杂度调整到一个适当的水平。

4.2.5 研究发现

本研究发现，首先，中美银行业企业社会责任年报一直将词汇复杂度控制在稳定的水平——如果报告的平均词长增加，那么报告的词汇密度就会降低，从而使词汇复杂度保持稳定。研究显示，中国银行业企业社会责任年报的词汇复杂度始终远高于美国花旗银行。而在句法复杂度方面，无论是中国银行业，还是美国花旗银行，二者的企业社会责任年报中都很少出现被动语态，故其对句法复杂度的影响可忽略不计。而中国银行业企业社会责任年报平均句长大于美国花旗银行，但呈现逐年下降趋势。因而，中美银行业企业社会责任年报文本复杂度的差距在不断缩小。

4.3 企业年报文本可读性特征

4.3.1 中外企业年报话语迷雾指数对比分析

部寒（2022）发现，独立样本 t 检验结果显示，中美企业年报话语的迷雾指数存在显著差异（$t=-3.790$，$df=631.672$，$p<0.05$）；中国企业年报话语的迷雾指数显著低于美国企业（$md=-0.283$）（见表4.8），这说明从句长和词长来看，相对于美国企业，中国企业年报话语的阅读难度较低，可读性较强。

表 4.8 中美企业年报话语迷雾指数差异

	中国企业 均值	中国企业 标准差	美国企业 均值	美国企业 标准差	均值差	t 值	p 值
迷雾指数	20.936	0.875	21.219	1.249	−0.283	−3.790	0.000

Lunholm、Rogo 和 Zhang（2014）发现，在美国上市的境外企业，其年报文本的可读性比美国本土企业年报文本的可读性高，可能因为境外企业的英文版年报是由非英语母语者撰写或翻译的，所以遣词造句比较符合二语阅读习惯，阅读难度较低，可读性较强。

4.3.2 中外企业年报文本可读性测量框架

为了进一步测量中美企业年报文本可读性，我们选择 Coh-Metrix 文本可读性测量的五个维度，即叙事性、词汇具体性、句法简洁性、指称衔接性、深层衔接性，并对部分指标进行了优化，用于测量中外企业年报文本可读性，具体见表4.9。

表 4.9 企业年报文本可读性测量指标

指标	指标描述
叙事性	文本具有较为完整的故事情节主线，包括读者熟悉的人物、事件、地点和事物。叙事内容与日常生活密切相关，采用熟悉的词汇、读者共知的概念和通俗语言
词汇具体性	文本包含具体、有意义且能唤起心理影像的实词，更易于掌握和理解。抽象词概念难以在视觉上表现出来。文本的抽象词越多，越难以理解
句法简洁性	反映了文本中句子包含较少单词、使用更简单和熟悉的句法结构的程度，这些单词与句法结构的理解难度较小

续表

指标	指标描述
指称衔接性	高指称衔接性的文本其词汇和意思在句子和整个文本之间重叠，形成连接读者与文本的显性模式。低指称衔接性的文本通常更难以理解，因为意思与读者之间的连接较少
深层衔接性	反映了当文本存在因果关系和逻辑关系时，文本包含因果连接词和意向连接词的程度。这些连接词有助于读者对文本中的因果事件、过程和行为形成更一致、更深入的理解。当文本包含许多关系但不包含连接词时，读者必须推断文本中各种观点之间的关系。如果文本具有很高的衔接性，那么这些关系和整体的衔接性就会更加清晰

（1）叙事性

每个叙事都至少由两部分组成：一是事故，也就是内容或事件，指人物、背景、行动和事故相互交融产生叙事的内容；二是话语，即表达，指故事的内容通过什么样的方式被传达（Chatman，1978）。叙事的成立需具备四个要素：一是情境性，它是故事讲述的具体语境，是事件被阐释和表征的根据；二是事件序列性，是事件按照不同时间演变与发展的结构化过程；三是规则突破，即打破讲故事的传统规则，使事件引起现实的波动与不平衡，引起读者产生共鸣，达到打动读者的目的；四是可感知性，即可感受到事件对真实世界或预期造成的压力，使故事创造的世界不断在人脑中更替（Herman，2009）。企业年报等财务文本叙事的目的就是向市场传递财务信息，在媒体和公众中塑造企业形象，说服投资者投资和支持企业。因此，叙事应该描述宏微观经济形势和企业发展前景，围绕吸引资本讲述一个又一个生动的企业故事，用不同寻常的方式和手法，讲述精彩的企业发展历史和取得的成就，引起资本市场的共鸣，让企业深受投资者信任，使投资者对企业未来充满预期，达到最佳叙事效果。

（2）词汇具体性

每个词汇都被赋予了信息和意思，因此句法类别被划分为实词（例如名词、动词、形容词、副词）和虚词（例如介词、限定词、代词）。许多单词可以划分为多个句法类别。例如，单词"bank"可以是名词（"river bank"）、动词（"don't bank on it"）或形容词（"bank shot"）。Coh-Metrix 根据句法上下文为每个单词分配一个词性分类。此外，Coh-Metrix 还可以计算词频指数值和心理等级。词汇具体性指标包括名词、动词、形容词、副词、人称代词（包括第一人称单复数代词、第二人称代词、第三人称单复数代词）、实词、所有单词平均词频、句子中平均最小词频、习得年龄、熟悉性、具体性、可想象性、意义性、多义词、上下位关系（见表 4.10）。

表 4.10　词汇具体性指标

指标	指标描述
名词	名词的发生率指数值
动词	动词的发生率指数值
形容词	形容词的发生率指数值
副词	副词的发生率指数值
人称代词	每千字人称代词数。如果读者不知道代词之所指，那么高密度代词会产生指称衔接问题
第一人称单数代词	第一人称单数代词的发生率指数值
第一人称复数代词	第一人称复数代词的发生率指数值
第二人称代词	第二人称代词的发生率指数值
第三人称单数代词	第三人称单数代词的发生率指数值
第三人称复数代词	第三人称复数代词的发生率指数值
实词	实词的平均词频
所有单词平均词频	所有单词的平均词频
句子中平均最小词频	句子中的平均最小词频
习得年龄	习得年龄这一概念反映了一些词语比其他词语更早出现在儿童语言中。习得年龄越高的单词表示儿童口头学习该单词的时间越晚。Coh-Metrix 包括英国医学研究理事会的习得年龄。英国医学研究理事会由 Gilhooly 和 Logie（1980）编制，共 1,903 个唯一单词
熟悉性	对成年人而言，指成年人对某一具体单词的熟悉程度。熟悉的词汇能加速读者的理解过程。英国医学研究理事会提供了关于 3,488 个独立单词的评级。Coh-Metrix 提供了文本中实词的平均评级。采用 7 分制评分，其中 1 分为他们从未见过的单词，7 分为他们常见的单词；将得分乘以 100，四舍五入为整数
具体性	一个单词具体或非抽象的指标。更具体的词是指你可以听到、尝到或摸到的东西。英国医学研究理事会提供了关于 4,293 个独立单词的评级。Coh-Metrix 提供文本中实词的平均评级
可想象性	英国医学研究理事会合并评级还提供了评价单词心理图像如何易于构建的指标，提供了关于 4,825 个单词的评级。Coh-Metrix 提供文本中实词的平均评级

续表

指标	指标描述
意义性	这是 Toglia 和 Battig（1978）开发的意义性评级指标。英国医学研究理事会提供关于 2,627 个单词的评级。Coh-Metrix 提供文本中实词的平均评级，低意义得分表示该单词与其他单词弱相关
多义词	多义词指一词多义。例如，bank 一词至少有两种意义，一种指存款的银行，另一种指河岸。Coh-Metrix 为文本中的实词提供多义词。WordNet 的多义词关系基于同义词，用于表示相似概念但区分同义词和词义（Miller et al, 1990）。这些同义词可以区分词义，并提供确认与单词相关的词义数量的依据。Coh-Metrix 报告文本实词的多义词值。多义词是文本模糊性指标，因为一个单词的词义越多，释义就越多。高频词如果语义较多，文本中多义词值就越高，文本的模糊性就越高
上下位关系	Coh-Metrix 还使用 WordNet 来报告单词的上下位关系（单词特殊性）。在 WordNet 中，每个单词都位于层级量表上，允许测量目标词之下的下级词数量和目标词之上的上级词数量。因此，entity 作为名词 chair 的上位词，将被赋值 1，而与 chair 概念相关的所有其他可能的 entity 的下位词（如 object, furniture, seat, chair, camp chair, folding chair）将获得更高的赋值。还可为动词分配类似的值（例如，hightail, run, travel）。因此，较低值反映了较少特定单词的总体使用，而较高值反映了更具体单词的整体使用。Coh-Metrix 提供名词上位词、动词上位词以及名词和动词组合上位词的估计数

（3）句法简洁性

句法理论将单词划分为单词信息（如名词、动词、形容词、连词），将单词组成短语或句子成分（名词短语、动词短语、介词短语、从句），并构造句子的句法树结构。例如，一些句子很短，并且具有遵循"行动者 – 行动 – 对象"语法模式的简单句法，几乎没有嵌入子句，并且具有主动语态，没有被动语态。有些句子具有复杂的嵌入句法，可能会加重工作记忆负担。当句子较短，主句主动词前单词较少，且名词短语的单词较少时，文本中的句法更易于处理。句法简洁性指标具体包括主动词前单词、名词短语修饰词、词性最小编辑距离、所有单词最小编辑距离、词根最小编辑距离、相邻句法结构相似性、全部句法结构相似性七个观测指标（见表 4.11）。

表 4.11　句法简洁性指标

指标	指标描述
主动词前单词	句子主句中主动词前的平均单词数。这是衡量工作记忆负荷的良好指标
名词短语修饰词	每个名词短语的平均修饰词数
词性最小编辑距离	从词性标注计算出的相邻句子间的平均最小编辑距离指数值。注意：是在两个句子中的词性标注上进行编辑操作，而不是在两个单词中的字母上进行编辑操作
所有单词最小编辑距离	从单词计算出的相邻句子间的最小编辑距离指数值。注意：是在两个句子中的单词上进行编辑操作，而不是在两个单词中的字母上进行编辑操作
词根最小编辑距离	从词根计算出的相邻句子间的最小编辑距离指数值。注意：是在两个句子中的词根上进行编辑操作，而不是在两个单词中的字母上进行编辑操作
相邻句法结构相似性	所有相邻句子间的交叉树节点的比例
全部句法结构相似性	所有句子之间、段落之间的交叉树节点的比例

（4）指称衔接性

指称衔接性指标具体测量局部句子之间的实词重叠情况，作为一种语言线索，它可以帮助读者在文本理解中将命题、小句和句子联系起来（Halliday and Hasan，1976；McNamara and Kintsch，1996），即通过评估连续相邻句子之间的重叠来测量局部衔接性，通过测量段落或文本中所有句子之间的重叠，来评估整体衔接性。指称衔接性指标具体包括名词重叠、参数重叠、词干重叠、实词重叠、回指重叠五个指标（见表 4.12）。

表 4.12　指称衔接性指标

指标	指标描述
名词重叠	这是用名词表示句子之间局部和整体重叠情况的指标。相邻名词重叠表示文本中从一个句子回到前一个句子具有名词重叠的平均句子数。在指称衔接中，名词重叠是最严格的，在某种意义上，名词重叠要求名词必须在形式和单复数上完全匹配。虽然局部重叠仅考虑相邻句子，但整体重叠考虑每个句子与其他句子的重叠
参数重叠	这些局部和整体重叠指标与名词重叠指标类似，但包括名词和代词在句子之间的重叠。当一个句子中的名词与另一个句子中的同一个名词（单数或复数形式）重叠时，会发生参数重叠；当两个句子之间存在匹配的人称代词时（例如，he/he），也会发生这种情况。术语"参数"采用语言学上的意义，其中名词/代词参数与动词/形容词与谓词形成对比（Kintsch and van Dijk，1978）。与名词重叠相比，参数重叠并不那么严格，因为它考虑了 cells 和 cell 这样的重叠。参数重叠和词干重叠也包括代词之间的重叠，如 it 与 it 重叠，he 与 he 重叠，但不包括名词重叠

续表

指标	指标描述
词干重叠	这两个局部和整体重叠指标放宽了名词重叠和参数重叠指标所持有的名词约束。一个句子中的名词若与前一个句子中的实词（名词、动词、形容词、副词）相匹配，则它们有一个共同的词根（例如，tree/treed；mouse/mousey；price/priced）
实词重叠	考虑了句对之间显性实词重叠的比例。例如，如果句对具有较少的单词且两个单词重叠，则该比例大于具有多个词但只有两词重叠句对的比例。该指标包括局部重叠和整体重叠指标，还包括重叠标准差。当文本中句子长度成为主要关注点时，该指标特别有用
回指重叠	考虑了句对之间的回指重叠。如果后一个句子中所含代词引用了前一个句子中的代词或名词，则这一句对具有回指重叠。每对句子的指数值是二元的，即 0 或 1。文本中这一指标指的是句对指数值的平均值。该指标包括局部和整体指标

（5）深层衔接性

本研究测量企业年报深层衔接性的指标为潜伏语义分析（LSA），LSA 是测量句子之间或段落之间语义重叠情况的指标。Coh-Metrix 3.0 提供八个 LSA 指标（见表 4.13）。LSA 指标值从 0（低衔接性）到 1（高衔接性）进行变化。为了方便计算，我们统一将其换算为百分制（0~100）。

表 4.13 潜伏语义分析指标

指标	指标描述
相邻句子 LSA 重叠	计算相邻的、句对句单元的平均 LSA 余弦值，测量每一个句子与下一个句子的概念相似度
相邻句子 LSA 重叠标准差	计算相邻的、句对句单元的 LSA 余弦值标准差，测量连续相邻句子如何在语义上重叠
所有句子 LSA 重叠	与相邻 LSA 句子一样，该指标计算平均 LSA 余弦值。但这一指标要求考虑所有句子组合，而不仅仅是相邻句子。相邻 LSA 句子重叠指标计算文本中每个句子与其他句子的概念相似度
所有句子 LSA 重叠标准差	该指标计算段内所有 LSA 句子余弦值的标准差
相邻段落 LSA 重叠	该指标计算相邻段落之间 LSA 余弦值的平均值
相邻段落 LSA 重叠标准差	该指标计算相邻段落之间 LSA 余弦值的标准差
句子平均所与性	指每个句子的平均所与性
句子平均所与性标准差	指每个句子所与性的标准偏差

4.3.3　研究问题

本研究重点回答三个问题：
1）中国排名前 20 的世界 500 强企业的年报的可读性如何？
2）国外排名前 20 的世界 500 强企业的年报的可读性如何？
3）中外各排名前 20 的世界 500 强企业的年报可读性是否存在差异？

4.3.4　结果与讨论

数据统计显示，大多数企业年度报告文本的叙事性低，这说明年报的叙事性较弱。企业年报这类商务体裁文本属于专业类文本，其叙事性比文学类体裁文本的叙事性普遍偏低。企业年报的词汇重复度较高，出现了大量专业用语和术语重复现象，导致叙事词汇的生动性和丰富性下降，因而文本叙事性较弱，通常难以理解。本研究还发现，企业年报还有其他相同之处，如词语具体性低，说明企业年报的管理层讨论与分析章节的文字较为抽象，许多词语的具体含义难以理解，读者需要掌握具体的财务和金融专业背景知识才能理解，导致阅读与理解产生困难。此外，年报文本在指称衔接性和深层衔接性方面的得分都较高，这有助于读者理解内容难点。

4.3.4.1　中国企业年报文本可读性分析

我国企业年报的叙事性较低，表明年报中故事叙述较少。我国企业年报的指称衔接性与深层衔接性较高，说明句子之间的言语和观点没有出现衔接的断层。如果衔接出现断层，读者又没有充分的背景知识，将很难理解，甚至没法理解。从这一角度看，我国企业年报的衔接性较高，文本中有更多的衔接词来帮助读者理清事件、观点与信息之间的关系（见表 4.14）。

表 4.14　中国排名前 20 的世界 500 强企业年报可读性分析　　单位：%

序号	公司名称	叙事性	词汇具体性	句法简洁性	指称衔接性	深层衔接性	语篇可读性
1	中国工商银行	14.0	55.0	42.0	97.0	62.0	54.0
2	中石油	3.0	53.0	75.0	80.0	50.0	52.2
3	上汽集团	10.0	9.0	58.0	88.0	85.0	50.0

续表

单位：%

序号	公司名称	叙事性	词汇具体性	句法简洁性	指称衔接性	深层衔接性	语篇可读性
4	中国联通	10.0	18.0	28.0	87.0	95.0	47.6
5	美的集团	11.0	4.0	42.0	85.0	89.0	46.2
6	格力电器	8.0	44.0	10.0	99.0	63.0	44.8
7	中化集团	14.0	2.0	53.0	58.0	94.0	44.2
8	国开行	13.0	57.0	33.0	58.0	50.0	42.2
9	中冶集团	7.0	11.0	56.0	83.0	53.0	42.0
10	建设银行	10.0	5.0	41.0	62.0	79.0	39.4
11	万达集团	10.0	4.0	35.0	66.0	81.0	39.2
12	中海油	3.0	43.0	56.0	54.0	36.0	38.4
13	中国移动	10.0	50.0	88.0	32.0	12.0	38.4
14	中国电网	6.0	18.0	92.0	7.0	66.0	37.8
15	中国电信	13.0	2.0	36.0	57.0	80.0	37.6
16	中国人寿	2.0	27.0	77.0	21.0	51.0	35.6
17	中国银行	3.0	34.0	54.0	12.0	69.0	34.4
18	华为集团	2.0	28.0	60.0	29.0	43.0	32.4
19	东风汽车集团	5.0	29.0	33.0	62.0	33.0	32.4
20	红海集团	13.0	6.0	19.0	83.0	29.0	30.0
	平均	8.4	25.0	49.4	61.0	61.0	40.9

可读性分析显示，上述中国企业的年报可读性为30.0~54.0分，总体而言可以接受，没有出现语篇可读性极难的情况。其中，中国工商银行年报的可读性得分最高（54.0分），其次是中石油（52.2分）和上汽集团（50.0分），位列前3名，均超过或达到50.0分。中国联通等6家企业的年报的可读性得分超过40.0分。有10家企业的年报的可读性得分超过30.0分，红海集团年报的可读性得分在20家抽样企业年报中位列第20名（30.0分），得分在30.0分以下的企业年报可以判断为可读性一般。

就叙事性指标而言，中国工商银行、中化集团、国开行、中国电信、红海集团5家企业的年报的叙事性较好，说明企业年报的文字叙述较为生动，技术性和专业性不太强，内容主线较清楚，普通股东和股民也能够阅读和理解。另外，有

6家企业的年报的叙事性得分大于或等于10.0分且小于13.0分，说明这些年报的文字叙述难度处于中等程度，文字表述比较平淡，有一定的专业性，读者需要具备一定的专业知识才能阅读和理解。研究显示，华为集团、中国人寿、中石油、中海油、中国银行5家企业的年报的叙事性得分较低，文字叙述部分专业技术性强，生动性和有趣性不足。

就词汇具体性指标而言，总体上绝大部分中国企业年报采用普通词汇，非专业术语使用适中，文本阅读难度为中等。一方面，对读者而言，年报文本的专业词汇数量若占比适当，文本则比较易懂。年报用词具体性得分超过或达到50.0分的企业包括国开行（57.0分）、中国工商银行（55.0分）、中石油（53.0分）、中国移动（50.0分）。另一方面，调查显示，部分中国企业的年报的词汇具体性较差，得分很低，说明文本话题的具体内容比较模糊和空泛，套话较多，较少涉及企业的具体管理问题和关于财务业绩的技术性问题，如中化集团（2.0分）、中国电信（2.0分）、美的集团（4.0分）、万达集团（4.0分）。这些企业年报的叙事性得分较高也验证了其文本文字比较生动，但专业性不强的特点。

就句法简洁性指标而言，统计结果显示，总体上绝大部分中国企业的年报采用的句法结构比较复杂，复合句较多，简单句较少，句子结构相似性大，单词和短语重复率较高，句子结构的阅读难度较大。年报文本的句法简洁性得分超过50.0分的企业包括10家，占总样本的1/2，得分最高的为中国电网（92.0分），其次为中国移动（88.0分），其他依次为中国人寿（77.0分）、中石油（75.0分）、华为集团（60.0分）、得分在50.0~60.0分的企业包括上汽集团（58.0分）、中冶集团（56.0分）、中海油（56.0分）、中化集团（53.0分）、中国银行（54.0分）。在上述企业中，句法简洁性得分最低的是格力集团（10.0分）、其次是红海集团（19.0分）。我们推测，民营企业普遍对上市企业年报不够重视，且英文版年报是中文版年报的翻译版，"翻译腔"较重，在处理和转换中文句子结构时，没有很好地按照英文句式的习惯，导致句子结构过长，断句不当，过于复杂，阅读难度增加。

就指称衔接性指标而言，统计结果显示，总体而言中国企业年报的语篇衔接性较好，在20个抽样样本中，得分超过50.0分的企业有15家，占比75%。得分名列第一的是格力集团（99.0分），名列第二的是中国工商银行（97.0分）；此外，上汽集团（88.0分）、中国联通（87.0分）、美的集团（85.0分）、中冶集团（83.0分）、红海集团（83.0分）和中石油（80.0分）6家企业的年报的指称衔接性也较好，均超过或达到80.0分。上述企业中指称衔接性指标得分最低的为中国电网（7.0 分），说明该企业年报的指称衔接性指标中句子之间的实词重叠、名词重叠、回指重叠等指标均得分较低。年报的指称衔接好，可以帮助读者在文本理解中将命题、小句和句子联系起来，增加文本的可理解性。尽管中国电网年报的句法简洁性非常好，句子简单易懂，但其语篇指称衔接性比较差，说明语篇衔接语需要按英文习惯，增加必要的语篇衔接标记词、指示代词或重复名词，以增强句子间的逻辑性和连贯性，提高语篇的可读性。

就深层衔接性指标而言，计算结果显示，得分超过或达到 50.0 分的企业有 15 家，占 20 个抽样样本的 75%，说明大部分企业年报文本的深层衔接性较好，可读性较好。其中，排名第一的是中国联通（95.0 分），排名第二的是中化集团（94.0 分），美的集团（89.0 分）、上汽集团（85.0 分）、万达集团（81.0 分）、中国电信（80.0 分）4 家企业超过或等于 80.0 分。年报语篇的深层衔接性较好，说明句子和段落之间的语义重复和衔接性比较好，可读性较强。在本次抽样调查中，只有中国移动一家企业的年报深层衔接性得分低于 20.0 分，仅为 12.0 分。统计结果显示其指称衔接性指标得分也不太高，说明该企业年报的语篇衔接在语言形式和语义内容上均较弱。

4.3.4.2 外国企业年报文本可读性分析

可读性指标测量结果显示，外国排名前 20 的世界 500 强企业的年报的可读性得分在 24.8~56.0 分，可读性得分超过 30.0 分的有 18 家企业，只有 2 家企业的年报的可读性较低。其中，Philips66 的年报的可读性得分最高（56.0 分），其次是 Microsoft（50.8 分），年报的可读性得分超过 40.0 分且小于 50.0 分的企业有 8 家，包括 Apple，GM，Target，Pepsico，IBM，ExpressScripts，McKesson 和 Ford。有 8 家企业的年报的可读性得分超过 30.0 分且小于 40.0 分，Marathon 和 Chevron 在 20 家抽样企业的年报可读性得分中位列倒数第一、二名，得分在 30.0 分以下，从中可以判断，这两家企业的年报的可读性较低（见表 4.15）。

表 4.15　外国排名前 20 的世界 500 强企业年报可读性分析　　　　单位：%

序号	公司名称	叙事性	词汇具体性	句法简洁性	指称衔接性	深层衔接性	语篇可读性
1	Phillips66	4.0	85.0	40.0	66.0	85.0	56.0
2	Microsoft	7.0	85.0	68.0	61.0	33.0	50.8
3	Apple	6.0	62.0	53.0	31.0	79.0	46.2
4	GM	9.0	44.0	33.0	48.0	89.0	44.6

续表　　　　　　　　　　　　　　　　　　　　　　　　　　　　　　　单位：%

序号	公司名称	叙事性	词汇具体性	句法简洁性	指称衔接性	深层衔接性	语篇可读性
5	Target	15.0	42.0	55.0	69.0	41.0	44.4
6	Pepsico	7.0	77.0	57.0	9.0	70.0	44.0
7	IBM	11.0	55.0	60.0	44.0	50.0	44.0
8	ExpressScripts	3.0	81.0	31.0	70.0	31.0	43.2
9	McKesson	9.0	50.0	49.0	35.0	71.0	42.8
10	Ford	9.0	35.0	49.0	83.0	31.0	41.4
11	Lowe's	10.0	52.0	52.0	11.0	71.0	39.2
12	Wal-Mart	15.0	50.0	44.0	50.0	36.0	39.0
13	Bunge	6.0	50.0	57.0	32.0	44.0	37.8
14	BOA	3.0	16.0	73.0	2.0	83.0	35.4
15	UPS	7.0	69.0	14.0	64.0	19.0	34.6
16	DOW	5.0	92.0	12.0	46.0	12.0	33.4
17	Conco	10.0	30.0	71.0	5.0	50.0	33.2
18	Cvs	6.0	47.0	67.0	28.0	7.0	31.0
19	Chevron	5.0	20.0	3.0	35.0	83.0	29.2
20	Marathon	6.0	35.0	56.0	17.0	10.0	24.8
	平均	7.7	53.9	47.2	40.3	49.8	39.8

叙事性测量结果显示，与中国企业年报相同，外国企业年报的叙事性得分普遍较低，表明外国企业年报文本没有故事性或情节性叙述，提供客观信息较多。Target 和 Wal-Mart 两家企业的年报的叙事性得分虽然只有 15.0 分，但在抽样企业的年报中已并列第一了，有 18 家企业的年报的叙事性得分更低，有 17 家企业的得分在 3.0~10.0 分，ExpressScripts 和 BOA 2 家企业的年报的叙事性得分只有 3.0 分，表明该年报在讲述企业业绩和资本故事方面几乎完全没有体现任何叙事能力。由此可见，国内外企业年报普遍都还没有重视年报的叙事可读性。如果注重年报编写的叙事沟通功能和操控功能（Adelberg，1979；Aerts，1994；Beattie and Jones，2000），采用自然语言分析技术，对财务叙事文本中客观的话语特征与公司的具体特征（如业绩）开展大规模实证研究（Beattie，2014；Core，2001；Li，2008），就可以大幅提升企业年报的可读性。Adorisio 和 Linda（2015）提出

财务沟通的叙事范式，从叙事工具论、叙事实践论和叙事方法论三个角度论证叙事不仅是获得财务数据和财务信息的方式，还是传递这些数据和信息的形式，以及相关行为者塑造其经验的框架。

词汇具体性指标测量结果显示，在 20 家抽样企业的年报中，有 12 家企业的年报其词汇具体性指标得分超过或达到 50.0 分，在总抽样样本中占 60%。在 12 家企业的年报中，DOW 公司得分最高（92.0 分），Philips66 和 Microsoft 分别为 85 分，得分较高的还有 ExpressScripts（81.0 分）。得分较低的企业包括 BOA（16.0 分）、Chevron（20.0 分）、Conco（30.0 分），Ford 和 Marathon 则分别为 35.0 分。这反映出外国企业年报在词汇具体性方面表现差异很大。以 DOW 和 BOA 两家企业为例，这两家企业年报的词汇具体性相差 76.0 分，显示出极不平衡的特点。

统计结果显示，外国企业年报的词汇具体性得分要普遍高于中国企业年报，而抽样的中国企业中没有一家企业的得分高于 60.0 分，两者相比，差异明显，外国企业的做法很值得中国企业学习。词汇具体性得分高体现出年报的实词数量较多，词类较为丰富，如名词、动词、形容词、副词、人称代词等，且单词平均词频高，基本词汇、常用词汇、多义词、同义词等均较多使用。

句法简洁性指标测量结果显示，外国企业年报的句法简洁性总体得分不高，超过 50.0 分的企业有 11 家，虽然在 20 家抽样企业中占比不算低（55%），但得分普遍较低，没有一家企业得分超过 80.0 分，得分最高的为 BOA（73.0 分），最低的为 Chevron（3.0 分），说明外国企业年报的句法简洁性普遍不高，年报的可读性较低，需要改进和提高。这表明外国企业年报中短句不多，主谓宾句式等检点句法结构不多，有大量具有复杂嵌入结构的复合结构，句子加工难度大，可读性下降，加重了读者的工作记忆负担。

对比显示，国内企业年报的句法简洁性总体上要好于外国企业年报，但两者之间不存在显著差异。个案对比显示，中国企业年报的句法简洁性要远远好于外国企业年报，如中国电网的年报的句法简洁性得分（92.0 分）要高出 BOA（73.0 分）19.0 分，说明外国企业年报的句子普遍较难较长，句法可读性较低，文化水平不高的普通读者难以理解。

指称衔接性指标测量结果显示，总体而言，外国企业年报普遍得分偏低，为 2.0～83.0 分，只有 Ford 一家企业的年报得分超过 80.0 分，ExpressScripts 的年报得分达到 70.0 分，其余 65% 的企业年报的该项指标得分都较低，得分在 50.0 分以下的企业达到 13 家，部分企业年报的指称衔接性得分特别低，如 Pepsico（9.0 分）、BOA（2.0 分）、Conco（5.0 分）3 家企业的得分都在 10.0 分以下，说明这些企业年报的句子在词汇上几乎没有采用指代重复,在观点内容上几乎没有语义重叠。企业年报指标衔接性较低就导致读者需要自己推论,揣摩意思。如果没有足够的专业背景知识和对企业经营信息与股市行情的充分了解,读者根本无法理解文本的内容和信息。对比显示,外国企业年报的指称衔接性低于中国企业年报,需要引起重视。

深层衔接性指标测量结果显示,外国企业年报在该指标上的得分要高于指称衔接性指标,尽管只有10家企业的年报得分超过或达到50.0分,但有8家企业的得分都超过或达到70.0分,即深层衔接性较好的企业年报占比达到40%。其中,GM(89.0分)、Philips66(85.0分)、BOA(83.0分)和Chevron(83.0分)4家企业的得分超过80.0分,说明外国企业年报的深层衔接性较好,使用了较多的连接词来帮助读者理清事件、观点和信息之间的关系,段落之间和整个年报文本的整体衔接性较好,年报可读性较高,读者容易理解内容和获得关键信息。

4.3.4.3　中外企业年报可读性分析

(1) 统计对比分析

统计对比分析显示,1)中外企业年报的可读性总体上不高,年报阅读难度较大,两者均没有达到50.0分的可读性适中水平,两者的阅读难易度不存在显著差异(t值为0.931 3,p>0.05)。我们推测,可能是由于中外企业年报都必须严格遵循上市公司监管机构关于年报发布的技术标准和要求提供财务数据的规定,并按照格式规范编写文字说明部分,因此,自由发挥的地方有限。2)中外企业年报在可读性的五个测量指标上存在差异。中国企业年报在叙事性、句法简洁性、指称衔接性和深层衔接性四个指标上均超过外国企业年报,但在叙事性和句法简洁性两个指标上与外国企业年报没有显著差异,而与语篇衔接性(指称衔接性、深层衔接性)有关的两个指标显著高于外国企业年报,两者相比存在显著的差异。3)外国企业年报的词汇具体性得分显著高于中国企业年报,表明我国企业年报存在用词较为模糊之处,应进一步改进(见表4.16)。

表4.16　中外排名前20的世界500强企业年报可读性独立样本 t 检验

分类	叙事性/%	词汇具体性/%	句法简洁性/%	指称衔接性/%	深层衔接性/%	语篇可读性/%	t检验
中国企业年报	8.35	24.95	49.40	61.00	61.00	40.94	0.931 3
外国企业年报	7.65	53.85	47.20	40.30	49.75	39.75	p>0.05

（2）案例对比分析

例1：快捷药方（ExpressScripts）企业年报案例

我们选择快捷药方企业英文年报进行案例分析。结果显示，在可读性的五个指标中，可读性百分位数排第一的是词汇具体性，其次是指称衔接性和句法简洁性，排名最后的两个指标分别是叙事性和深层衔接性，其百分位数仅为2%。这表明企业年报文本可读性的高低受词汇和指称这两个指标影响最大，说明词汇越具体，模糊词越少，指称越明确，就越能增强年报的可理解性；企业年报的可读性受文本的叙事性和深层衔接性的影响并不大（见图4.3）。

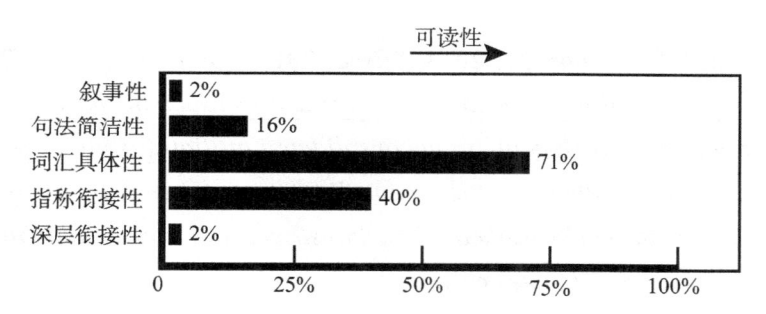

```
                        可读性 →
叙事性      ▎2%
句法简洁性   ▐▌ 16%
词汇具体性   ▐▐▐▐▐▐▐ 71%
指称衔接性   ▐▐▐▐ 40%
深层衔接性   ▎2%
           0    25%   50%   75%   100%
```

图4.3 快捷药方企业年报文本可读性百分位数分析

As the largest stand-alone pharmacy benefit management ("PBM") company in the United States, <u>we provide</u> a full range of services to our clients, which include managed care organizations, health insurers, third-party administrators, employers, union-sponsored benefit plans, workers' compensation plans and government health programs. <u>We report</u> segments on the basis of products and services offered and have determined we have two reportable segments: <u>PBM and Other Business Operations</u>.

(from ExpressScripts, 2015)

例2：沃尔玛（Wal-Mart）企业年报案例

沃尔玛企业英文年报案例分析显示，在可读性的五个指标中，除句法简洁性以外，叙事性、词汇具体性和指称衔接性三个指标的百分位数都较低，深层衔接性的百分位数也偏低，这进一步证明了影响企业年报可读性的关键是词汇具体性和指称衔接性，而不是句子是否简单或简洁。即使句子简单易懂，但词汇模糊，指称不太明确，年报的可读性依然不会高。要想提高沃尔玛企业年报的可读性，就需要采用具体和易懂的词汇，减少专业词汇和术语，加强语篇的衔接性，从而提高文本的可读性（见图4.4）。

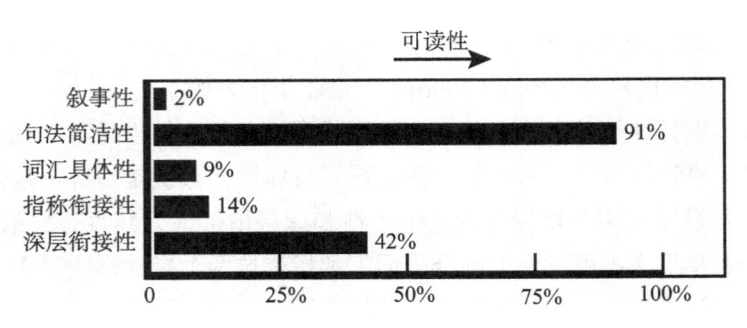

```
               可读性
      叙事性  ▎2%
   句法简洁性  ████████████████ 91%
   词汇具体性  ██▎9%
   指称衔接性  ██▌14%
   深层衔接性  ████████ 42%
            0    25%    50%    75%   100%
```

图 4.4　沃尔玛企业年报文本可读性百分位数分析

Wal-Mart and its <u>subsidiaries</u> as for the fiscal years ended January 31, 2015 ("fiscal 2015"), January 31, 2014 ("fiscal 2014") and January 31, 2013 ("fiscal 2013"), <u>all material intercompany accounts and transactions have been eliminated in consolidation</u>. Investments in <u>unconsolidated affiliates</u>, which are 50% or less owned and do not otherwise meet consolidation requirements, are accounted for primarily using the equity method. These investments are immaterial to the Company's <u>Consolidated Financial Statements</u>.

(from Wal-Mart, 2015)

例 3：格力电器企业年报案例

格力电器企业英文年报案例分析结果显示，在可读性的五个指标中，可读性百分位数排第一的是指称衔接性（99%），其次是深层衔接性（91%），这说明格力电器企业年报的指称衔接性和深层衔接性分别超过了 99% 的企业和 91% 的企业，也就是说，格力电器企业年报的语篇衔接性很好。此外，词汇具体性和叙事性两个指标也在一定程度上对格力电器企业年报的高可读性发挥了作用，而格力电器企业年报的句法复杂度很高，句法简洁性不够，有待提高。如果降低格力电器企业年报的句法复杂度，其年报文本可读性还可以进一步提高（见图 4.5）。

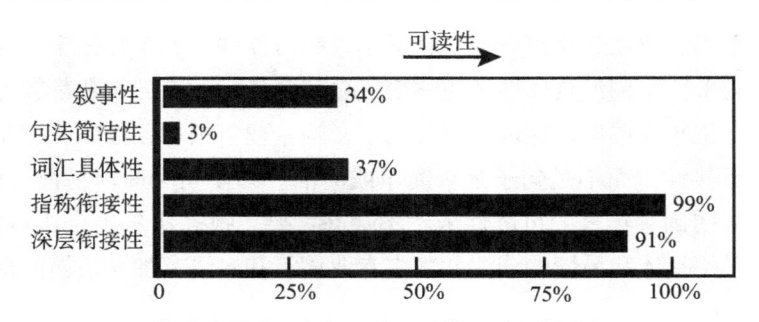

```
               可读性
      叙事性  ██████ 34%
   句法简洁性  ▎3%
   词汇具体性  ███████ 37%
   指称衔接性  ██████████████████ 99%
   深层衔接性  █████████████████ 91%
            0    25%    50%    75%   100%
```

图 4.5　格力电器企业年报文本可读性百分位数分析

第4章 企业年报话语质量特征评价分析

Our responsibility is to convey an idea on auditing these financial statements on the basis of implementation of <u>audit work</u>. We have conducted our <u>audit work</u> according to the provisions of <u>Audit Standards for Certified Public Accountants of China</u>. <u>The Audit Standards for Certified Public Accountants of China</u> require us to observe the code of professional ethics for Chinese certified public accountants and plan and implement audit work so as to reasonably assure the financial statements free of material misstatement. We believe that the conclusion obtained by us are sufficient and proper and shall provide the basis for expressing our <u>audit opinion</u>.

(from Gree, 2015)

例4：中国移动企业年报案例

中国移动企业英文年报可读性测量结果显示，其可读性五个指标的百分位数都不高，表明年报文本的可读性较低。该年报文本的叙事内容较多，反映出年报的叙事性较强，这是中国企业年报普遍具有的特点，即内容丰富。但在语言上反映出的特点是词汇具体性和句法简洁性比较弱，即专业词汇和生词、难词较多，句子比较长，而且结构比较复杂，文本不太容易读懂（见图4.6）。

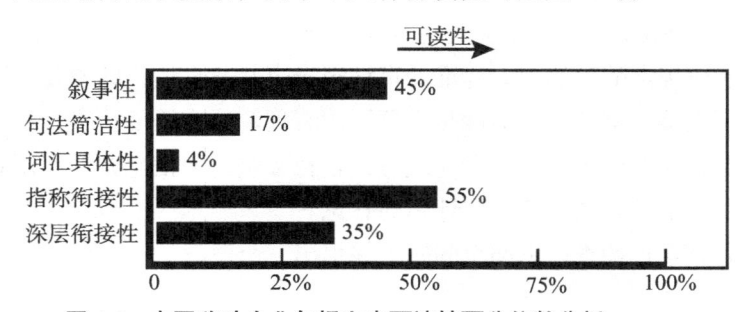

可读性

指标	百分位数
叙事性	45%
句法简洁性	17%
词汇具体性	4%
指称衔接性	55%
深层衔接性	35%

图4.6　中国移动企业年报文本可读性百分位数分析

<u>Non-controlling interests (previously known as "minority interests")</u> represent the equity in a subsidiary not attributable directly or indirectly to the Company, and in respect of which the Group has not agreed any additional terms with the holders of those interests which would result in the Group as a whole having a <u>contractual obligation</u> in respect of those interests that meet the definition of a <u>financial liability</u>. For each business combination, the Group can select to measure any non-controlling interests either at <u>fair value</u> or at their <u>proportionate share</u> of the <u>subsidiary's net identifiable assets</u>.

(from CMCC, 2010)

4.3.5 国内外企业审计年报的可读性测量

为了进一步调查企业年报的可读性，本研究又选择了部分500强上市企业的年度审计报告作为样本。审计报告也是企业年报的一种，与企业财务报告密切相关。以往的审计报告可读性研究表明，审计报告确实难读。Pound（1981）随意选取了120份审计报告，研究发现，其中65%的审计报告的弗莱士指数位于0~30，还有21%的审计报告的弗莱士指数达到了30~50。这也就意味着，读者要想完全明白审计报告所包含的信息必须至少达到大学教育水平。因为审计报告包含的专业术语和复杂句式较多，所以其可读性通常都处于"难读"和"非常难读"的水平。

近年来，国际机构颁布了一系列有关审计报告撰写的统一规范。与其他类型的财务报告相比，审计报告略有不同。审计报告需要遵循严格的模板和用词规范。根据国际自动化协会（ISA）发布的标准，一份正式的审计报告应该包括如下部分：引言段、管理层职责、独立审计师职责和最后的审计意见段。审计意见通常包括四类：1）无保留意见，2）保留意见，3）否定意见，4）拒绝发表意见。除此之外，ISA也明确指出，法律甚至会规定审计用语。比如说常见的审计报告用词"公允"就是由法律规定的。然而，标准的审计报告也并非易读，即便是标准的审计报告也同样不完美。审计报告标准化方便了读者理解特定语境。审计报告的读者可能最开始会因为专业词汇和复杂句式等因素在接收财务信息方面有困难，但逐渐会熟悉这种固定模式进而读懂审计师的意见。

本研究重点调查以下两个问题，并提出三个假设：

（1）研究问题与假设

研究问题：

1）国内外企业审计报告的可读性如何？国内外企业审计报告哪个的可读性更高？

2）国内外企业审计报告的可读性是否会在不同年份出现提高或降低的现象？

基于以上问题，本研究提出三个假设：

1）假设1：国内外企业审计报告都比较难懂。

和中国相比，国外发达市场具有更成熟和更先进的金融系统。国外的公司和监管机构也更早地意识到了可读性高所带来的有效沟通的重要意义。一方面，国外已经成立了很多旨在加强审计报告监管的国际机构或者委员会，比如：国际会计师联合会和国际审计与鉴证准则委员会。不仅如此，这些机构都在不懈地致力于实现审计报告的国际统一标准。国际会计师联合会就曾制定过一系列国际审计报告撰写标准，最新的一版是 ISA700。

2）假设 2：相比国外企业的审计报告，国内企业的审计报告更加难读。

以往的可读性变化趋势研究结果显示，多年来，大部分审计报告的可读性情况改善不大。不光是财务报告术语难以理解，可读性随时间变化也没有多少提高，主要是因为审计报告包含大量专业用语。Soper 和 Dolphin（1964）用弗莱士指数测量了 25 家企业的财务报告的可读性，结果发现，在这研究的 13 年中财务报告的可读性非但没有提高，反而下降了。

3）假设 3：2015—2020 年间国内外企业审计报告的可读性水平逐年提高。

既然审计报告高度模板化，且由独立的第三方审计师出具，那么审计报告一般不会照顾公司财务绩效的好坏。相对于由公司自己撰写的年度报告，独立审计师并不存在通过降低可读性等印象管理手段来扰乱读者视听和搅乱市场的动机。

（2）结果与讨论

1）国内外企业审计报告可读性分析。

为了证实第一个假设，我们对国内外企业审计报告的可读性进行了对比。对于国外企业审计年报，我们测量五个变量：平均段落长度（每段句数）、平均句长（每句单词数）、平均词长（每单词字母数）、弗莱士指数和迷雾指数。

测量结果显示，国外审计报告的弗莱士指数均值为 5.30，最大值不超过 27.80，最小值甚至达到 −18.10（见表 4.17）。根据弗莱士指数标准，30 家国外企业中有 18 家的审计报告"非常难读"，占到 60%。然而，剩余的 40% 甚至达到了"难以理解"的水平。93.3% 的审计报告要求读者至少达到"大学毕业生"的阅读水平，这远远超过了目标读者的阅读理解能力。

迷雾指数计算结果也显示，国外审计报告的迷雾指数均值为 23.97，其可读性难度甚至超出了专业书刊，迷雾指数最大值达到 33.40，最小值为 16.20，标准差为 4.42，这说明部分企业审计报告可读性难度极大，普通水平的读者根本无法读懂，也有部分企业审计报告的可读性较强，非常清楚，容易理解，这表明不同企业审计报告的可读性差异极大。和迷雾指数相比，企业审计报告可读性弗莱士指数差异更大，两者全距相差达到 45.90，标准差达到 12.71，样本间的差异和波动性超过迷雾指数。

表 4.17　国外 30 家世界 500 强企业审计报告可读性测量

变量	平均段落长度 / 句	平均句长 / 个	平均词长 / 个	弗莱士指数	迷雾指数
均值	3.25	36.61	5.71	5.30	23.97
最大值	6.50	58.10	5.90	27.80	33.40
最小值	2.00	27.20	5.10	−18.10	16.20
标准差	1.15	6.45	0.22	12.71	4.42

注：平均段落长度 = 每段平均句数；平均句长 = 每句平均单词数；平均词长 = 每单词平均字母数

为了进行对比分析，我们测量中文审计报告的五个变量：总字数、平均段落长度、平均句长、难字比例和迷雾指数。统计结果显示，30 家国内企业的审计报告的平均总字数为 703.97，字数最多的为 828，字数最少的为 649。平均段落长度为 2.15 句，最长的为 2.60 句，最短的为 1.60 句。而迷雾指数的平均值为 24.99，最高的为 28.99，最低的为 21.91（见表 4.18）。迷雾指数最终值对比发现，尽管中外企业审计报告的可读性都较低，但国内外企业审计报告的可读性之间仍存在差异：30 家国外企业的可读性比 30 家国内企业的审计报告的可读性高。

表 4.18　国内 30 家世界 500 强企业审计报告可读性测量

变量	总字数 / 个	平均段落长度 / 句	平均句长 / 个	难字比例 /%	迷雾指数
均值	703.97	2.15	62.46	3.16%	24.99
最大值	828	2.60	72.10	4.34%	28.99
最小值	649	1.60	50.90	1.60%	21.91
标准差	58.89	0.22	5.28	0.007	1.95

注：总字数 = 汉字总数；平均段落长度 = 每段平均句数；平均句长 = 每句平均汉字数

相比国外企业的审计报告，国内企业的审计报告更加标准化，每一部分都需要严格遵循模板，且大致都按照引言段、管理层职责、独立审计师职责和审计意见的顺序排列。相反，国外企业的审计报告似乎更加自由灵活：一方面，它们并没有按照如上所述的顺序排列；另一方面，除了以上四部分，国外企业的审计报告还可能包含其他部分。从篇幅来看，国外企业的审计报告相比国内企业的审计报告更长。以上数据也证实了第一个假设：国内外企业的审计报告的可读性都很低。但是对于第二个假设，并没有明确的答案。从迷雾指数的角度看，国外企业的审计报告的可读性更高。而从规范的角度看，国内企业的审计报告更加高度统一。

2）国内外企业审计报告可读性逐年变化趋势分析。

统计结果显示，国外企业的审计报告五年间在平均段落长度、平均句长、平均词长、弗莱士指数、迷雾指数等指标上并无明显变化。

我们选取了 2011—2015 年 30 家国外世界 500 强企业发布的审计报告，考查其变化趋势后发现，弗莱士指数表现出了较大波动。国外企业审计报告的弗莱士指数最高的是 2011 年，为 7.48，最低为 2014 年，为 2.33，前者高出后者两倍多，两者的弗莱士指数差距达到 5.15。国外企业审计报告迷雾指数最高的是 2014 年，为 24.95，最低为 2011 年，为 23.01，两者相比相差 1.94，没有显著差异，基本保持稳定（见表 4.19）。

表 4.19　国外 30 家世界 500 强企业审计报告可读性逐年变化趋势分析

	平均段落长度/句	平均句长/个	平均词长/个	弗莱士指数	迷雾指数
2011 年	3.29	37.05	5.63	7.48	23.01
2012 年	3.16	37.32	5.72	4.27	24.21
2013 年	3.45	36.68	5.71	4.79	24.12
2014 年	3.43	37.72	5.75	2.33	24.95
2015 年	3.25	36.61	5.71	5.30	23.97
均值	3.32	37.08	5.70	4.83	24.05
标准差	0.12	0.46	0.04	1.86	0.69

散点图分析显示，弗莱士指数和迷雾指数的走向都没有表现出明显的直线关系。弗莱士指数变化趋势的计算公式为：$y=0.67x^2-2698.1x+3E+06$，$R^2=0.7426$（R^2 代表拟合度）；而最接近迷雾指数变化趋势的数学公式为：$y=-0.2457x^2+989.51x-996187$，其中 $R^2=0.8052$，表明数据与假设之间的拟合度较好，数据支持假设判断，假设成立（见图 4.7 和图 4.8）。

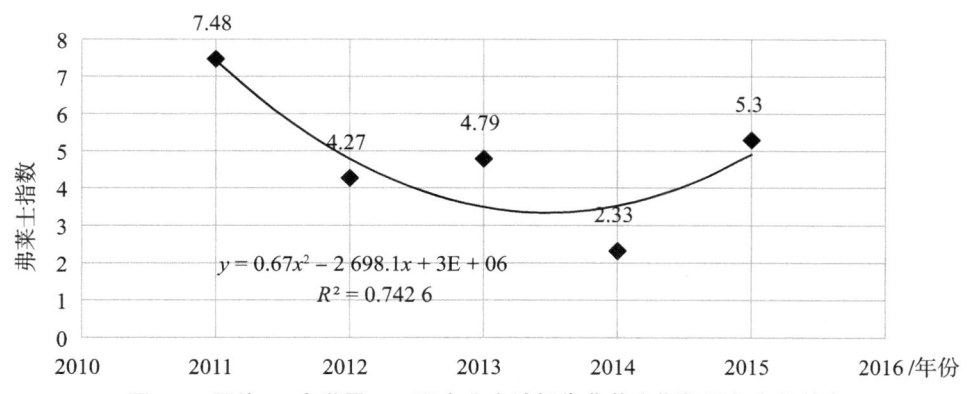

图 4.7　国外 30 家世界 500 强企业审计报告弗莱士指数逐年变化特点

散点图分析显示,弗莱士指数与迷雾指数两条曲线的形状相反,证实了弗莱士指数得分越高,可读性越高;迷雾指数得分越高,可读性越低。国外企业审计报告的可读性在 2011—2013 年下降,在 2014—2015 年上升,最低点位于 2013—2014 年之间(见图 4.7)。根据以上数据,我们可以推测出国外企业审计报告的可读性出现上下波动的趋势。

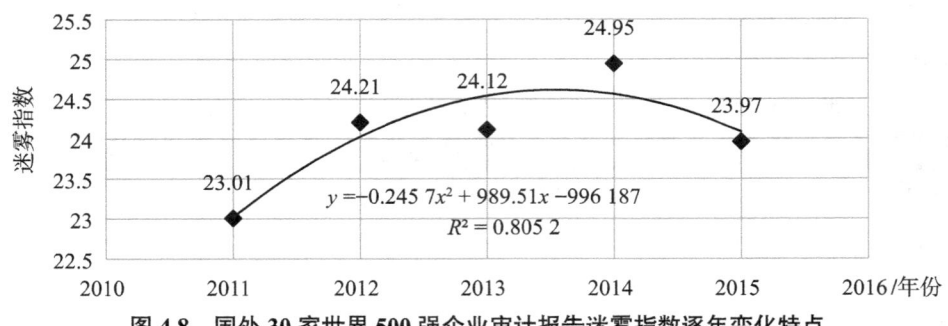

图 4.8 国外 30 家世界 500 强企业审计报告迷雾指数逐年变化特点

图表分析显示,随着时间变化,国内企业审计报告的"平均段落长度"呈现出先升后降、再降(2014—2015)的变化趋势,但平均段落句数基本保持稳定,为 2.15~2.21 句,2013 年和 2014 年的审计报告平均段落长度最多,达到 2.21。总体看,审计报告每段长度平均都在 2 句,段落之间的长度比较平衡和统一,符合审计报告标准格式的要求,语言表达比较规整,段落长度不长,可以推断审计报告的篇幅不大,段落可读性较好,语言难度不大(见表 4.20、图 4.9)。

表 4.20 国内 30 家世界 500 强企业审计报告可读性逐年变化趋势分析

	总字数/个	平均段落长度/句	平均句长/个
2011 年	712.92	2.18	64.35
2012 年	710.55	2.19	63.12
2013 年	703.84	2.21	61.39
2014 年	718.53	2.21	63.23
2015 年	703.97	2.15	62.46
均值	709.96	2.19	62.91
标准差	6.24	0.02	1.09

散点图分析显示,国内企业审计报告的句长变化趋势与段落长度的变化趋势恰恰相反,呈现出先降(2011—2013 年)后升(2013—2015 年)的变化特点。2011 年各家企业的审计报告平均句长最长,达到 64.35 个字;2013 年的审计报告

句长最短，为 61.39 个字，两者之间的平均句长相差 2.96 个字，标准差为 1.09，但各年的审计报告句长基本保持在 61.39~64.35 个字，没有显著差异，说明审计报告之间的句长基本相似，一致性较高，可读性比较稳定（见图 4.10）。

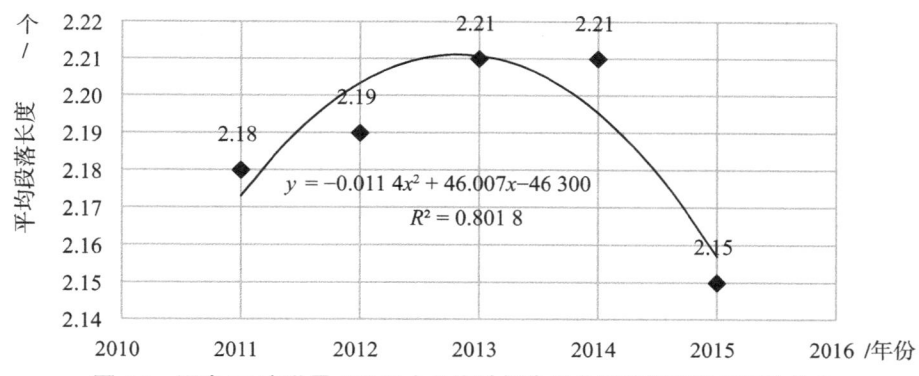

图 4.9　国内 30 家世界 500 强企业审计报告平均段落长度逐年变化特点

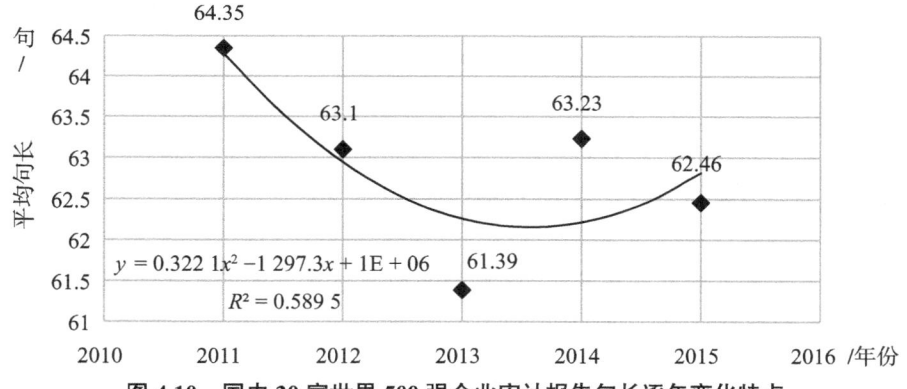

图 4.10　国内 30 家世界 500 强企业审计报告句长逐年变化特点

表 4.20 分析显示，审计报告的平均总字数保持在每篇 703.97~718.53 个字，但标准差为 6.24，显示出样本差异性比较显著的特点，说明审计报告样本中存在篇幅长短不一的情况。我们进一步推测，部分篇幅较长的年报可能存在可读性较低的特点，具体情况有待进一步分析。

（3）研究发现

本研究结果显示，1）国内外企业审计报告都存在可读性较低的情况，可读性有待进一步提高。迷雾指数显示，与国内企业审计报告相比，国外企业审计报告的可读性较高，而国内企业审计报告更加规范。2）国内外企业审计报告的可读性变化趋势不相同。国外企业审计报告的可读性呈现出差异较大和较为复杂的变化趋势。今后，可以通过扩大样本量，选择更多可读性测量指标，对审计报告文本可读性进行更为全面和深入的研究。

4.4 企业年报文本修辞结构关系与功能特征 [①]

本部分对中美企业年报文本修辞结构关系开展两项定量研究。第一项研究以企业年报非财务信息披露指标体系为基础（马连福、赵颖，2007），考查中美银行年报文字叙述的语篇结构特征，涉及的指标有企业发展前景的战略信息（SDI）和企业对利益相关者的责任承担情况的社会信息（RID）两类，涉及的子指标包括公司外部环境、公司管理层信息、公司战略、未来前景预测、研发、风险及应对措施、产品质量（安全性）、环境保护、慈善事业捐助、社区计划、顾客满意度等。

第二项研究采用 Douglas Biber 的多维分析框架和 MAT 分析软件，考查对比中美企业英文年报话语的多维功能特征，试图发现中美企业如何构建年报话语和实现年报交际功能。同时，考查中美企业英文年报话语是否存在差异。本部分的两个研究结果对提高我国企业对外传播质量具有一定的启示。

4.4.1 企业年报文本修辞结构关系

Mann（2000）定义并命名了 31 种修辞结构关系，并将其划分为 24 种单核心关系和 7 种多核心关系（见表 4.21）。单核心关系包含提供重要信息的核心结构段和提供次要信息的辅助结构段。多核心关系包含 2 个以上或多个结构段，没有核心结构段或辅助结构段之分，各个结构段之间呈并列关系（Carlson and Marcu，2001）。修辞结构关系相对开放且正处在不断发展完善之中，研究者可以自行添加新的关系。

表 4.21 单核心与多核心修辞结构关系集（Mann, 2000）

单核心关系				多核心关系	
antithesis	对照关系	nonvolitional-result	非意愿性结果关系	conjunction	联结关系
background	背景关系	otherwise	析取关系	contrast	对比关系

[①] 部分内容已发表在《中国外语》2018 年第 3 期上。

续表

单核心关系				多核心关系	
circumstance	环境关系	preparation	准备关系	disjunction	或然关系
concession	让步关系	purpose	目的关系	joint	连接关系
elaboration	阐述关系	restatement	重述关系	list	并列关系
enablement	使能关系	solutionhood	解答关系	restatement	多核心重述关系
evaluation	评价关系	summary	综述关系	sequence	序列关系
evidence	证据关系	unconditional	无条件关系		
interpretation	解释关系	unless	除非关系		
justify	证明关系	unstated-relation	未明确关系		
means	方式关系	volitional-cause	意愿性原因关系		
motivation	动机关系	volitional-result	意愿性结果关系		

4.4.2 企业年报语篇结构特点对比

4.4.2.1 研究问题与语料

本研究着重回答以下问题：

1）中美银行年报英汉首席执行官致辞语篇结构关系是否存在差异？具有何种功能特点？

2）中美银行年报英汉非财务信息叙事语篇结构是否存在差异？原因何在？

本研究所选语料为中国工商银行和美国花旗银行 2015 年年报中的首席执行官致辞，工行语篇总长度为 3,272 个中文字符，花旗银行语篇总长度为 1,885 个英文词符。这两家银行的市值曾分别位列中美第一，具有一定的代表性。本研究使用软件 RSTTool345 对英汉语篇结构分别切分和标注，并自动生成语篇结构树图，进行量化统计并输出统计数据。参照《话语标注参考手册》（Carlson and Marcu，2001），根据金融语篇结构关系的特点，作者对现有的关系集进行补充，新增加了两个单核心结构关系：举例关系（example）、从属关系（attribution），以及一个多核心结构关系：同一单元（same-unit）。

4.4.2.2 语篇修辞功能分类

本研究以 Mann（2000）和 Abelen 等（1993）的修辞结构关系集为基础，并加以补充和完善，新增加了五种单核心结构关系：举例关系（example）、时间点关系（temporal-location）、时间范围关系（temporal-extent）、空间位置关系（spatial-location）、空间范围关系（spatial-extent）和一种多核心结构关系：同一单元关系（same-unit）。根据语义和语用功能，本研究将修辞结构理论关系分为三类（Abelen et al., 1993）:概念关系（ideational relations）、人际关系（interpersonal relations）和篇章关系（textual relations）（见表 4.22）。

表 4.22　语篇修辞结构关系的功能分类（Abelen et al., 1993）

ideational relations（概念关系）		textual relations（篇章关系）	
volitional/non-volitional cause 意愿性 / 非意愿性原因关系		restatement 重述关系	
		summary 综述关系	
volitional/non-volitional result 意愿性 / 非意愿性结果关系			
purpose	目的关系	interpersonal relations	（人际关系）
means	方式关系	evidence	证据关系
condition	条件关系	justify	证明关系
otherwise	析取关系	motivation	动机关系
elaboration	阐述关系	solutionhood	解答关系
circumstance	环境关系	enablement	使能关系
contrast	对比关系	background	背景关系
example[a]	举例关系[a]	interpretation	解释关系
disjunction	或然关系	evaluation	评价关系
joint	连接关系	antithesis	对照关系
sequnce	空间地点关系	concession	让步关系
spatial-location	空间位置关系	attribution[e]	从属关系[e]
spatial-extent	空间范围关系	preparation	准备关系
temporal-location	时间点关系		
temporal-extent	时间范围关系		
list[b]	并列关系[b]		
same-unit[c]	同一单元关系[c]		
conjunction[d]	联结关系[d]		

注：Abelen et al.（1993）的理论框架中未包含的关系：a. example 举例关系，辅助结构段为核心结构段信息提供例证；b. list 并列关系，连接具有平行的语义或句法结构的语篇单位；c. same-unit 同一单元关系，连接被插入语分隔的同一语篇单位；d. conjunction 联结关系，连接相互联结、作用相当的两个语篇单位；e. attribution 从属关系，出现在直接或间接引语中，核心结构段是引用的信息，辅助结构段是信息来源。（Carlson and Marcu, 2001）

4.4.2.3　中美银行英汉年报首席执行官致辞语篇结构关系特点

（1）工行中文年报首席执行官致辞语篇结构关系特点分析

统计结果显示，工行中文年报首席执行官致辞共出现了 17 种修辞结构关系，其中阐述关系出现频率最高（32.72%），其次是意愿性结果关系（22.22%），然后是并列关系（20.99%）。此外，环境、方式顶层和目的关系也多次出现。而证据、条件、评价、举例、证明等关系较少出现（见表 4.23）。

表 4.23　工行中文年报首席执行官致辞中语篇结构关系分布特点

语篇结构关系		频次 / 次	占比 / %
elaboration	阐述关系	53	32.72
volitional-result	意愿性结果关系	36	22.22
list	并列关系	34	20.99
circumstance	环境关系	9	5.56
means	方式关系	6	3.70
top	顶层结构	6	3.70
purpose	目的关系	5	3.09
background	背景关系	3	1.85
evidence	证据关系	2	1.23
condition	条件关系	1	0.62
evaluation	评价关系	1	0.62
example	举例关系	1	0.62
justify	证明关系	1	0.62
nonvolitional-result	非意愿性结果关系	1	0.62
preparation	准备关系	1	0.62
volitional-cause	意愿性原因关系	1	0.62
joint	连接关系	1	0.62
total	总计	162	100.02

对工行年报语篇结构关系进行标注后生成树图，我们选取树图中的重点部分（上层结构）进行解读。图 4.11 显示，该语篇由两部分构成，第一部分 S1—175

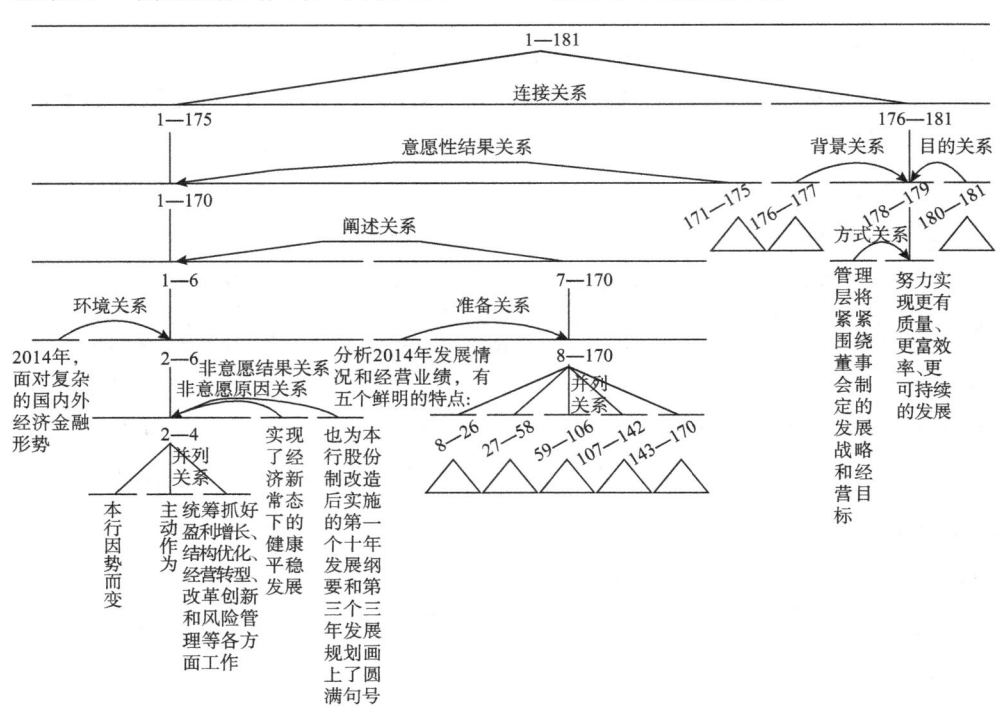

总结上一年发展情况，第二部分 S176—181 表明未来努力方向。

图 4.11　工行中文年报首席执行官致辞语篇结构典型树图

在第一部分中，开篇 S1—6 点明了主旨，是核心结构段。辅助结构段 S7—170 与其构成阐述关系，主要从五个方面阐述上一年的发展情况和业绩。之后辅助结构段 S171—175 列举了上一年取得的优异成绩，与 S1—170 构成意愿性结果关系。在第二部分中，S176—177 首先列出发展的背景，与核心结构段构成背景关系，然后核心结构段 S178—179 指出未来的努力方向，最后 S180—181 表明努力发展的目的，与核心结构段构成目的关系。

（2）花旗银行英文年报首席执行官致辞语篇结构关系特点分析

统计结果显示，花旗银行英文年报首席执行官致辞中共出现了 28 种修辞结构关系，其中出现频率最高的是阐述关系（22.53%），其次是并列关系（19.78%）和联结关系（7.69%），此外，让步、对照、评价、从属、意愿性结果等关系也出现较多，频率均大于 3.00%，而背景、对比、举例等关系出现较少（见表 4.24）。

表 4.24 花旗银行英文年报首席执行官致辞中语篇结构关系分布特点

语篇结构关系		频次 / 次	占比 / %
elaboration	阐述关系	41	22.53
list	并列关系	36	19.78
conjunction	联结关系	14	7.69
concession	让步关系	11	6.04
antithesis	对照关系	8	4.40
evaluation	评价关系	8	4.40
attribution	从属关系	7	3.85
volitional-result	意愿性结果关系	7	3.85
evidence	证据关系	5	2.75
justify	证明关系	5	2.75
nonvolitional-cause	非意愿性原因关系	5	2.75
purpose	目的关系	5	2.75
circumstance	环境关系	4	2.20
means	方式关系	4	2.20
top	顶层结构	3	1.65
volitional-cause	意愿性原因关系	3	1.65
background	背景关系	2	1.10
condition	条件关系	2	1.10
same-unit	同一单元关系	2	1.10
solutionhood	解答关系	2	1.10
contrast	对比关系	1	0.55
disjunction	或然关系	1	0.55
example	举例关系	1	0.55
interpretation	解释关系	1	0.55
joint	连接关系	1	0.55
otherwise	析取关系	1	0.55
restatement	重述关系	1	0.55
summary	综述关系	1	0.55
total	总计	182	100.04

对花旗银行年报语篇结构关系进行标注后生成树图，我们选取树图的重点部

分（上层结构）进行解读。图 4.12 显示，该语篇由三部分组成，第一部分 S1—174 总结上一年发展情况，第二部分 S175—177 描述公司规划未来的行动，第三部分 S180—181 致谢。

在第一部分中，首先 S1—28 描述了上一年发展的总体情况和大背景，与核心结构段 S37—38 构成背景关系，之后 S39—174 从四个方面详细阐述了上一年的发展情况，与核心结构段 S37—38 构成阐述关系。在第二部分中，核心结构段 S175 描述了公司规划未来的行动，辅助结构段 S176—177 对其进行评价，随后 S178—179 对其进行进一步阐述。第三部分用两个相互联结的小句 S180 和 S181 表达了对股东的感谢。

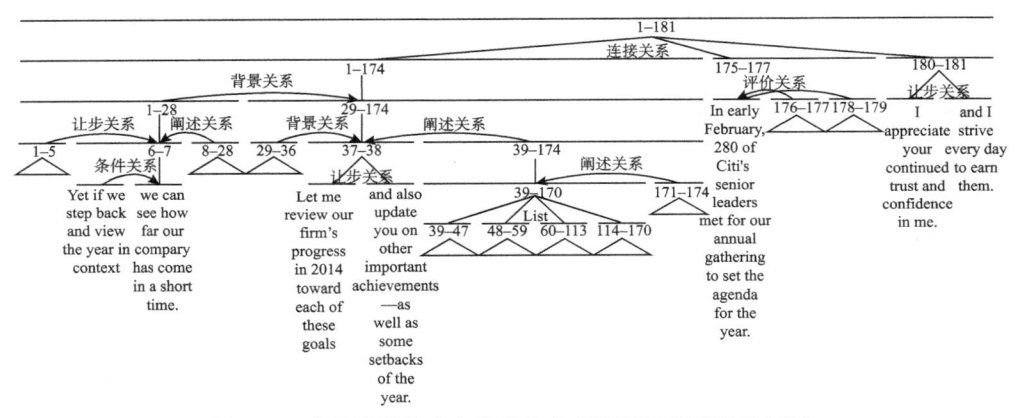

图 4.12　花旗银行英文年报首席执行官致辞语篇结构树图

4.4.3　中美银行年报首席执行官致辞语篇结构关系功能特点对比分析

（1）总体特点

我们对比了两类语篇的概念关系、人际关系和语篇关系的异同，结果显示，两类语篇中最高频出现的关系为概念关系（见图 4.13）。概念关系主要用于对事件、情形的阐释和描述（Abelen et al., 1993），信息性较强。概念关系在工行语篇中的出现频率高达 90%，在花旗银行语篇中的出现频率也接近 70%。两类语篇中概念关系出现都较多，说明首席执行官致辞多以客观陈述事实和披露客观信息为主，符合年报的语篇功能。年报必须如实向股东和股民通报公司的业绩和经营状况（Bhatia, 2008）。

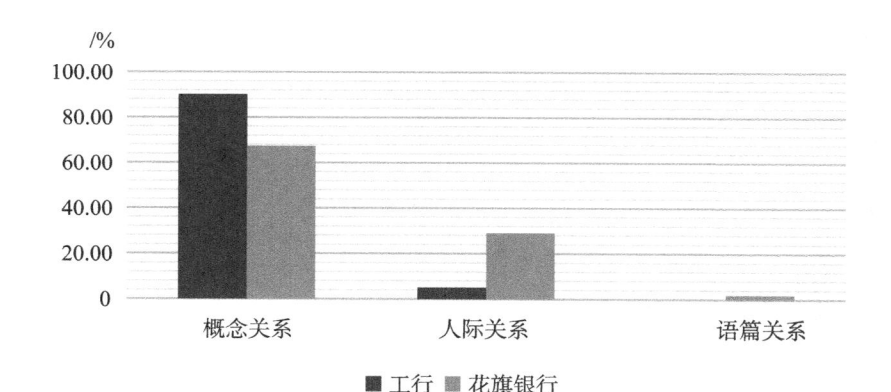

图 4.13　中美银行年报首席执行官致辞中语篇结构关系分布特点对比

此外，两类语篇在三类关系分布上存在较大差异：1）概念关系在两类语篇中的使用频率都较高，在工行中文语篇中的使用频率比花旗银行语篇中高出20%。2）人际关系在工行语篇中的使用频率只有5%，而在花旗银行语篇中达到了29%。作者使用人际关系表达态度和推断，可以影响读者的态度和行为。它主要用于增强话语的说服力和感召力（Abelen et al., 1993），劝说性较强。3）篇章关系在工行语篇中没有出现，在花旗银行语篇中也较少出现。总之，两类语篇在概念关系和人际关系使用频率上的差异表明，工行语篇更加注重客观事实的阐述和信息的准确披露，情感倾向较少；而花旗银行语篇更加注重与读者的互动，较多地表达了个人态度和判断。

（2）语篇结构的概念关系功能差异对比

统计数据显示，两类语篇都大量使用了阐述关系和并列关系，二者在各类语篇结构关系中均位列前三位。此外还都使用了目的、方式等关系，且这些关系的使用频率未显示出显著差异。使用频率差异较大的是意愿性结果关系、环境关系和非意愿性原因关系。工行语篇使用了较多的意愿性结果关系（22.36%）来介绍通过主动积极努力所取得的一系列成果，且使用了较多的环境关系（5.59%），表明该行注重对经济形势等现实环境的描述。而花旗银行语篇使用了较多的非意愿性原因关系（2.75%），来解释所采取行动的原因，注重理性分析。

（3）语篇结构的人际关系功能差异对比

统计数据显示，两类年报的人际关系使用频率差异较大，花旗银行年报中让步、对照、评价、从属等关系出现频率均在3.00%以上，工行语篇中这几个关系极少出现。让步和对照关系在花旗银行语篇中出现频率很高，其功能在于增强读者对核心结构段的积极印象（Mann and Thompson, 1987）。作者意识到并承认了负面情况的存在，于是使用让步或对照关系来表明积极态度或强调正面信息，弱化了负面信息对读者的影响。而工行年报在表述负面信息时，未使用这两种关系，而是直接说明自己的积极行为（见图4.14）。

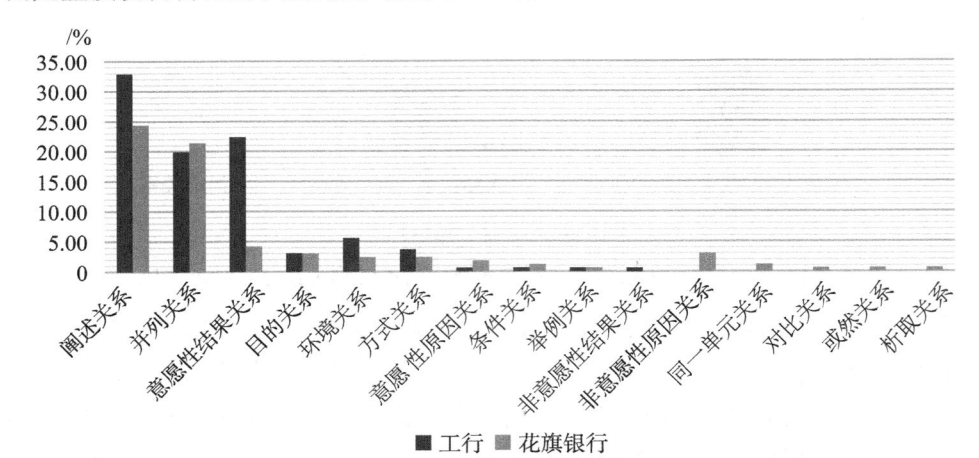

图 4.14　中美银行年报首席执行官致辞中概念关系分布特点对比

此外，花旗银行年报语篇关系中从属关系的出现频率比工行高，为3.85%，说明前者使用了很多引语。分析显示，引语多用来表达银行的意图和态度，而工行年报语篇中未出现从属关系和类似的个人主观意志的表达。其他出现频率差异较大的人际关系还有评价关系（工行0.62%，花旗银行4.40%）和证明关系（工行0.62%，花旗银行2.75%）等。以上分析可见，相比之下，工行年报语篇结构关系的信息传递功能较强，劝说功能较弱；而花旗银行年报语篇结构关系的功能正好相反（见图4.15）。

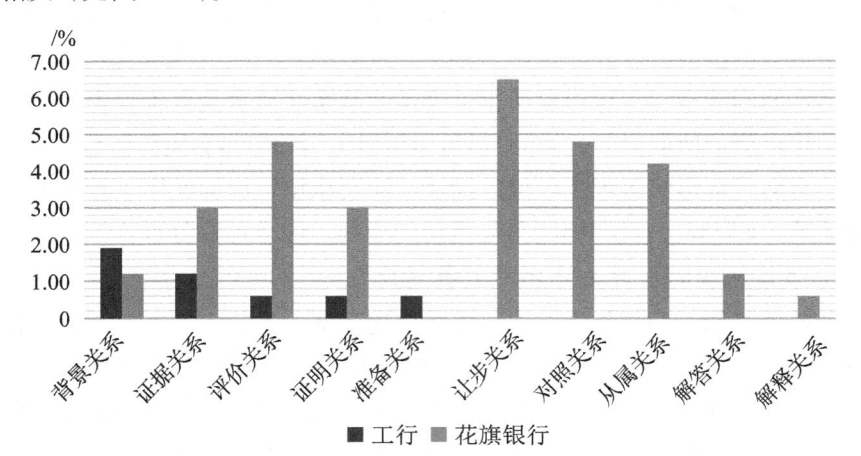

图 4.15　中美银行年报首席执行官致辞中人际关系分布特点对比

4.4.4 中美银行年报非财务信息语篇对比分析

企业年报非财务信息语篇是管理层讨论公司战略、业绩和重大问题的主要载体，所承载的信息量要多于基本财务报表，并应用非专业术语对企业绩效进行解读，更能反映出企业的深层次情况。因此，对此进行分析十分有价值。

4.4.4.1 中美银行年报非财务信息披露状况对比

企业年报非财务信息比财务报表更具有可读性，增加非财务信息的披露能够增强年报的有用性。通过对两类叙事语篇内容的解读发现，两类语篇中都包含非财务信息指标，如公司外部环境、公司战略、风险及应对措施和顾客满意度等。此外，花旗银行年报首席执行官致辞中还包含了未来前景预测和社区计划，说明其非财务信息披露更全面，更关注未来趋势和对所在社区有所贡献。

从每一个指标信息中所包含的基本语篇单位（EDU）的数量来看，在公司外部环境和风险及应对措施上，两类语篇所包含的 EDU 数量相当。但是，工行公司战略和顾客满意度指标的 EDU 数量分别为 99 个和 36 个，远远超过花旗银行语篇的 56 个和 5 个，说明工行对这两个指标内容的披露更充分，更加重视公司战略的宣传，同时也更加关注客户服务质量（见表 4.25）。

表 4.25 中美银行年报非财务信息披露的基本语篇单位（EDU）分布

一级指标	投资者关系战略非财务信息披露指标（RNDI）				单位：个	
二级指标	战略信息（SDI）				社区信息（RID）	
三级指标	公司外部环境	公司战略	未来前景预测	风险及应对措施	社区计划	顾客满意度
工行	6	99		28		36
花旗银行	4	56	26	24	12	5

4.4.4.2 中美银行年报非财务信息指标的语篇结构特点

我们对每一个指标中语篇结构关系的分布特点逐一进行对比统计发现，各项指标内容中的结构关系既存在相同之处，也有显著差异。

1）公司外部环境指标中的语篇结构关系对比。

对比结果显示，工行使用了环境关系（3次）和并列关系（3次），较清晰客观地罗列了公司当前面临的环境状况。而花旗银行使用了让步关系（4次），在陈述环境状况过程中带有情感倾向（见图4.16）。

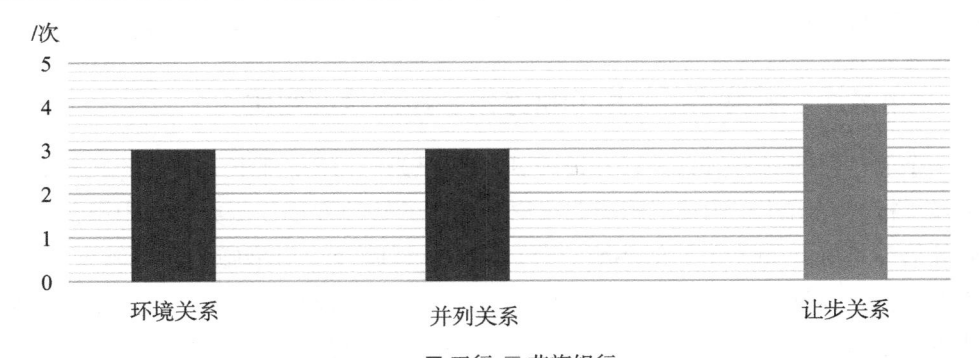

图 4.16　公司外部环境指标中的语篇结构关系分布

2）公司战略指标中的语篇结构关系对比。

对比结果显示：①与其他关系相比，两类语篇都较多地使用了阐述关系和并列关系。②整体来看，工行语篇中使用的结构关系种类较少（6种），且集中于阐述、并列和意愿性结果这三类关系，而花旗银行语篇使用的结构关系种类较多（14种），且频数分布较均匀。③二者在意愿性结果关系上差异显著，工行语篇中出现了18次，而花旗银行语篇中仅出现了2次（见图4.17）。

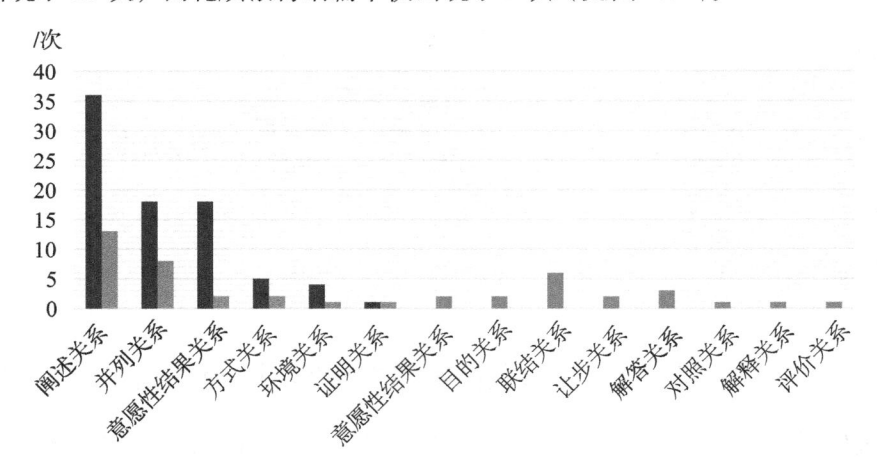

图 4.17　公司战略指标中的语篇结构关系分布

3）风险及应对措施指标中的语篇结构关系对比。

对比结果显示：①两类语篇都较多地使用了阐述关系和并列关系。②两类语篇使用的关系种类有显著差别。工行语篇使用了意愿性结果、环境、条件和证据关系，而花旗银行语篇没有使用这几种关系。花旗银行语篇中多次使用联结、对照、非意愿性原因等关系，但工行语篇均未使用。③该指标中差异最显著的关系仍然是意愿性结果关系（见图4.18）。

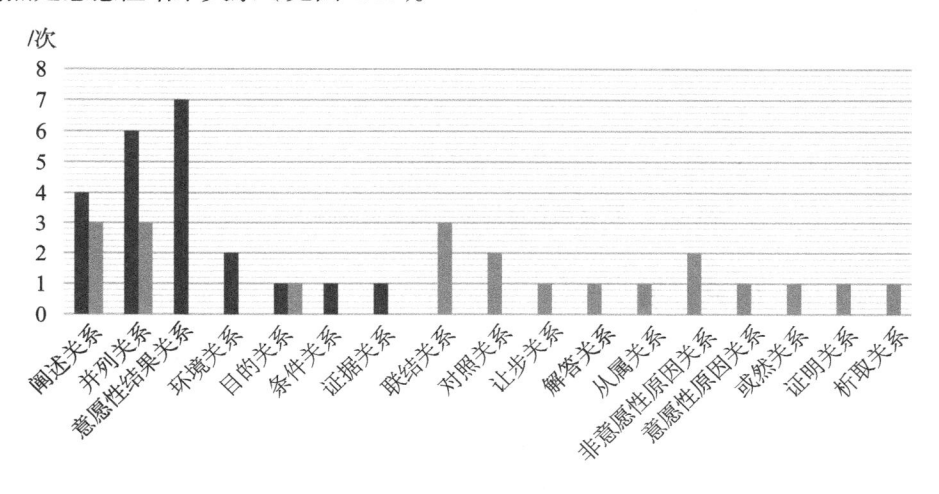

图 4.18　风险及应对措施指标中的语篇结构关系分布

4）顾客满意度指标中的语篇结构关系对比。

对比结果显示：①在叙述顾客满意度时，工行语篇使用的语篇结构关系种类和数量都远高于花旗银行语篇，共包含了 31 个 EDU，而花旗银行语篇仅包含了 4 个 EDU，篇幅较短，使用的语篇结构关系也较少。这个结果符合工行的实际情况，原因是工行是中国第一大行，拥有最多的个人客户，素以个人服务质量占有中国最大的市场份额，是市场化程度高和顾客服务能力最强的国有银行（在本研究所选取的年份里），其年报用较大篇幅介绍顾客满意度也验证了这一点。②工行年报语篇结构关系集中在阐述、并列和意愿性结果这三种关系上（见图4.19），语篇结构关系不仅能具体反映出工行服务顾客的理念，而且列举了服务客户的措施，并表达出以顾客为本的经营理念。

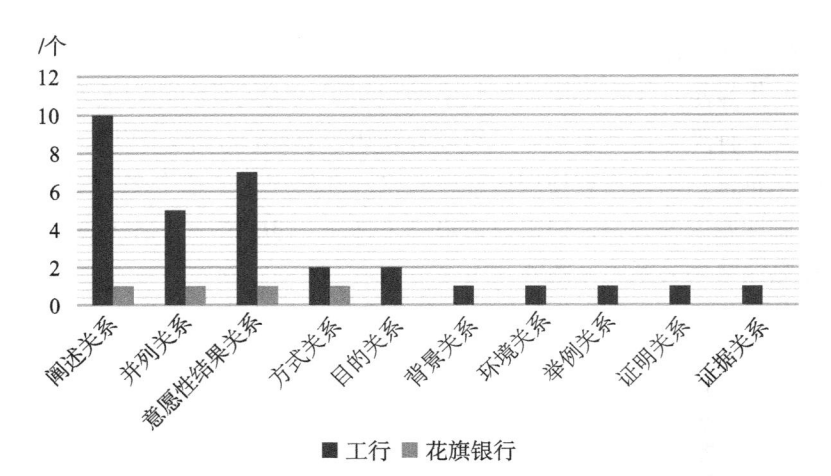

图 4.19　顾客满意度指标中的语篇结构关系分布

4.4.4.3　研究发现

研究发现中美银行年报首席执行官致辞的语篇结构存在异同：①两类语篇的主导语篇结构关系类别为概念关系，工行多于花旗银行。②工行语篇的人际关系远低于花旗银行语篇，原因在于花旗银行语篇使用了较多的让步、对照、评价、从属等人际关系，而工行语篇中没有或很少出现。相比之下，工行语篇信息性更强，倾向于对事实和信息的呈现，而花旗银行语篇的劝说性更强，倾向于对态度和判断的表达。③花旗银行年报对非财务信息的披露更完全，工行年报对公司战略和顾客满意度指标的披露更加充分。④两类语篇各指标披露的语篇结构关系也存在较大差异，在公司外部环境指标中，工行使用了环境和并列关系，而花旗银行使用了让步关系；在公司战略、风险及应对措施和顾客满意度指标中，工行使用的结构关系集中于阐述、并列和意愿性结果关系，而花旗银行使用的结构关系种类较多且分布较均匀。

4.4.5　企业年报语篇功能特征对比 [①]

4.4.5.1　研究问题与方法

本研究着重回答以下两个问题：

---

① 部分内容已发表在《外语与外语教学》2019 年第 4 期上。

1）中美银行企业社会责任英文年报的语篇结构关系是否存在差异？
2）中美银行企业社会责任英文年报的语篇结构关系是如何实现传播策略的？有何异同？

本研究所选语料为 2014 年工行和花旗银行英文年报中的企业社会责任部分，工行语篇总长度为 1 008 个词符，花旗银行语篇总长度为 836 个词符，这两家银行的市值曾分别位列中国和美国第一，具有一定的代表性。

本研究采用修辞结构关系和软件 RSTTool345 对篇章结构自动切分并生成语篇结构段之间的关系树图，进行量化统计并输出统计分析数据。RSTTool 有四个操作界面：1）文本界面（text）——切分语篇单位；2）语篇结构界面（structure）——标示结构关系，绘制树图；3）结构关系界面（relation）——导入和编辑 RST 关系集；4）数据统计界面（statistics）——统计分析数据。在标注过程中参照《话语标注参考手册》（Carlson and Marcu, 2001）。首先阅读样本语料，参照手册中对基本语篇单位的定义，在理解样本语料语义的基础上划分基本语篇单位，并在 RSTTool 中的 Text 界面点击 segment，标示语篇单位的边界；参照手册中对各个 RST 关系的定义，根据语义和语用关系，判断语篇单位之间的修辞结构关系，并在 RSTTool 中的 relation 界面导入语篇结构关系集，然后在 structure 界面标示语篇单位之间的关系，绘制语篇结构树图。树图绘制完成后，在 statistics 界面自动获得样本语料中各个语篇结构关系的频数统计结果。然后对两类英文年报语篇结构进行多次标注，对所得数据进行对比分析，并讨论结构关系的使用对读者态度倾向的影响，对比两类语篇的话语策略。

4.4.5.2 结果与讨论

（1）语篇结构关系特点分析

1）工行年报分析。

统计结果显示，工行的英文年报中共出现了 13 种修辞结构关系，其中，出现频率最高的是并列关系（34.12%），其次是阐述关系（21.18%）。这两种关系的出现频率之和超过了 50.00%。此外，背景关系、准备关系、目的关系、方式关系、意愿性结果关系、联结关系等也多次出现。而时间点、同一单元、举例和综述关系出现较少（见表 4.26）。

表 4.26 工行企业社会责任英文年报中语篇结构关系分布特点

语篇结构关系		频次/次	占比/%
list	并列关系	29	34.12
elaboration	阐述关系	18	21.18
background	背景关系	7	8.24
preparation	准备关系	6	7.06
purpose	目的关系	5	5.88
means	方式关系	4	4.71
volitional-result	意愿性结果关系	4	4.71
conjunction	联结关系	3	3.53
spacial-location	空间位置关系	2	2.35
summary	综述关系	2	2.35
example	举例关系	1	1.18
same-unit	同一单元关系	1	1.18
temporal-location	时间点关系	1	1.18
top	顶层结构	2	2.35
total	总计	85	100.00

对工行报告语篇结构关系自动生成的树图进行分析发现，该语篇的顶层结构是阐述关系，辅助结构段（S10—104）为核心结构段（S1—9）提供细节，以进一步加以说明。

S1—9内部核心结构段是S5—6，说明了企业积极履行社会责任，并得到了广泛认可的语篇主旨。开篇S1—3是辅助结构段，为核心结构段提供背景支持。S7—9列举了因为履行社会责任而获得的一系列荣誉和奖项，与核心结构段S5—6构成意愿性结果关系（见图4.20）。

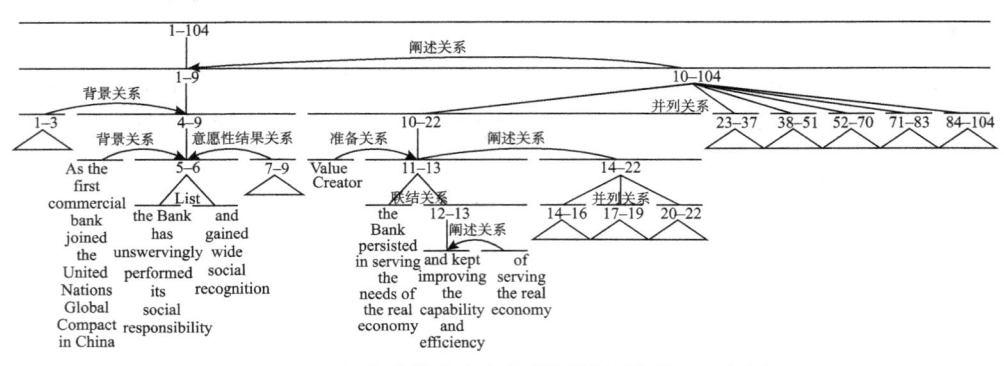

图 4.20 工行企业社会责任年报语篇结构关系局部树图

S10—104 是对语篇核心的进一步阐述，内部结构是并列关系：S10—22、S23—37、S38—51、S52—70、S71—83、S84—104 分别从创造价值、树立品牌、绿色发展、信誉优良、和谐发展和关注慈善几个方面详细论述了企业如何承担社会责任。以 S10—22 为例，该结构段内部首先用一个小标题 Value Creator（S10）吸引读者注意，与下文中的核心结构段构成准备关系。然后便出现了核心结构段 S11—13，说明工行坚持不断提高服务水平。之后，S14—22 列举了工行为实体经济服务而采取的具体行动，与核心结构段 S11—13 构成阐述关系。其他并列结构段的情况类似。由此可见，这一部分意在说明工行承担社会责任的具体内容，采用了列出标题—提出核心—阐述核心的宏观结构模式。

2）花旗银行年报分析。

统计结果显示，花旗银行企业社会责任年报一共使用了 16 种语篇结构关系，其中出现频率最高的是阐述关系（30.43%），其次是并列关系（14.49%）。其他出现频率相对较高的关系有空间位置（7.25%）、准备（5.80%）、意愿性结果（5.80%），出现较少的关系有证据（1.45%）、同一单元（1.45%）、时间范围（2.90%）和联结（2.90%）。此外，方式、目的、空间范围、时间点、意愿性原因、非意愿性原因等的出现频率相当，均为 4.35%（见表 4.27）。

表 4.27　花旗银行企业社会责任英文年报中语篇结构关系分布特点

语篇结构关系		频次 / 次	占比 / %
elaboration	阐述关系	21	30.43
list	并列关系	10	14.49
spatial-location	空间位置关系	5	7.25
preparation	准备关系	4	5.80
volitional-result	意愿性结果关系	4	5.80
means	方式关系	3	4.35
purpose	目的关系	3	4.35
spatial-extent	空间范围关系	3	4.35
temporal-location	时间点关系	3	4.35
volitional-cause	意愿性原因关系	3	4.35
nonvolitional-cause	非意愿性原因关系	3	4.35
conjunction	联结关系	2	2.90
temporal-extent	时间范围关系	2	2.90
evidence	证据关系	1	1.45
same-unit	同一单元关系	1	1.45
top	顶层结构	1	1.45
total	总计	69	100.02

对花旗银行年报语篇结构关系自动生成的树图进行分析发现,年报的顶层结构是阐述关系和证据关系。S1—13 是全文的核心结构段,S14—52 这一辅助结构段与核心结构段构成阐述关系。另一辅助结构段 S53—78 为核心结构段提供证据支持,因此二者构成证据关系。各结构段下包含的次结构段分析如下:

首先,如图 4.21 所示,S1—13 内部的核心结构段为 S1。从内容中可知,S1 表明花旗银行年报语篇篇首点明了企业社会责任报告的宗旨。S2—4 进一步阐述了花旗银行履行这一宗旨所做的努力,因此与核心结构段是阐述关系。S5—13 列举了企业由于履行社会责任而获得的荣誉,因此与核心结构段 S1 是意愿性结果关系。在描述荣誉奖项时,首先 S5—6 列出获奖时间和奖项名称,然后 S7 阐述奖项价值,S8—9 阐述了奖项对花旗银行的意义,它们分别与 S5—6 构成阐述关系。S10—13 又以类似结构列举了另一个奖项。由此可见,在列举花旗银行履行社会责任所取得的成果时,该报告采取了核心—阐述—再阐述的宏观结构模式。

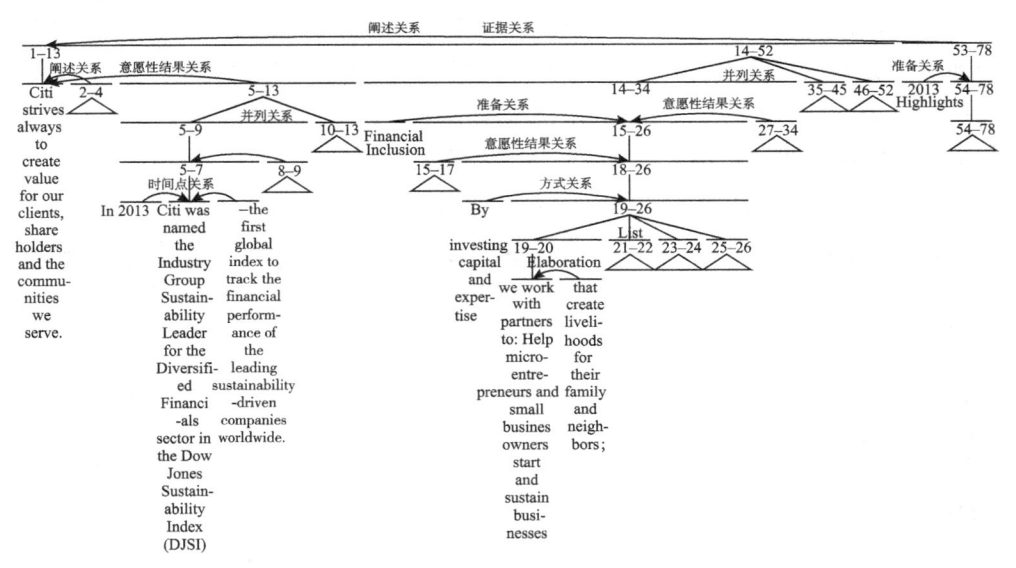

图 4.21 花旗银行企业社会责任年报语篇结构关系局部树图

其次,S14—52 进一步对语篇主旨做了详细阐述,说明了花旗银行的具体理念和行为,与全文核心部分 S1—13 构成阐述关系。这一结构段内部是并列关系,S14—34、S35—45 和 S46—52 分别列举了花旗银行在服务不同社会群体、可持续发展和员工多样性方面的努力。如 S14—34 首先采用小标题 Financial Inclusion(S14)吸引读者,与下文中的核心结构段构成准备关系。之后,S15—17 与后面的核心结构段 S19—26 构成意愿性原因关系。该部分的核心结构段 S19—26 由几个并列小句构成，然后 S27—34 列举荣誉奖项，与核心结构段 S19—26 构成意愿性结果关系。S35—45 和 S46—52 与这一部分的结构类似。由此可见，花旗银行年报使用的宏观结构模式是列出标题—说明原因—提出核心—表述结果，与图 4.20 中相应部分的结构（列出标题—提出核心—阐释核心）存在明显差异。

此外，S53—78 列举了过去一年花旗银行履行社会责任的重大事件，与全文核心结构段 S1 构成证据关系。首先，小标题 2013 Highlights 为下文表述做准备，然后列举了六大事件，每一事件的陈述一般都由事件主体（核心结构段）和时间、地点（辅助结构段）组成。如此详细的描述为花旗银行履行社会责任承诺提供了证据，增强了信息的可信度。

（2）中美银行年报对比分析

1）修辞结构关系对比。

本研究对比两个语篇在修辞结构关系选择上的异同，并分析产生差异的原因。两份年报语篇结构关系分布如图 4.22 所示：

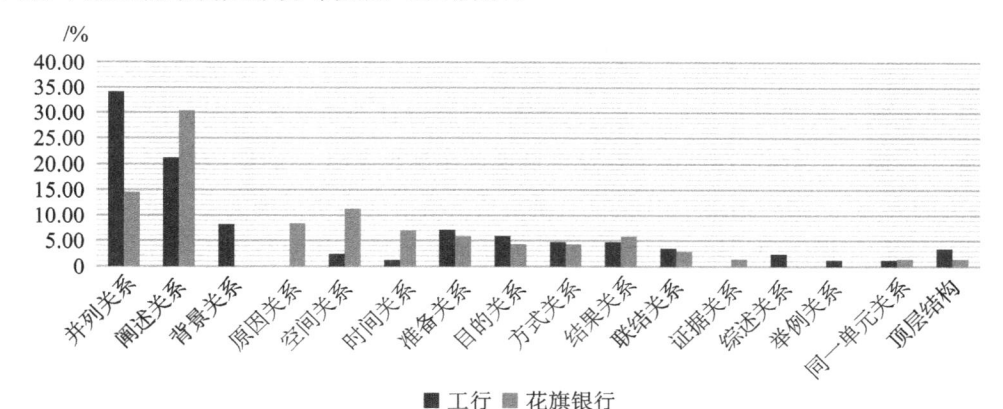

图 4.22　中美银行企业社会责任英文年报语篇结构关系特点对比

对比两类语篇的修辞结构关系分布情况发现，工行偏好使用并列（34.12%）、阐述（21.18%）、背景（8.24%）三类关系，花旗银行使用了更多的阐述关系（30.43%），此外，还有原因（8.70%）、空间（11.60%）和时间（7.25%）等三类结构关系[①]。

工行英文年报出现最多的关系是并列关系，该关系的出现频率远远高于花旗

---

① 图 4.22 将修辞结构关系"volitional-cause"和"non-volitional-cause"合并为"cause"、"spacial-location"和"spacial-extent"合并为"space"、"temporal-location"和"temporal-extent"合并为"time"、"volitional-result"和"nonvolitional-result"合并为"result"，以便于分辨两类语料在这些关系上的显著差异。

银行年报，表明工行年报受汉语迁移影响明显。汉语是多层信息展开型思维方式，表达多显散连、层层展开的并列句式（王寅，1999）。此外，相比其他关系，阐述关系在工行年报中的出现频率也较高，但远低于其在花旗银行年报中的出现频率。工行英文年报中阐述关系较多，说明其符合英文注重分析的思维习惯和语篇结构方式，在一定程度上反映出工行英文年报语篇结构符合英文表达习惯，但是与花旗银行年报相比，仍存在差异。背景关系在工行年报中出现较多，但在花旗银行年报中未出现，这可能是东方人优先关注背景信息，而西方人优先关注目标物（王娟 等，2011）的认知方式差异造成的，即中文思维习惯迁移到了工行的英文年报语篇结构中。

花旗银行英文年报中阐述关系和原因关系较多反映了英语重分析、重理性、重逻辑的分析型和因果型思维特点。此外，花旗银行语篇出现了较多的空间和时间关系，解释了花旗银行履行社会责任事件的具体时间和地点等详细信息，表现出西方思维的精确性特征，与汉语思维方式形成了对比。

2）话语传播策略对比。

就话语传播策略而言，本研究发现，中美银行英文年报都较多采用呈现关系和主题关系两类单核心关系来宣传自身履行社会责任的情况，以实现社会的责任传播。工行和花旗银行年报在呈现和主题两类关系的使用频率上存在异同（见图4.23）。两类语篇中出现的主题关系策略都远多于呈现关系。此外，相比之下，工行年报出现了较多的呈现关系传播策略，而花旗银行年报使用了更多的主题关系传播策略。

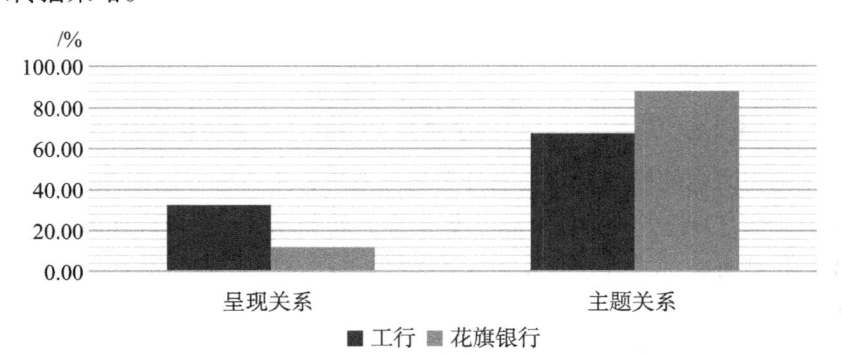

图4.23 中美银行企业社会责任年报语篇结构关系策略对比

工行年报实现话语传播策略的常用手段是采用呈现关系。在呈现关系中，辅助结构段的意图效果在于增强读者对核心结构段的某种倾向，如行动意愿、积极态度、信任度、接受度等（Taboada and Mann，2005）。工行使用较多的呈现关系主要是背景关系。背景关系的辅助结构段的作用在于增强读者理解核心结构段的能力（Mann and Thompson，1988），换言之，作者通过辅助结构段介绍背景，使核心结构段传达的信息更易于被理解和接受。

在工行年报中，背景关系常出现在工行披露自身履行社会责任的行动时，核心结构段陈述工行履行社会责任的行动，辅助结构段提供该行动的相关背景信息，以增强读者对该行履行社会责任的理解和积极态度，使读者认可其社会好公民的身份，以达到传播目的。从内容上看，辅助结构段较多评价该行在履行相关社会责任上的优势或其价值观念，体现出工行在制定社会责任传播策略时，较多考虑优势与劣势的识别和评估以及个人价值观和企业愿景这两类策略的制定因素。

花旗银行年报实现传播策略的常用手段是采用主题关系。在主题关系中，辅助结构段的意图效果在于帮助读者识别核心结构段（Mann and Taboada，2005）。花旗银行年报中使用较多的主题关系主要有原因关系和结果关系。原因关系的作用效果在于帮助读者认识到核心结构段中的事件/陈述是由辅助结构段中的事件/陈述引起的（Stede et al.，2017）。而结果关系的作用效果在于帮助读者认识到辅助结构段中的事件/陈述是由核心结构段中的事件/陈述引起的（Stede et al.，2017）。原因和结果关系的使用，为读者提供了更多信息来识别核心结构段中的事件。花旗银行年报中原因关系和结果关系常常用于陈述该行积极履行社会责任的行动，其中，核心结构段陈述相关行动，辅助结构段陈述行动的原因或结果，以帮助读者充分认识该行履行社会责任的情况。从内容上看，辅助结构段较多表达企业公民应尽的责任和该行在履行社会责任方面的优势，体现出花旗银行在制定社会责任传播策略时，较多考虑公认的社会义务和优势与劣势的识别以及评估两类策略的决策因素。

综上所述，中美银行企业社会责任年报的传播策略存在差异，工行年报较多使用呈现关系传播企业社会责任，以直接增强读者对该行履行社会责任行动的积极态度倾向；而花旗银行年报较多使用主题关系策略，以帮助读者了解该行履行社会责任的行动，从而间接影响读者的态度倾向。通过分析可以看出，基于语篇结构关系的话语传播策略在企业对外传播过程中发挥着重要作用，是有效而常见的传播方式，值得商务话语分析关注。

4.4.5.3 研究发现

本研究发现这两类英文年报语篇结构及话语策略存在异同，1）二者均包含阐述、并列、准备、目的、方式、意愿性结果等六种结构关系，但也存在诸多差异。

2）工行年报语篇单独使用了背景和综述两类结构关系；而花旗银行年报语篇单独使用了意愿性原因、非意愿性原因和证据三类结构关系，二者相比，存在显著差异。3）就关系频数而言，工行年报中并列、阐述、背景三类结构关系出现频率高，而花旗银行年报中阐述、原因、空间和时间四类结构关系出现频率高，反映出中外企业年报语篇结构关系受中西方思维方式的影响较大。4）两类语篇都较多使用单核心关系实现企业传播目的，但所使用的关系功能各异，具体表现为工行多用呈现关系传播策略，花旗银行多用主题关系传播策略，二者差异明显。语篇结构关系具有传达意义的功能，语篇结构反映出中西方思维方式的差异，具有人际意义功能，是一种有效的传播手段。综上，企业年报作为一种典型的商务话语和体裁，采用了多种语篇结构关系以实现传播策略，增强了企业话语对外传播的能力和有效性。

4.5 企业年报文本情感倾向性特征 [①]

管理学运用文本自动分析技术和方法挖掘企业年报、管理层讨论与分析、收益公告、股东致函、招股说明书等文本的情感特征。Henry（2008）运用基于计算机的内容分析法，对企业收益公告进行修辞分析，用自建的商务话语情感词表分析语篇情感。Loughran 和 McDonald（2011）针对企业年报话语建立了一套适用于金融行业的情感词表。Hájek et al.（2014）运用机器学习和神经网络等计算机方法建立预测模型，发现情感特征是财务业绩的重要预测因素之一。谢德仁、林乐（2015）通过人工筛选情感词汇，测量中国企业年度业绩说明会的情感倾向。文本情感分析主要借助词表和 General Inquirer、LIWC、Diction 等词典工具或机器学习方法测量文本情感（Larcker and Zakolyukina，2012；Li，2010；Price et al.，2012）。

4.5.1 研究问题与方法

本研究着重回答以下问题：

---

① 部分内容已发表在《外语研究》2017 年第 4 期上。

1)《财富》上榜中美前 50 强企业的英文年报的情感倾向有何特征？二者是否存在差异？

2)《财富》上榜中美前 50 强企业的英文年报的情感主题分布有何特点？二者是否存在差异？

4.5.2 结果与讨论

（1）中美企业英文年报情感倾向对比分析

独立样本 t 检验显示，中美企业英文年报的情感倾向值存在显著差异（$t=-6.979$，$df=618$，$p<0.05$），中国企业英文年报的情感倾向值低于美国企业英文年报（均值差 = –0.254 6）（见表 4.28）。

表 4.28 中美企业年报情感倾向值测量与对比

组别	样本数	均值	标准差	df	t 值	显著性	均值差
中国企业年报	310	0.066 9	0.466 92	618	–6.979	0.000	–0.254 6
美国企业年报	310	0.321 5	0.441 33				

统计结果显示，中美企业年报的情感倾向值均为正值，两类语篇的情感倾向总体都较积极，说明中外企业都体现出年报话语的"波丽安娜效应"，即语篇传达出乐观的信息，使用的积极乐观词汇多于消极悲观词汇（Hildebrandt and Snyder，1981），从而证明了企业年报信息披露是印象管理的结果。年报话语常通过表达积极乐观的情感，影响读者的态度和行动，以达到沟通信息，管理和塑造良好的企业形象，吸引投资，增强资本市场对企业的信心的目的。此外，美国企业年报的积极情感倾向更加突出：一方面，这说明美国企业的沟通和印象管理能力比中国企业强；另一方面，中国企业英文年报受二语写作能力的局限，无法达到母语写作的水平，而且中国企业英文年报中受汉语言文化思维和习惯的影响，情感表达比较含蓄，不如英文更加直接和明确。

（2）中美企业年报情感主题对比

为了进一步考查中美企业年报的情感特点及印象管理策略，我们选择和聚焦年报中的股东致函部分，考查和对比《财富》上榜中美前 50 强榜首与榜尾企业年报情感主题分布特征。印象管理的隐藏策略之一是通过语言操纵，强调积极情感词、积极性评价主题来强调利好消息，弱化不利消息（Merkl-Davies and

Brennan，2007）。因此，本文将以积极情感主题作为主要考查对象，根据年报话语评价系统中的宏观评价对象类别对提取到的积极情感主题进行分类统计，以考查和对比中美榜首与榜尾企业的年报如何利用话语表达情感，以影响读者的情感和行为，管理公共印象，实现交际目的。情感主题抽取结果如图 4.24 和 4.25 所示：

图 4.24　中国榜首与榜尾企业年报积极情感主题分布

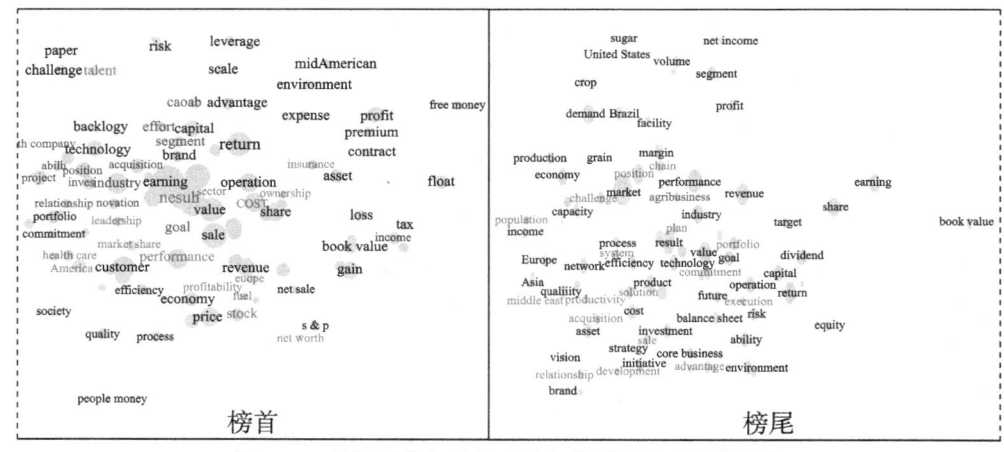

图 4.25　美国榜首与榜尾企业年报积极情感主题分布

将情感主题按照年报话语评价体系中的宏观评价对象进行分类统计（见表 4.29）：

表 4.29　积极情感主题频数分类统计

企业年报	能力 频数/次	能力 占比/%	活动 频数/次	活动 占比/%	业绩 频数/次	业绩 占比/%	其他 频数/次	其他 占比/%
中国榜首企业	445	11.05	1 496	37.15	762	18.92	1 324	32.88
中国榜尾企业	264	9.10	1 003	34.59	464	16.00	1 169	40.31
中国企业小计	709	10.24	2 499	36.08	1 226	17.70	2 493	35.99
美国榜首企业	547	8.02	1 510	22.15	2 183	32.02	2 578	37.81
美国榜尾企业	440	8.55	1 657	32.21	1 399	27.19	1 649	32.05
美国企业小计	987	8.25	3 167	26.47	3 582	29.94	4 227	35.33

对比分析中美企业年报积极情感主题频数分类统计情况，对中美企业年报中不同积极情感主题的分布情况进行了卡方检验。结果显示，中美企业年报在积极情感主题上存在显著差异。

具体来看，中国企业年报中的能力和活动主题占比分别为 10.24% 和 36.08%，显著高于美国企业年报的 8.25% 和 26.47%。其中，中国企业年报的能力主题高出 1.99%，活动主题高出 9.61%。另一方面，美国企业年报中的业绩主题占比显著高于中国企业年报，美中分别为 29.94% 和 17.70%，美国企业的业绩主题高出 12.24%。此外，其他主题在中美企业年报中的占比分别为 35.99% 和 35.33%，差异较小。

因此，可以看出，中国企业年报的积极情感资源更多地用于评价企业的活动和能力，而美国企业年报的积极情感资源则更多地用于评价企业的业绩（见表 4.30）。

表 4.30　中美企业年报股东致函积极情感主题卡方检验

积极情感主题	中国榜首、榜尾企业年报 频数/次	中国榜首、榜尾企业年报 占比/%	美国榜首、榜尾企业年报 频数/次	美国榜首、榜尾企业年报 占比/%	χ^2	p 值
能力	709	10.24	987	8.25	20.91	0.000
活动	2 499	36.08	3 167	26.47	192.20	0.000
业绩	1 226	17.70	3 582	29.94	−345.93	0.000

对比中国榜首和榜尾企业年报股东致函中的积极情感主题分布情况，并对其进行卡方检验。卡方检验显示，中国榜首与榜尾企业年报股东致函的情感主题分布存在显著差异，榜首企业的能力、活动和业绩主题占比都略高于榜尾企业，说

明相比之下，榜首企业的积极情感资源主要用来描述企业的能力、活动和业绩，而榜尾企业将部分积极情感资源用于评价企业能力、活动和业绩之外的其他主题。但不管是榜首还是榜尾企业的年报，都是活动主题的占比最高，业绩主题次之，能力主题最低，说明中国企业年报的情感主题分布具有较高的一致性，都倾向于对企业活动进行较多的积极评价（见表4.31）。

表 4.31　中国榜首和榜尾企业年报股东致函积极情感主题卡方检验

积极情感主题	中国榜首企业年报 频数/次	占比/%	中国榜尾企业年报 频数/次	占比/%	χ^2	p 值
能力	445	11.05	264	9.10	6.75	0.009
活动	1 496	37.15	1003	34.59	4.69	0.030
业绩	762	18.92	464	16.00	9.68	0.002

我们再对比美国榜首和榜尾企业年报股东致函积极情感主题分布情况，并进行卡方检验。卡方检验显示，美国榜首与榜尾企业年报股东致函的情感主题分布存在显著差异。具体说来，美国榜首企业年报股东致函的积极情感评价对象多集中于企业业绩，而榜尾企业年报股东致函的积极情感评价对象多集中于企业活动，说明美国企业年报的情感特征与企业业绩相关，业绩好的企业倾向于对业绩做出积极评价，而业绩稍差的企业的积极情感资源多用于评价企业活动（见表4.32）。

表 4.32　美国榜首和榜尾企业年报股东致函积极情感主题卡方检验

积极情感主题	美国榜首企业年报 频数/次	占比/%	美国榜尾企业年报 频数/次	占比/%	χ^2	p 值
能力	547	8.02	440	8.55	−1.02	0.314
活动	1 510	22.15	1657	32.21	−151.90	0.000
业绩	2 183	32.02	1399	27.19	32.34	0.000

4.5.3　研究发现

本研究发现，1）从情感倾向来看，《财富》上榜中美前50强企业英文年报话语都有积极情感倾向，存在印象管理行为，但是美国企业年报的积极情感倾向甚于我国企业年报。2）从情感主题来看，我国企业英文年报的积极情感主题多集中于企业活动和能力,以此塑造企业主动作为的良好形象,影响受众的态度、情感和行为;而美国企业英文年报的积极情感主题较多集中于企业业绩,以此塑造企业经营效益良好的形象,影响受众的态度、情感和行为。此外,我国榜首和榜尾企业年报的积极情感资源较多用于评价企业活动,表现出一定的一致性;美国企业年报的积极情感主题分布状况与业绩相关,榜首企业的积极情感资源多用于评价企业业绩,而榜尾企业的积极情感资源多用于评价企业活动。

4.6 企业年报话语可信度特征

4.6.1 测量指标

本研究参考了 Humpherys(2011)的测量指标框架,该指标体系包含 8 个维度,共 24 个变量,以测量企业年报话语可信度(见表 4.33)。

表 4.33 企业年报话语可信度测量指标(Humpherys,2011)

测量维度	观察指标
(1)情感性(affect)	activation ratio; affect ratio; imagery; pleasantness ratio
(2)复杂度(complexity)	average sentence length; average word length; pausality
(3)多样性(diversity)	content word diversity; function word diversity; lexical diversity
(4)表现力(expressivity)	emotiveness
(5)非相邻性(nonimmediacy)	group references; other references; passive verb ratio
(6)数量化(quantity)	modifier quantity; sentence quantity; verb quantity; word quantity
(7)具体性(specificity)	sensory ratio; spatial close ratio; spatial far ratio; temporal immediate ratio; temporal nonimmediate ratio
(8)不确定性(uncertainty)	modal verb ratio

本研究参考 Humphreys(2011)的框架,结合年报话语可信度的定义,最终选择了情感性、积极度、复杂度、不确定性、表现力、具体性和非相邻性 7 个变量和 10 个观测指标,省略了重复和较为烦琐、难以提取的指标,测量中外石油企业年报话语可信度(见表 4.34)。在此基础上,考查企业年报话语可信度与企业财务绩效是否存在相关性。

表 4.34　本研究的可信度测量指标（根据 Humpherys，2011）

测量变量	观察指标
（1）情感性（affect）	激励度：动词占比
（2）积极度（positivity）	积极词汇占比
（3）复杂度（complexity）	平均句长、平均词长
（4）不确定性（uncertainty）	情态动词占比
（5）表现力（expressivity）	感染力：形容词和副词与名词和动词之比
（6）具体性（specificity）	时空感：空间词占比、时间词占比
（7）非相邻性（nonimmediacy）	群体指代：第一人称代词复数占比、动词被动式占比

（1）情感性

几乎所有上市企业都有在年报中使用积极正面的语气的倾向，以激发读者对企业的信念，或是影响读者的情感。本文使用四个指标来衡量企业影响读者情感的程度。

第一个是动词占比，这意味着企业希望在年度报告中表现出积极性的程度。毫无疑问，企业会倾向于渲染自己的努力，以及在所有媒体上宣传已经取得的成就。要把这些成就和功绩付诸文字，动词是必不可少的。基于此假设，情感性采用的第一个指标就是动词占比。

为了计算每个年度报告的动词占比，本研究使用词性自动赋码器 POS-tagger 标注文本。此软件自带词性赋码规则，表 4.35 为原始语料和已赋码语料对比。

表 4.35　企业年报动词的赋码的代码

语料	举例	词性赋码代码
原始语料	例如，"There are no prescribed thresholds or minimum levels of performance that equate to a prescribed payment under the policy and this structure can result in no bonus payment being made".<?>	
已赋码语料	":There_EX are_VBP no_DT prescribed_JJ thresholds_NN Sor_CC minimum_JJ levels_NN Sof_IN performance_NN that_IN equate_VB to_TO a_DT prescribed_JJ payment_NN under_IN the_DT policy_NN and_CC this_DT structure_NN can_MD result_VB in_IN no_DT bonus_NN payment_NN being_VBG made_VBN"。	POS 代码，VB，VBD，VBG，VBN，VBP，VBZ 代表动词的不同时态和形式。检索"VB*"，则可提取所有动词

本研究采取与提取动词占比同样的方法，依次提取情感词、意象词和愉快词的占比。

（2）积极度

积极度的测量方法是计算文本中积极意义词汇和消极意义词汇分别占文本总词数的比例。积极的话语有一种自然而然的感染力，使人愉悦。但这些尚不足以作为衡量积极度的标准。本研究结合年度报告的风格，新增了"能够展现企业美好形象或强调企业成就"这个标准。因为注重正面形象的构建，它们会使用尽可能多的积极话语，并将消极话语的使用降到最少。基于这个假设，本研究使用 WordSmith 中的 Wordlist 得出六份年报的词频表，然后按照确定的标准手动将积极与消极的词提取出来。由于英语词汇具有一词多义的特点，在不能确定是否为积极词语时，通过 WordSmith 查看词语所处的上下文语境，结合上下文来判断，将不符合的剔除。以英国石油公司为例，该企业年报的积极与消极词汇占比统计情况如表 4.36、表 4.37，其余年报的统计方法与此相同。

表 4.36 英国石油企业年报积极词汇统计列表

积极词汇	频数 / 次	千分率 / ‰
performance	295	0.40
further	66	0.09
growth	59	0.08
new	56	0.08
development	54	0.07
profit	52	0.07
opportunities	34	0.05
improvement	32	0.04
improve	29	0.04
develop	23	0.03
growing	23	0.03
largest	23	0.03

表 4.37 英国石油企业年报消极词汇统计列表

消极词汇	频数 / 次	千分率 / ‰
risks	118	0.16
cost	69	0.09
loss	61	0.08
spill	45	0.06
reduction	28	0.04
reduced	26	0.04

（3）复杂度

虚假陈述也表现为误导性陈述。根据常理，提高句子的复杂度容易使读者理解失误。为方便统计，本研究将句子复杂度用平均句长与平均词长两个指标来表示。两项指标都通过 WordSmith 工具提取。

（4）不确定性

情态动词通常用于描述愿望或不确定性。本研究中情态动词的使用代表了企业使读者相信企业所描绘的愿望能实现的可能性。本研究根据 POS-tagger 标注规则，提取词性标注文本中代表情态动词的 MD 赋码，计算企业年报的情态动词占比。

（5）表现力

名词和动词构成了句子的主干成分，相比之下，形容词和副词常常是修饰性的，缺乏实用意义。本研究通过测量六份年报的形容词和副词与动词和名词的使用频率的比值来表示文本的表达力。

（6）具体性

本研究测量企业年报话语可信度的第六个维度是具体性。通常而言，真实发生的事情包含了可靠的时间和地点等细节，话语中会出现许多表示时间和空间的词语。如果一个文本中的时间与空间表达词语低于正常文本的标准，那说明该文本的可信度值得怀疑，该文本存在刻意隐瞒或模糊实情的可能性。本研究通过测量文本感官词占比来判断话语是否具体和明确，具体做法是计算文本中表达近处空间词的占比、表达远处空间词的占比、表达当前时间词的占比、表达非当前时间词的占比。

（7）非相邻性

实践中不乏企业在年报中泛泛而谈以掩饰其不良业绩的表现，而表述不明确也会影响读者对关键信息的提取，因此，非相邻性是衡量企业年报话语可信度的一个维度。通常采用群体引用、动词被动式这两个指标计算文本的非相邻性。群体引用指说话者将自己归属到群体中，并代表群体发声，通常在话语形式上表现为采用"我们""集团"等集体意义的代词或名词。对动词被动式比值的测量则借助词性赋码后的文本来实现。VBN 代表动词的过去时态。在 WordSmith 中使用 Concord 搜索 VBN 的频率之后，挑选出"been""are""be"与动词搭配组成的动词被动式。

4.6.2 研究问题

本研究主要回答以下两个问题：
1）中外石油企业年报话语的可信度如何？
2）中外石油企业年报话语的情感性、积极度、复杂度、不确定性、表现力、具体性和非相邻性七个可信度指标是否存在差异？

4.6.3 结果与讨论

中外石油企业年报话语可信度计算结果显示：

1）总体而言，中外石油企业年报话语可信度都较高，可信度指数均未超过20，因为可信度得分越高，说明话语可信度越差。年报中出现的9类指标的占比大到一定程度，就可以判定为年报语言失信，甚至存在欺诈或造假情况。中国石油企业年报话语可信度指数均值为16.63，外国石油企业年报话语可信度指数均值为16.95，两者相比，不存在显著差异性。中外企业年报在9个可信度统计指标上的占比都不大，说明年报文字可信度较高，叙述的信息可靠，不存在通过文字传递虚假信息的情况。

2）中外企业年报在3个指标上的占比存在显著差异：一是在积极度指标上，中国石油企业年报积极词平均占比为3.38‰，外国石油企业年报积极词平均占比为2.22‰，说明中国石油企业年报传达出的文本情感较为正面和积极，塑造了企业充满活力和进取向上的形象；二是在非相邻性指标上，中国石油企业年报的动词被动式占比为9.98‰，而外国石油企业年报的这一数字为5.52‰，说明中国石油企业年报采用了较多的被动语态，故意省去了明确的主语或动作的发出者，从而弱化企业的支配地位，导致文本存在一定程度的空话、大话和套话；三是在不确定性指标上，中国石油企业年报的情态动词占比仅为1.60‰，而外国石油企业年报情态动词的占比为5.15‰，说明外国石油企业年报字里行间对取得的业绩流露出不确定性和模糊性。

3）中外石油企业年报在情感性、复杂度、表现力和具体性4个统计指标上均不存在显著差异，两类年报都不存在通过文字叙述进行欺诈的情况。

综上，本研究发现，中国石油企业在年报中比外国石油企业使用积极语气的倾向更为强烈，并且使用被动语态的频率更高，而外国石油企业则更为熟练地采用情态动词来影响读者。在其他指标上，中外石油企业年报无明显差异（见表4.38）。

表 4.38 中外石油企业年报话语可信度对比分析

企业名称	报告长度 总词数/个	情感性 动词占比/‰	积极度 积极词汇占比/‰	复杂度 平均句长（每句单词数）/个	复杂度 平均词长（每词字母数）/个	不确定性 情态动词占比/‰	表现力 形容词副词与名词/动词之比/‰	具体性 空间/时间词占比/‰	非相邻性 第一人称复数代词占比/‰	非相邻性 动词被动式占比/‰	可信度
中石油	75 941	106.17	3.04	25.75	5.30	2.88	0.296	0.60	1.12	8.95	17.12
中石化	19 180	101.62	3.87	21.86	5.39	0.49	0.325	0.71	1.32	11.33	16.32
中海油	156 071	103.53	3.22	22.52	5.58	1.44	0.282	0.38	1.46	9.65	16.45
均值	83 731	103.77	3.38	23.38	5.42	1.60	0.301	0.56	1.30	9.98	16.63
英国石油（BP）	28 830	119.74	2.34	23.20	5.12	5.12	0.228	0.35	1.48	4.84	18.04
埃克森美孚（Exxon Mobil）	34 000	108.24	2.60	20.33	5.35	3.96	0.262	0.48	1.61	5.42	16.47
壳牌（Shell）	20 291	100.61	1.71	25.05	5.02	6.36	0.196	0.27	1.61	6.30	16.34
均值	27 707	109.53	2.22	22.86	5.16	5.15	0.229	0.37	1.57	5.52	16.95

第 5 章

企业年报话语交际功能特征评价分析[①]

5.1 多维话语交际功能特征分析框架

Biber（1988，1995）提出多维分析框架。该框架基于"语域的区分与词汇语法特征共现形式相关"（Halliday，1988：162）这一基本假定，用定量实证方法识别凸显的语言共现特征，并定性解读话语特征的功能，形成观察语域变体的基本维度。Biber（1988）确定了 61 个话语特征，并进行因子分析和功能解读，归纳出 5 个主要功能维度。表 5.1 归纳了这 5 个维度及其包含的话语特征。表中的数值为因子载荷，载荷的绝对值越大，该话语特征对功能维度特征的作用就越大。同一维度中载荷为正与载荷为负的话语特征在语篇中的分布互补，即若某语篇中出现了较多正特征，则负特征就相对很少，反之亦然。以维度一为例，正特征代表交互性强的特征，负特征代表信息性强的特征。语篇维度得分等于该维度内正特征因子得分减去负特征因子得分。该方法可以用于研究不同类型语篇之间的关系，如不同历史时期的语篇、不同社会方言的语篇和跨语言语篇的对比研究等（Biber，1988）。

[①] 部分内容已发表在《解放军外国语学院学报》2018 年第 2 期上。

表 5.1　多维分析框架的 5 个功能维度及语言共现特征（Biber，1988：200）

维度一：交互性与信息性表达		维度二：叙事性与非叙事性关切	
private verbs 私有动词	0.96	past tense verbs 过去时动词	0.90
that deletion　that 省略	0.91	third person pronouns 第三人称代词	0.73
contractions　缩略词	0.90	perfect aspect verbs 完成体动词	0.48
present tense verbs 现在时动词	0.86	public verbs 公动词	0.43
second person pronouns 第二人称代词	0.86	syntactic negation 句法否定	0.40
do as pro-verb 助动词 do	0.82	present participial clauses 现在分词从句	0.39
analytic negation 分析否定	0.78	present tense verbs 现在时动词	−0.47
demonstrative pronouns 指示代词	0.76	attributive adjectives 定语形容词	−0.41
general emphatics 一般强调词	0.74	维度三：指称明晰性与情景依赖性	
first person pronouns 第一人称代词	0.74		
pronoun it 代词 it	0.71		
be as main verb be 作主动词	0.71	wh- relative clauses on object positions wh 引导的宾语从句	0.63
causative subordination 原因从句	0.66	pied-piping constructions 伴随介词结构	0.61
discourse particles 话语小品词	0.66	wh-relative clauses on subject positions wh 引导的主语从句	0.45
indefinite pronouns 不定代词	0.62	phrasal coordination 并列短语	0.36
general hedges 一般模糊限制语	0.58	nominalizations 名物化	0.36
amplifiers 强势词	0.56	time adverbials 时间副词	−0.60
sentence relatives 非限制性定语从句	0.55	place adverbials 地点副词	−0.49
wh- questions　wh 引导的疑问句	0.50	adverbs 副词	−0.46
possibility modals 可能意义情态动词	0.50		
nonphrasal coordination 无连词并列结构	0.48	维度四：显性劝说型表达	
wh- clauses　wh 引导的从句	0.47	infinitives 不定式	0.76
final prepositions 句终介词	0.43	prediction modals 预言性情态动词	0.54
adverbs 副词	0.42	suasive verbs 劝说性动词	0.49
nouns 名词	−0.80	conditional subordination 条件从句	0.47

续表

word length 词长	−0.58	necessary modals 必要意义情态动词	0.46
prepositions 介词	−0.54	split auxiliaries 分裂助动词	0.44
type/token ratio 类型符比	−0.54	possibility modals 可能意义情态动词	0.37
attributive adjectives 定语形容词	−0.47	[no negation features] [无负特征]	
place adverbials 地点副词	−0.42	**维度五：信息抽象与具体程度**	
agentless passives 无主被动	−0.39		
postnominal clauses 名词后置从句	−0.38	conjuncts 连词	0.48
		agentless passives 无主被动	0.43
		past participial adverbial clauses 过去分词状语从句	0.42
		by- passives by-被动句	0.41
		past participial postnominal clauses 过去分词后置从句	0.40
		other adverbial subordinators 其他状语从句	0.39
		[no negative features] [无负特征]	

5.2 研究问题、语料与方法

本研究主要回答以下问题：

1）中美企业年报在话语交际功能上有何特征？两类年报在话语交际功能维度上是否存在具体话语特征差异？如果有，原因何在？

2）中美企业年报在话语劝说性功能上有何特征？两类年报在话语劝说性功能上是否存在差异？如果有，原因何在？

本研究使用 Nini（2015）开发的多维标注与分析工具 MAT（multidimensional analysis tagger 1.3），进行自动文本标注、特征提取和数据统计。对话语功能维度的考查，借助该工具分别统计中美企业年报的 5 个功能维度特征和 61 个详细话语特征，然后对功能维度特征的统计结果进行独立样本 t 检验，考查两类语料的功能维度差异。之后，针对具有显著差异的维度，对该维度的各个详细话语特征进行统计分析，并进行独立样本 t 检验，考查哪些主要话语特征值的差异会导致两类话语存在功能维度差异，并讨论产生差异的原因。对于劝说性功能的考查，借助软件 MAT 标注和统计样本语料的词汇-语法特征。首先标注 Biber（1988）的 61 个话语特征，统计它们在语料中的每百词出现频率及 z-score，剔除平均频率小于每百词 0.003 的特征，最终保留 59 个特征。将它们的 z-score 导入 SPSS 24.0，采用主因子分析法（PFA）提取因子，得到词汇-语法特征共现形式，并得到每个样本在各因子上的得分，采用斜交旋转法 Promax。因子载荷小于 0.3 的话语特征因不够显著而被剔除。

此外，从样本语料中提取每个因子中话语特征共现较多的语篇，借助软件 RSTTool345（O'Donnell，2003）和修辞结构标注手册（Carlson and Marcu，2001；Stede et al.，2017），采用 Mann 和 Thompson（1988）关系集，标注它们的修辞结构树图。最后分析话语特征共现形式出现较多的语篇单位与相邻语篇单位之间的修辞结构关系，并解读关系功能。

劝说性功能特征对比借助 SPSS 24.0 进行单因素多元方差分析，考查功能维度的总体差异和组间差异，结合实例分析对比结果，解读差异的具体表现。

本研究所选语料为 2016 年《财富》中美前 50 强上榜企业的英文年报，时间跨度为 2005—2015 年，企业所属行业为金融、石油、IT 等，语料总量为中国企业年报 340 份，平均长度为 77 962.22 个词符，美国企业年报 351 份，平均长度为 73 573.64 个词符，共计 691 份。年报语料库总词符数为 52 331 503 个，其中，中国企业年报语料总词符数为 26 507 156，美国企业年报语料总词符数为 25 824 347。

5.3 中美企业年报多维话语交际功能特征对比

对中美企业年报多维话语交际功能特征得分进行独立样本 t 检验，结果显示，中美企业年报话语在维度一"交互性与信息性表达"、维度二"叙事性与非叙事性关切"、维度三"指称明晰性与情景依赖性"和维度四"显性劝说型表达"上具有显著差异（$p<0.01$），在维度五"信息抽象与具体程度"上没有显著差异

（见表 5.2）。

表 5.2　中美企业年报五维话语交际功能特征差异 t 检验

维度	中国企业年报 (n=340) 均值	中国企业年报 (n=340) 标准差	美国企业年报 (n=351) 均值	美国企业年报 (n=351) 标准差	t 值	自由度	p 值	均差
一、交互性与信息性表达	−24.973	1.628	−22.735	1.621	−18.104	689.000	0.000	−2.237
二、叙事性与非叙事性关切	−4.213	0.445	−4.704	0.295	17.027	586.274	0.000	0.491
三、指称明晰性与情景依赖性	10.446	0.903	9.858	0.987	8.169	689.000	0.000	0.589
四、显性劝说型表达	−5.444	0.941	−4.790	0.667	−10.502	609.168	0.000	−0.654
五、信息抽象与具体程度	0.907	0.776	0.893	0.562	0.276	616.521	0.783	0.014

统计结果显示，中美企业年报话语在维度一上的分值都远小于 0，说明企业年报话语的信息性很强，即语篇注重信息的组织和整合，是经过精心编制而成的（Biber，1988）。年报话语的主要功能就是信息披露，报告编写者理所当然会注重信息的组织和整合。但中国企业年报话语的该维度分值显著低于美国企业年报话语（md=−2.237），说明中国企业年报话语的信息性更强，而交互性稍弱。该结果与 Cao 和 Xiao（2013）对中国作者和英语本族语者的论文摘要的对比研究结果相似，他们发现英语本族语者语篇比中国作者语篇的交互性更强。

统计结果显示，维度一中两类样本有三种话语特征的值差异较大，我们分析文本发现，与美国企业年报话语相比，中国企业年报话语较少使用非限制性定语从句和第一人称代词，而较多地使用了名词。非限制性定语从句被说话者用来表达态度，第一人称代词直指说话者，因而它们都较多出现在交互性强的话语中；而名词是意义的主要载体，因此名词出现的频率越高，意味着信息密度越高，语篇的信息性越强（Biber，1988）。中国企业年报的信息性更强，可能因为：1）原文的信息性强，翻译成英语时，汉语中没有与非限制性定语从句相对应的句型，导致出现语言迁移现象；2）英语教学经常强调，为保持语篇的客观性，需避免使用第一人称代词，因而在企业年报这种正式语篇中，翻译者为保持客观的语气，较少使用第一人称代词。长期以来，语言学认为汉语是动词型语言，英语是名词型语言，但在中国企业英文年报话语中未看到汉语动词型话语特征的负迁移，反而名词的使用频率大大超过美国企业年报，说明中国企业英文年报很好地摆脱了汉语动词型话语特征的负迁移（见表 5.3）。

表 5.3 维度一"交互性与信息性表达"中差异较大的话语特征值

特征	中国企业年报均值	美国企业年报均值	p 值	均差	权重
非限制性定语从句	1.67	3.32	0.000	−1.65	0.55
名词	4.19	3.50	0.000	0.70	−0.80
第一人称代词	−0.91	−0.34	0.000	−0.57	0.74

统计结果显示，中美企业年报话语在维度二上的分值都小于 0，说明企业年报话语的叙事性较弱。但中国企业年报话语在该维度上的分值显著高于美国企业年报话语（md=0.491），说明相比之下，中国企业年报话语的叙事性稍强，即更倾向于动态的事件叙述（Biber，1988），而美国企业年报话语的叙事性稍弱，即更倾向于静态的说明与描写（Biber，1988）。

统计结果显示，观察维度二中两类样本差异较大的详细话语特征值（及其因子载荷）发现，出现上述差异的主要原因是，与美国企业年报话语相比，中国企业年报话语较少使用定语形容词和现在时，而较多使用了句法否定。句法否定指 no 后接形容词、名词和专有名词的形式，也包括 neither...nor... 句式。句法否定出现较多，说明叙事参与者在推理过程中使用了较多的否定，而且与分析否定（not）相比，句法否定由于具有更大的强调力度，更常被用于叙事（Tottie，1983）。因此，句法否定使用越多，语篇的叙事性就越强。此外，定语形容词和现在时是中国企业年报功能维度二中负特征值最高的两个特征。现在时使用较多，说明语篇关注当下事物，这两个特征同时高频出现，说明语篇中出现了较多经过详细说明的名词性指称对象（Biber，1988），语篇的非叙事性较强，而中国企业年报中这两个特征的出现频率远小于美国企业年报，说明中国企业年报的非叙事性较弱，叙事性更强（见表 5.4）。

表 5.4 维度二"叙事性与非叙事性关切"中差异较大的话语特征值

特征	中国企业年报均值	美国企业年报均值	p 值	均差	权重
定语形容词	0.63	1.15	0.000	−0.52	−0.41
现在时	−1.43	−1.18	0.000	−0.25	−0.47
句法否定	−0.46	−0.70	0.000	0.24	0.40

统计结果显示，中美企业年报话语在维度三上的分值都远大于 0，说明企业年报话语对语境的依赖较小，指称明晰性较强。中国企业年报话语在该维度上的

分值显著高于美国企业（md=0.589），说明与美国企业年报话语相比，中国企业年报话语的指称明晰性更强，较少依赖不明确的指示词或通过参考外部环境来识别信息（Biber，1988）。

统计结果显示，观察维度三中两类样本差异较大的详细话语特征值（及其因子载荷）发现，出现上述差异的主要原因是，与美国企业年报话语相比，中国企业年报话语较少使用副词，而较多使用名物化和 wh 引导的主语从句。wh 引导的主语从句具有明确识别语篇中指称对象的功能。副词包括时间副词、地点副词和其他副词，功能较多，尤其是时间和地点副词多用来指称语篇外部的情况（Biber，1988）（见表 5.5）。

表 5.5 维度三 "指称明晰性与情景依赖性" 中差异较大的话语特征值

特征	中国企业年报均值	美国企业年报均值	p 值	均差	权重
副词	−3.07	−2.83	0.000	−0.24	−0.46
名物化	2.93	2.77	0.000	0.16	0.36
wh 引导的主语从句	−0.75	−0.84	0.000	0.090	0.45

中美企业年报话语在维度四上的分值都小于 0，说明企业年报的劝说性较弱，即个人观点表达较少，以劝说为目的的论证说理较少（Biber，1988）。由于企业年报的信息披露必须符合证监会的规章，企业年报必须客观、真实、准确地披露信息，不得有误导性陈述，因此，企业年报主要以陈述客观信息为主，显性劝说型表达较少。但是近年来，年报的功能出现了由 "信息披露" 向 "对外宣传" 转变的倾向（Bhatia，2008）。中国企业年报话语在该维度上的分值显著低于美国企业年报话语（md=−0.654），说明与美国企业年报话语相比，中国企业年报话语的劝说性较弱，该结果与王立非、部寒（2016）对语篇结构关系和功能的研究发现一致。

统计结果显示，观察维度四中两类样本差异较大的详细话语特征值（及其因子载荷）发现，出现上述差异的主要原因是，与美国企业年报话语相比，中国企业年报话语较少使用不定式、可能意义情态动词和劝说性动词。虽然不定式的功能有很多，但其最常用的功能之一就是用作形容词或动词的补足语（如 happy to do it; hoped to see it）。在这种结构里，说话者常常将态度或立场附着在不定式短语中（Biber，1988），因此，不定式短语的出现频率越高，年报话语的劝说性就越强。此外，可能意义情态动词和劝说性动词（如 command，demand，instruct）表明未来发生某件事的可能性和意向性，都有一定的劝说力（见表 5.6）。

表 5.6　维度四"显性劝说型表达"中差异较大的话语特征值

特征	中国企业年报均值	美国企业年报均值	p 值	均差	权重
不定式	−1.51	−0.93	0.000	−0.57	0.76
可能意义情态动词	−1.24	−0.72	0.000	−0.53	0.37
劝说性动词	−0.09	0.03	0.000	−0.12	0.49

最后，统计结果显示，中美企业年报话语在维度五上的分值都远大于 0，且不存在显著差异（$p=0.783$），说明企业年报话语的抽象性较强、具体性较弱，中美企业年报话语在这一功能维度特征上表现出了较高的一致性。

综上所述，中美企业年报话语在功能维度特征上存在显著差异，主要表现在，与美国企业年报话语相比，中国企业年报话语的信息性、叙事性和指称明晰性较强，而交互性和劝说性较弱。造成两类语料功能维度特征差异的详细话语特征主要有非限制性定语从句、名词、第一人称代词、定语形容词、现在时、句法否定、副词、名物化、wh 引导的主语从句、不定式、可能意义情态动词和劝说性动词等。

5.4　中美企业年报劝说性话语功能多维测量与对比[①]

为了进一步考查企业年报话语质量，本节选择了企业年报话语劝说性功能进行多维分析，借鉴 Douglas Biber 的多维分析法（multidimensional analysis），采用主因子分析法（principal factor analysis），提取企业年报语料中的词汇–语法特征共现形式，对样本语料的 59 个词汇–语法特征进行主因子分析。

5.4.1　主因子分析

检验结果显示，取样适切性（sampling adequacy）良好（KMO＝0.661；方差近似值＝19 644.247，df＝1711；$p<0.0001$），变量之间具有相关关系。碎石图见图 5.1，最终保留 5 个显著的因子，因子 5 和因子 6 之间出现了拐

[①] 本节内容部分转引自部寒（2022）pp 76–103，有删减。

点，拐点（因子 6）左边的因子将予以保留。除因子 4（仅包含 4 个具有高载荷的话语特征）之外，每个因子都包含至少 5 个具有显著载荷的语言特征。

一般来说，要对一个因子的构造进行有意义的解读，需要 5 个显著的载荷（Biber，1988）。本研究保留的前 5 个因子中，每个因子都能解释至少 4% 的总方差，5 个因子共能解释 31.62% 的总方差，即这 5 个因子能解释企业年报话语中 31.62% 的语言变异。此前有研究（Biber，2006）对西班牙语口语和书面语语域变体进行考查，提取的 6 个因子解释了 45% 的总方差；Friginal 和 Weigle（2014）提取的 4 个因子解释了 30.5% 的总方差。

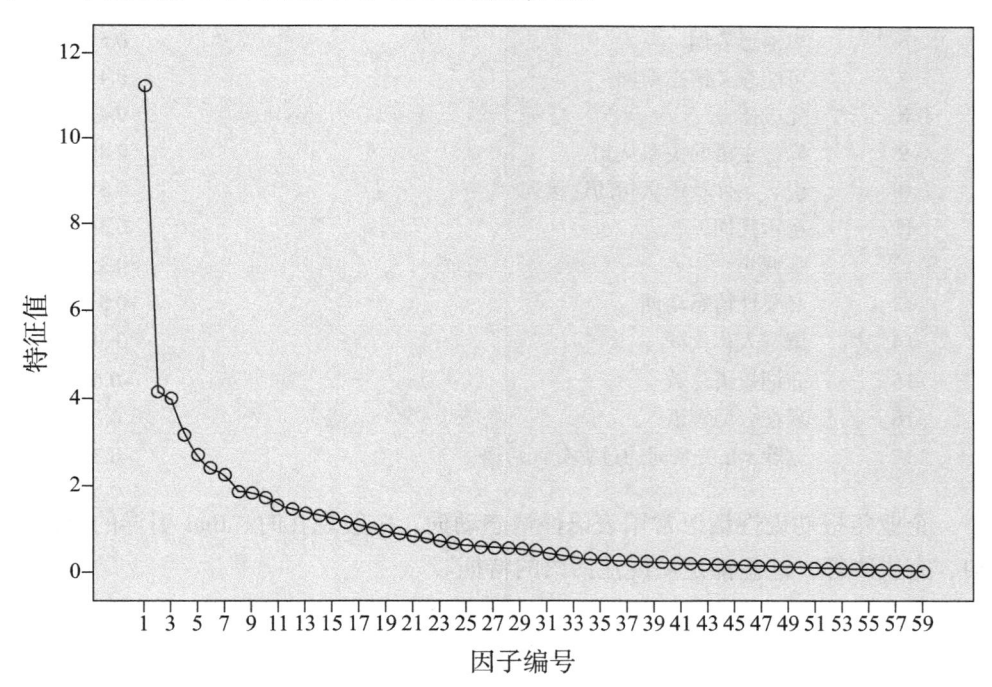

图 5.1　因子分析碎石图（部寒，2022）

5.4.2　企业年报劝说性话语功能因子分析

本研究提取的因子 1 是 5 个因子中解释力最强的因子，可以解释 11.04% 的总方差（占到整个模型解释力的近 1/3）。它代表了企业年报话语语域的一个非常基本的功能维度。这一维度包含了 17 个因子载荷绝对值大于 0.3 的话语特征（见

表 5.7）。其中有 14 个正特征和 3 个负特征。因子载荷最大的是不定式，其次是分析性否定，介词短语总数、现在分词短语和删除 wh 关系词的过去分词短语的因子载荷为负数。

表 5.7 劝说性话语功能特征因子载荷分析（部寒，2022）

序号	话语特征	因子载荷
1	不定式	0.621
2	分析式否定	0.602
3	劝说性动词	0.594
4	一般现在时	0.568
5	that 引导的补语从句	0.528
6	表语形容词	0.512
7	可能意义情态动词	0.451
8	完成体	0.415
9	修饰主语的关系从句	0.404
10	引导条件状语从句的连接词	0.371
11	指示代词	0.366
12	强调句	0.354
13	必要性情态动词	0.310
14	第三人称代词	0.303
15	介词短语总数	−0.656
16	现在分词短语	−0.345
17	删除 wh 关系词的过去分词短语	−0.342

企业年报劝说性话语常用表语性情态动词、一般现在时、that 引导的补语从句、完成体等，这些都是劝说性话语的特征。

企业年报立场表达信息聚合性功能因子分析：该因子中包含 7 个正特征，分别为平均词长、名物化、私有动词、省略 with 的现在分词从句、主从连词 that 省略、并列短语、无主被动句。该因子中的很多正特征具有信息聚合功能，如名物化和并列短语。省略 with 的现在分词从句比完整的关系从句能传达更紧凑、更密集的信息（Janda，1985）；词长较长的词比词长较短的词能够传达更多具体的、特殊的意义。因此，这些正特征都具有"聚合"信息的交际功能（见表 5.8）。

表 5.8 立场表达信息聚合性话语功能特征因子载荷分析（部寒，2022）

序号	话语特征	因子载荷
1	平均词长	0.663
2	名物化	0.661

续表

序号	话语特征	因子载荷
3	私有动词	0.534
4	省略 with 的现在分词从句	0.406
5	主从连词 that 省略	0.353
6	并列短语	0.344
7	无主被动句	0.316
8	一般过去时	−0.517

此外，另一个载荷较大的话语特征是私有动词指示认知状态和行为（intellectual states and acts）（Biber，1988）。企业年报话语中私有动词常常与主从连词 that 省略一起出现，用于表达企业自身立场。读者为了理解命题，不得不从作者的角度理解作者的意图。这一特征可以帮助企业增强自身立场对读者的影响。

5.4.3 企业年报主体定位主观性与客观性功能因子分析

该因子中有 3 个载荷为正的话语特征——第一人称代词、连接词、分裂助动词（见表 5.9）。第一人称代词的载荷高达 0.949，而另外 2 个特征的载荷相对较低，均小于 0.350。第一人称代词被认为是文本中说话人自我参与（ego-involvement）的标志（Biber，1988），该语法手段可以帮助构建一个迷人的、聪明的、可信的角色（Hyland，2005）。在企业年报话语中，企业常同时使用第一人称代词、连接词和分裂助动词，通过强调自身的努力、陈述自身的业绩、表达自身的预期和信心，来构建积极的企业形象（见表 5.9）。

表 5.9 主体定位主观性与客观性话语特征因子载荷分析（部寒，2022）

序号	话语特征	因子载荷
1	第一人称代词	0.949
2	连接词	0.348
3	分裂助动词	0.344
4	代词 it	−0.689
5	其他名词总和	−0.539

5.4.4 企业年报命题可靠性特征因子分析

该因子包含带 by 的被动句、分裂助动词、弱化修饰语和地点状语 4 个正向影响的因子。弱化修饰语的功能在于弱化动词的强度（Quirk et al.，1985），用于体现命题的可靠性（Chafe，1985）。企业年报话语中助动词和主动词分裂开的副词常常是弱化修饰语，如"partially"和"slightly"。同时，by 的被动句也常常与分裂助动词和弱化修饰语一同出现，用于描述企业的绩效表现如何被其他因素所影响。在此，弱化修饰语的功能在于弱化或揭示影响的具体程度，从而使描述更加可靠。地点状语常常与上述特征同时出现，来指示文内位置，如"as described above"，用于提供更多事实来支持企业的观点或陈述，从而增强信息的可靠性。因此，该因子中的特征都具有增强话语可靠性的交际功能（见表 5.10）。

表 5.10 命题可靠性话语特征因子载荷（部寒，2022）

序号	话语特征	因子载荷
1	by 的被动句	0.782
2	分裂助动词	0.582
3	弱化修饰语	0.565
4	地点状语	0.337

5.4.5 企业年报立场表达客观性功能因子分析

统计结果显示，因子 5 包含 4 个正特征和 1 个负特征。主动词 be 和表语形容词是该因子中载荷最高的两个话语特征。表语形容词表示评价命题，反映作者对命题内容的评价（Kessapidu，1997）。如"These flowers are beautiful"这句话就反映了作者对"flowers"的评价。无主被动句使句子的宾语成为语法形式上的主语，从而使读者专注于宾语，而不是施动者（Conrad，2018），以此使命题更加客观，更加非人格化。企业年报话语中这两个话语特征常常与主动词 be 一起出现，表语形容词用来表达企业的评价，无主被动句使该评价客观化（见表 5.11）。

表 5.11 立场表达客观性话语特征因子载荷（部寒，2022）

序号	话语特征	因子载荷
1	主动词 be	0.658
2	表语形容词	0.630

续表

序号	话语特征	因子载荷
3	无主被动句	0.405
4	that 引导的形容词补语	0.302
5	其他名词总和	−0.306

5.4.6　中美企业年报话语劝说性多维特征对比分析

本研究以样本年报话语 5 个维度的得分作为样本年报话语词汇–语法形式劝说性的分值，然后对中美企业年报话语劝说性进行对比研究，考查两类年报话语劝说性的异同，报告并分析对比研究的结果。

单因素多元方差分析结果显示，中美企业年报话语劝说性维度得分存在显著差异 [$F(5, 43)=146.033$, $p<0.01$, Pollai's Trace=0.464, partial $\eta^2=0.464$]。组间一元方差分析结果显示，中国企业年报话语的直接劝说性显著低于美国企业年报话语（$md=-0.284$, $F=15.420$, $p<0.01$, partial $\eta^2=0.018$），立场表达信息聚合性显著低于美国企业（$md=-0.602$, $F=74.762$, $p<0.01$, partial $\eta^2=0.081$），主体定位主观性显著高于美国企业（$md=0.802$, $F=127.935$, $p<0.01$, partial $\eta^2=0.131$），命题可靠性显著低于美国企业（$md=-0.844$, $F=168.596$, $p<0.01$, partial $\eta^2=0.166$），立场表达客观性显著高于美国企业（$md=0.536$, $F=56.898$, $p<0.01$, partial $\eta^2=0.063$）（见表 5.12）。由此可见，中美上市企业在撰写年报时，选择使用不同的词汇–语法形式来实现劝说性。

表 5.12　中美企业年报话语劝说性维度差异（部寒，2022）

	中国企业（$n=229$）均值	中国企业（$n=229$）标准差	美国企业（$n=620$）均值	美国企业（$n=620$）标准差	F 值	显著性	效应量 partial η^2
直接劝说性	−0.160	1.232	0.124	0.805	15.420	0.000	0.018
立场表达信息聚合性	−0.414	1.091	0.187	0.818	74.762	0.000	0.081
主体定位主观性与客观性	0.613	0.588	−0.189	1.013	127.935	0.000	0.131
命题可靠性	−0.627	0.660	0.217	0.900	168.596	0.000	0.166
立场表达客观性	0.338	0.910	−0.198	0.922	56.898	0.000	0.063

5.5 研究发现

对比企业年报话语5个功能维度特征和61个话语特征会发现：1）中美企业年报话语在功能维度特征上存在异同，与美国企业年报话语相比，中国企业年报话语的信息性、叙事性和指称明晰性较强，而交互性和劝说性较弱。但两类语料在"信息抽象与具体程度"维度上不存在显著差异，都具有较高的抽象性。2）两类语料的详细话语特征差异主要表现在非限制性定语从句、名词、第一人称代词、定语形容词、现在时、句法否定、副词、名物化、wh引导的主语从句、不定式、可能意义情态动词和劝说性动词等特征的出现频率上。

通过对劝说性功能的考查发现，1）企业年报话语具有5个功能维度：维度一"直接劝说性"衡量立场表达的直接程度；维度二"立场表达信息聚合性"衡量立场表达的信息密度和精练程度；维度三"主体定位主观性与客观性"衡量通过话语构建形象时的自我参与度；维度四"命题可靠性"衡量命题给读者留下可靠印象的程度；维度五"立场表达客观性"衡量立场表达的非人格化、客观化程度。这5个维度都具有影响读者态度、印象和判断的作用，因而都与劝说这一复杂的交际功能相关。2）与美国企业年报相比，中国企业年报话语的直接劝说性、立场表达信息聚合性和命题可靠性较弱，而主体定位主观性和立场表达客观性较强，说明两类企业年报使用了不同的词汇-语法资源表达自身立场，从而影响读者态度。3）美国企业年报对自身立场的表达更直接，且更精练，信息密度较高，可靠性较高，说明美国企业年报更倾向于直接劝说投资者认同自身立场，试图提供更多关于自身立场的详细信息，从而给投资者留下可靠的印象。

本研究对比了中美企业年报话语的信息性、叙事性、指称明晰性及交互性、劝说性等特征，对提高我国境外上市企业信息披露质量和商务英语教学质量具有一定启示。首先，在境外上市的中国企业需要了解自身与英美企业在年报信息披露上的话语差异，提升企业年报在境外市场的接受度和影响力。其次，商务英语教学要分析商务语篇的多维话语特征和语境因素，帮助学生掌握商务话语各个子语域的不同话语特征和功能特征。本研究基于Biber（1988）的多维分析框架，该框架包含了61个话语特征，大多都是微观的词汇语法特征，对语义和语篇结构等特征的考查有所欠缺。今后可从语义和语篇结构等不同角度对企业话语进行全面深入的考查，此外，还可以考查企业话语多维特征与企业绩效等环境因素之间的相互影响。

第 6 章

企业年报话语质量影响资本市场收益的预测分析

本章将考查企业年报话语质量是否会引起资本市场的波动，是否会对企业绩效产生效应，从而导致企业收益的增长或下降，将分别从年报文本互文性、文本复杂度、文本劝说性、文本情感倾向性、话语可信度和话语质量六个维度考查话语的经济影响力。

6.1　企业年报文本互文性影响预测[①]

由于企业年报影响投资者决策，因此，年报文本特征与绩效关系的研究具有现实意义（Rutherfold，2005；Thomas，1997；Wang and Hussainey, 2013）。Clatworthy 和 Jones（2006）考查绩效对年报首席执行官致辞语篇长度、被动结构数量、人称指代、绩效信息与未来预期信息长度等文本特征的影响发现，绩优企业多用第一人称复数，多汇报核心绩效信息，而绩差企业更关注未来预期，二者的年报在语篇长度、被动结构数量上无显著差异。Thomas（1997）对一家绩效波动较大的企业的年报进行研究发现：在绩效好的年份，年报首尾多以第一人称单复数代词作为衔接词；绩效不好时，频繁使用让步、转折及第三人称代词，

[①] 本节部分转引自王立非、李炤坤（2018），有删减。

暗示未来绩效可能转好。蒋艳辉、冯楚建（2014）考查了中国创业板上市公司管理层讨论与分析的话语特征、管理层预期与未来财务业绩间的关系，发现管理层讨论与分析的可读性、前瞻性深度与未来财务业绩正相关。

6.1.1　研究问题

本研究主要调查下列问题：
1）中美企业年报文本互文性特征与企业绩效是否存在相关性？
2）中美企业绩优组和绩差组年报文本互文性与企业绩效相关性是否存在差异？

6.1.2　年报互文性与企业绩效的相互影响

为确认绩效分组的合理性，即绩优组与绩差组的绩效水平是否存在显著差异，本研究对分组指标"净资产收益率"进行独立样本 t 检验。结果显示，中国企业绩优组与绩差组（t=98.834, df=98.834, $p < 0.01$）、美国企业绩优组与绩差组（t=15.469, df=98, $p < 0.01$）的净利率均存在显著差异，即两个绩优组的净资产收益率均显著高于两个绩差组。卡方检验结果显示，中文首席执行官致辞的引号数量、绩效信息量、前瞻性信息量与绩效水平存在显著关联（$\chi^2_{引号-中}$=10.99, $p < 0.01$；$\chi^2_{绩效信息-中}$=−68.02, $p < 0.01$；$\chi^2_{前瞻性信息-中}$=−31.89, $p < 0.01$）。具体来说，绩优企业多用直接引语，而绩差企业侧重披露绩效信息与前瞻性信息。而美国企业年报首席执行官致辞的引号及引语动词数量、前瞻性信息量与绩效水平存在显著关联（$\chi^2_{引号-美}$=−15.64, $p < 0.01$；$\chi^2_{引语动词-美}$=−5.53, $p < 0.01$；$\chi^2_{前瞻性信息-美}$=−6.81, $p < 0.01$），具体来说，绩差企业多使用直接引语和引语动词，绩优企业倾向于披露绩效信息和前瞻性信息。

为考查中美企业绩效与年报互文性和互语性之间是否具有影响和差异，本研究基于卡方检验结果，选取引号、引语动词、绩效信息词与前瞻性信息词频数为中外企业中英文年报的三组因变量，运用多元线性回归，检验绩效变量净资产收益率、每股收益及资产收益率对年报互文性的预测力。结果表明，中文年报的引号频数、英文年报的引号频数与前瞻性信息量的频数之间不存在显著相关性（见表6.1）。

第 6 章　企业年报话语质量影响资本市场收益的预测分析

表 6.1　中美企业年报组间文本互文性差异对比（王立非、李绍坤，2018）

维度	指标	中文语篇 绩优组 频数/次	中文语篇 绩优组 每千词/‰	中文语篇 绩差组 频数/次	中文语篇 绩差组 每千词/‰	中文语篇 总计 频数/次	中文语篇 总计 每千词/‰	英文语篇 绩优组 频数/次	英文语篇 绩优组 每千词/‰	英文语篇 绩差组 频数/次	英文语篇 绩差组 每千词/‰	英文语篇 总计 频数/次	英文语篇 总计 每千词/‰
互文性	引号	140**	2.60	78	1.62	218	2.14	13	0.13	37**	0.45	50	0.28
互文性	引语来源指示词	41	0.76	45	0.94	86	0.84	19	0.19	17	0.21	36	0.19
互文性	引语动词	27	0.50	27	0.56	54	0.53	83	0.83	98*	1.12	181	1.00
互文性	N-元词组	/	/	/	/	/	/	/	/	/	/	/	/
互语性	绩效信息词	194	3.67	357**	7.42	551	5.41	408	4.09	368	4.48	776	4.27
互语性	前瞻性信息词	299	5.56	410**	8.53	709	8.58	672	6.75	640**	7.80	1 312	7.23

注：*、** 分别表示 1% 与 5% 的显著性水平

当因变量为中国企业绩效信息量时，模型中只有净资产收益率变量为显著的预测变量（$R^2=0.258, p<0.000$），即净资产收益率越低，中国企业披露的绩效信息量越多（$\beta=-0.508, t=-5.84, p<0.000$）；当因变量为中国企业前瞻性信息量时，模型中只有每股收益变量为显著的预测变量（$R^2=0.073, p=0.006$），即每股收益越低，中国企业披露的前瞻性信息量越多（$\beta=-0.271, t=-2.79, p=0.006$）。这表明中文首席执行官致辞的绩效信息量、前瞻性信息量受到绩效影响，分别与净资产收益率、每股收益负相关。

当因变量为美国企业引语动词量时，模型中只有每股收益变量为显著的预测变量（$R^2=0.181, p<0.000$），即每股收益越低，美国企业使用的引语动词数量越多（$\beta=-0.425, t=-4.65, p<0.000$），表明英文首席执行官致辞引语动词量受绩效影响，与每股收益负相关（见表 6.2）。

表 6.2　中美企业年报互文性与互语性对企业绩效影响的预测力分析（王立非、李炤坤，2018）

变量	中国企业绩效信息 β	变量	中国企业年报前瞻性信息 β	变量	美国企业年报引语动词 β
常量	13.11***	常量	8.89	常量	1.775
净资产收益率	−0.508***	每股收益	−0.271**	每股收益	−0.425***

续表

变量	中国企业绩效信息 β	变量	中国企业年报前瞻性信息 β	变量	美国企业年报引语动词 β
R^2	0.258	R^2	0.073	R^2	0.181
R^2_{adj}	0.251	R^2_{adj}	0.064	R^2_{adj}	0.173
F	34.09***	F	7.76**	F	21.64***

注：*、**、***分别表示10%、5%与1%的显著水平。

本研究发现，首席执行官致辞部分的互文性特征与企业绩效存在显著影响关系，且中美企业间存在差异。中国企业年报中文首席执行官致辞披露的绩效信息量、前瞻性信息量分别与净资产收益率和每股收益负相关，而美国企业的英文年报首席执行官致辞的引语动词量与每股收益负相关，其他互文性指标与绩效则不存在显著影响。

6.2 企业年报文本复杂度影响预测

6.2.1 词汇复杂度对资本市场收益的影响

在（-1，1）事件窗口期内，多元回归分析结果显示（表6.3第2~4列），在加入解释变量词汇复杂度之前（表6.3第3列），模型的决定性系数R^2为0.051，调整后的R^2为0.041，说明调整后模型的拟合优度为4.1%，方差分析F值为5.097，且通过了5%的显著性检验。加入解释变量词汇复杂度之后（表6.3第4列），模型的决定性系数$R^2=0.032$，调整后的$R^2=0.019$，调整后模型的拟合优度下降为1.9%，下降了2.2个百分点，方差分析F值为2.534，且通过了5%的显著性检验，这说明解释变量对模型的解释力几乎没有贡献，即企业年报文本词汇复杂度对短期资本市场的收益没有影响。

在（2，30）事件窗口期内，多元回归分析结果显示（表6.3第5~7列），在加入解释变量词汇复杂度之前（表6.3第6列），模型的决定性系数$R^2=0.088$，调整后的$R^2=0.078$，说明调整后模型的拟合优度为7.8%，方差分析F值为

9.073，且通过了 5% 的显著性检验。加入解释变量词汇复杂度之后（表 6.3 第 7 列），在控制了盈余意外和应计利润两个市场异象的情况下，模型的决定性系数 $R^2=0.106$，调整后的 $R^2=0.094$，调整后模型的拟合优度上升为 9.4%，上升了 1.6 个百分点，方差分析 F 值为 9.100，且通过了 5% 的显著性检验，说明解释变量词汇复杂度对模型的解释力有一定贡献。而且，词汇复杂度的回归系数为 0.002，且在 10% 的显著性水平下显著正相关，说明在控制市场异象等财务数据对市场反应的影响下，企业年报文本词汇复杂度对企业年报信息披露的长期市场反应具有正向影响（见表 6.3）。

表 6.3　年报词汇复杂度对资本市场收益的影响回归分析（部寒，2022）

	CAR(−1，1)	CAR(−1，1)	CAR(−1，1)	CAR(2，30)	CAR(2，30)	CAR(2，30)
常量	0.202 （1.206）	0.029 （1.585）	0.185 （1.077）	−0.601* （−1.689）	0.007 （0.240）	−0.540 （−1.547）
词汇复杂度	−0.001 （−1.191）		−0.001 （−0.994）	0.002* （1.740）		0.002* （1.674）
控制变量						
盈余意外		−0.000 （−0.068）	0.000 （0.145）		−0.003* （−1.741）	−0.004** （−2.006）
应计利润		−0.005 （−1.004）	−0.003 （−0.628）		−0.023** （−2.515）	−0.024*** （−2.642）
公司规模		−0.011** （−2.093）	−0.005 （−1.235）		−0.004 （−0.428）	−0.006 （−0.646）
账面市值比		0.023*** （3.803）	0.016*** （3.170）		0.044*** （4.209）	0.043*** （4.081）
净资产收益率		0.003 （0.537）	0.007 （1.395）		−0.017* （−1.655）	−0.022** （−2.162）
观测值	504	481	469	503	476	469
R	0.053	0.226	0.178	0.078	0.297	0.325
R^2	0.003	0.051	0.032	0.006	0.088	0.106
调整 R^2	0.001	0.041	0.019	0.004	0.078	0.094
F	1.418	5.097	2.534	3.029	9.073	9.100
Sig.	0.234	0.000	0.000	0.082	0.000	0.000

注：***、**、* 分别表示 1%、5% 与 10% 的显著性水平。

由此可见，企业年报文本的词汇复杂度的高低对资本市场收益具有显著的正向影响，说明词汇复杂度较高的企业年报会影响市场收益率，即企业年报中使用的词汇越具体，越有利于读者理解，越能提高信息传递效率，减少信息不对称，对市场反应的正向作用越大。而词汇复杂度较低的企业年报由于会对信息传递和投资者理解造成一定困难，会造成投资者对资本市场反应迟钝或没有反应。

6.2.2　企业年报文本句法复杂度对资本市场收益的影响

在（-1，1）事件窗口期内，多元回归分析结果显示（表 6.4 第 2~4 列），在加入解释变量句法复杂度之前（表 6.3 第 3 列），模型的决定性系数 $R^2=0.051$，调整后的 $R^2=0.041$，说明调整后模型的拟合优度为 4.1%，方差分析 F 值为 5.097，且通过了 5% 的显著性检验。加入解释变量句法复杂度之后（表 6.4 第 4 列），模型的决定性系数 $R^2=0.056$，调整后的 $R^2=0.043$，调整后模型的拟合优度为 4.3%，仅上升了 0.2 个百分点，方差分析 F 值为 4.491，通过了 5% 的显著性检验，说明解释变量对模型的解释力的贡献很小。而且解释变量句法复杂度的回归系数为 0.003，未通过 5% 的显著性检验，说明企业年报文本句法复杂度不会引起短期资本市场收益变化。

在（2，30）事件窗口期内，多元回归分析结果显示（表 6.4 第 5~7 列），在加入解释变量句法复杂度之前（表 6.4 第 6 列），模型的决定性系数 $R^2=0.088$，调整后的 $R^2=0.078$，说明调整后模型的拟合优度为 7.8%，方差分析 F 值为 9.073，且通过了 5% 的显著性检验。加入解释变量句法复杂度之后（表 6.4 第 7 列），在控制了盈余意外和应计利润两个市场异象的情况下，模型的决定性系数 $R^2=0.104$，调整后的 $R^2=0.092$，调整后模型的拟合优度上升为 9.2%，上升了 1.4 个百分点，方差分析 F 值为 8.963，且通过了 5% 的显著性检验，说明解释变量句法复杂度对模型的解释力有一定的贡献。而且，句法复杂度的回归系数为 -0.002，且在 5% 的显著性水平下显著负相关，说明在控制市场异象等财务数据对市场反应的影响下，企业年报文本句法复杂度对企业年报信息披露的长期市场反应仍具有负向影响，且十分显著。

由此可见，企业年报文本的句法复杂度与资本市场收益显著负相关，说明投资者对句法复杂度较低的企业年报的反应较良好。企业年报文本中的动词-动词论元结构的使用频率越低，句法越简单，越有利于读者理解，从而说明企业年报的信息传递效率越高，越容易引起投资者对年报信息的积极反应。

表 6.4 年报句法复杂度对资本市场收益的影响回归分析（部寒，2022）

	CAR（−1，1）	CAR（−1，1）	CAR（−1，1）	CAR（2，30）	CAR（2，30）	CAR（2，30）
常量	0.003 （1.158）	0.029 （1.585）	0.010 （0.456）	0.019*** （3.987）	0.007 （0.240）	0.028 （0.896）
句法复杂度	0.000 （0.136）		0.003 （0.995）	−0.002** （−2.014）		−0.002** （−1.983）
控制变量						
盈余意外		−0.000 （−0.068）	0.000 （0.066）		−0.003* （−1.741）	−0.004** （−2.034）
应计利润		−0.011** （−2.093）	−0.011* （−1.895）		−0.004 （−0.428）	−0.009 （−0.955）
公司规模		0.023*** （3.803）	0.025*** （3.972）		0.044*** （4.209）	0.042*** （4.137）
账面市值比		0.003 （0.537）	0.003 （0.529）		−0.017* （−1.655）	−0.018* （−1.835）
净资产收益率		−0.005 （−1.004）	−0.006 （−1.165）		−0.023** （−2.515）	−0.021** （−2.323）
观测值	506	481	464	505	476	472
R	0.006	0.226	0.236	0.089	0.297	0.322
R^2	0.000	0.051	0.056	0.008	0.088	0.104
调整 R^2	−0.002	0.041	0.043	0.006	0.078	0.092
F	0.018	5.097	4.491	4.058	9.073	8.963
Sig.	0.892	0.000	0.000	0.044	0.000	0.000

注：***、**、* 分别表示 1%、5% 与 10% 的显著性水平

6.3 企业年报文本可读性影响预测

6.3.1 企业年报迷雾指数影响资本市场收益的回归分析

在（−1，1）事件窗口期内，多元回归分析结果显示（表 6.5 第 2～4 列），

在加入解释变量迷雾指数之前（表 6.5 第 3 列），模型的决定性系数 $R^2=0.051$，调整后的 $R^2=0.041$，说明调整后模型的拟合优度为 4.1%，方差分析 F 值为 5.097，且通过了 5% 的显著性检验。加入解释变量迷雾指数之后（表 6.5 第 4 列），模型的决定性系数 $R^2=0.052$，调整后的 $R^2=0.040$，调整后模型的拟合优度下降为 4.0%，下降了 0.1 个百分点，方差分析 F 值为 4.298，且通过了 5% 的显著性检验，说明解释变量对模型的解释力几乎没有贡献。而且，解释变量迷雾指数的回归系数为 0.002，未通过 5% 的显著性检验。由此可见，企业年报话语模糊度不会引起短期资本市场明显的反应。

在（2，30）事件窗口期内，多元回归分析结果显示（表 6.5 第 5~7 列），在加入解释变量迷雾指数之前（表 6.5 第 6 列），模型的决定性系数 $R^2=0.088$，调整后的 $R^2=0.078$，说明调整后模型的拟合优度为 7.8%，方差分析 F 值为 9.073，且通过了 5% 的显著性检验。加入解释变量迷雾指数之后（表 6.5 第 7 列），模型的决定性系数 $R^2=0.091$，调整后的 $R^2=0.079$，调整后模型的拟合优度仅上升了 0.1 个百分点，方差分析 F 值为 7.763，且通过了 5% 的显著性检验，说明解释变量对模型的解释力的贡献很小。而且，解释变量迷雾指数的回归系数为 0.003，未通过 5% 的显著性检验。由此可见，企业年报话语模糊度对长期资本市场收益也不存在显著影响。可能因为迷雾指数可读性公式的测量指标过于简单，只专注于词长、句长等可测因素，忽略了其他影响理解性的语篇特征，而且，词长、句长等可测因素能否有效衡量可读性仍没有定论（Dreyer，1984：335；Jones and Shoemaker，1994；Bailin and Grafstein，2016）。

表 6.5　企业年报迷雾指数对资本市场收益的影响回归分析（部寒，2022）

变量	CAR (−1, 1)	CAR (−1, 1)	CAR (−1, 1)	CAR (2, 30)	CAR (2, 30)	CAR (2, 30)
常量	−0.035 (−0.955)	0.029 (1.585)	0.185 (1.077)	−0.094 (−1.207)	0.007 (0.240)	−0.540 (−1.547)
迷雾指数	0.002 (1.028)		0.002 (0.676)	0.005 (1.454)		0.003 (0.726)
控制变量						
盈余意外		−0.000 (−0.068)	0.000 (0.043)		−0.003* (−1.741)	−0.003* (−1.664)
应计利润		−0.005 (−1.004)	−0.005 (−0.944)		−0.023** (−2.515)	−0.022** (−2.418)

续表

变量	CAR (−1, 1)	CAR (−1, 1)	CAR (−1, 1)	CAR (2, 30)	CAR (2, 30)	CAR (2, 30)
企业规模		−0.011** (−2.093)	−0.012** (−2.181)		−0.004 (−0.428)	−0.003 (−0.323)
账面市值比		0.023*** (3.803)	0.023*** (3.785)		0.044*** (4.209)	0.045*** (4.342)
净资产收益率		0.003 (0.537)	0.003 (0.533)		−0.017* (−1.655)	−0.017* (−1.679)
观测值	510	481	479	509	476	471
R	0.046	0.226	0.227	0.064	0.297	0.302
R^2	0.002	0.051	0.052	0.004	0.088	0.091
调整 R^2	0.000	0.041	0.040	0.002	0.078	0.079
F	1.058	5.097	4.298	2.115	9.073	7.763
Sig.	0.304	0.000	0.000	0.146	0.000	0.000

注：***、**、* 分别表示 1%、5% 与 10% 的显著性水平

6.3.2 企业年报可读性与企业绩效相关性分析

为了进一步验证企业年报文本可读性是否与企业经济指标存在相关性，我们又选取了企业社会责任年报语料测算其可读性，寻找年报可读性与企业绩效之间的相关性。语料样本为中美银行业企业社会责任年报。如果企业社会责任年报的文本可读性与企业绩效存在相关关系，那么，中国银行业提高英文版企业社会责任年报文本的可读性，让企业所承担的社会责任事迹和成绩通过更加易懂和可理解的方式，为更多的海外客户和投资者所了解，有可能会有效促进中国银行业的海外业绩的增长。

银行作为企业，在本研究中其绩效由净资产收益率、每股收益和资产收益率三个指标测量，指标值越高则企业绩效越好，反之则企业绩效越差。报告的文本复杂度由词汇复杂度指标（平均词长、词汇密度）、句法复杂度指标（平均句长）和可读性指标（弗莱士易读度）来评估。平均词长、词汇密度和平均句长越大，弗莱士易读度分数越低，企业年报文本的可读性越低。

本节调查以下两个问题：

1）中美银行业英文版企业社会责任年报文本可读性与企业财务绩效之间是否存在相关性？

2）基于上述发现和中国企业年报发布要求，中国银行业应如何提高英文版企业社会责任年报的质量？

我们提出的假设是：平均词长、词汇密度和平均句长这三个文本可读性指标与企业绩效指标负相关，而弗莱士易读度与企业绩效指标正相关。基于上述指标，本研究对比了中美银行业企业社会责任年报的可读性，并且使用 SPSS 和 Excel 对文本可读性和企业财务绩效指标进行一对一的相关性分析。

相关性分析结果显示，平均词长和弗莱士易读度这两个文本可读性指标与财务绩效指标都不存在统计意义上的显著相关关系（t 检验双侧显著性大于 5%）。而词汇密度和平均句长这两个文本可读性指标与每股收益分别存在统计意义上的显著正相关关系（t 检验双侧显著性小于 5%，Pearson 相关系数为 0.984）和显著负相关关系（t 检验双侧显著性小于 5%，Pearson 相关系数为 –0.17），但和净资产收益率和资产收益率都不显著相关。基于上述相关性分析结果可见，之前所做的相关性结论假设——中国银行业英文版企业社会责任年报平均词长和词汇密度与企业绩效指标负相关，弗莱士易读度与企业绩效指标正相关的假设不成立（见表 6.6）。

表 6.6　文本可读性指标与企业绩效指标相关性分析结果

变量		净资产收益率	每股收益	资产收益率
平均词长	Pearson 相关系数	–0.501	–0.684	0.960
	显著性（双侧）	0.311	0.857	0.134
词汇密度	Pearson 相关系数	0.921	0.984***	0.138
	显著性（双侧）	0.909	0.000	0.794
平均句长	Pearson 相关系数	0.241	–0.17*	0.701
	显著性（双侧）	0.646	0.047	0.121
弗莱士易读度	Pearson 相关系数	0.766	0.657	0.202
	显著性（双侧）	0.461	0.150	0.310

注：***、**、* 分别表示 1%、5% 与 10% 的显著性水平。

中国银行业英文版企业社会责任年报的文本可读性与银行净资产收益率、资产收益率并不存在统计意义上的显著相关关系。中国银行业英文版企业社会责任年报文本的可读性并不直接显著影响银行的净资产收益率和资产收益率，且银行净资产收益率和资产收益率的高低也不会直接导致英文版企业社会企业责任年报文本可读性的显著改变。我们推测，可能是因为企业社会责任年报和企业财务年报不同，前者不直接影响企业财务收益，只与企业形象和声誉相关，而后者披露的财务信息和数据可能会直接影响股东、股民或投资者的股票购买和换手决策，从而影响企业的财务绩效。由于数据时间跨度较短、涉及的银行有限，因此不排除从长期看两者指标都显著相关的可能性。

6.3.3　审计报告可读性与企业绩效相关性分析

本研究进一步变换年报样本类型，选择企业年度审计报告考查企业审计报告可读性是否与企业绩效之间存在相关性。对于国内企业，本研究选取净资产收益率和每股收益作为盈利指标。首先，分别依据净资产收益率和每股收益，将这些企业分为绩优组和绩差组，计算中文审计报告可读性的组间差异。对可读性的测量采用篇幅长度（总字数均值）、段落长度（段落句数均值）和句长（句子字数均值）三个变量；将三个变量的权重设为等值，考查加权后每组变量的可读性均值与企业绩效值之间的相关关系（见表6.7）。

表 6.7　我国企业审计报告可读性组间对比分析

组别	净资产收益率	每股收益
绩优组可读性均值	244.39	250.99
绩差组可读性均值	251.31	256.64

统计结果显示，以净资产收益率作为绩效测量指标时，绩优组审计报告的平均可读性为244.39，而绩差组整体平均可读性为251.31。当以每股收益作为绩效测量指标时，所得结果大致相同。绩优组可读性平均水平为250.99，绩差组可读性平均水平为256.64。数据表明，与绩优组审计报告相比，无论是按净资产收益率还是按每股收益统计，绩差组的审计报告的文本长度都较长，通常情况下，可读性也会较低。

相关性分析结果显示，每股收益和审计报告可读性之间的相关系数是−0.162，为负相关，数据显示出企业的每股收益越高，其审计报告的可读性就越低的趋势，但 $p>0.05$，表明二者之间不存在明显的相关关系（见表6.8）。

表 6.8 我国企业审计报告可读性与每股收益相关性分析

指标	可读性	每股收益
Pearson 相关性	1	–0.162
显著性（双侧）		0.429
N	30	30

相关性分析结果显示，净资产收益率和审计报告可读性之间的相关系数是 –0.361，表明企业的净资产收益率越高，其审计报告的可读性就越低，但相关系数为负值，且 $p>0.05$，表明没有统计意义，即中国企业审计报告可读性与企业财务绩效之间不存在显著相关性（见表 6.9）。

表 6.9 我国企业审计报告可读性与净资产收益率相关性分析

指标	可读性	净资产收益率
Pearson 相关性	1	–0.361
显著性（双侧）		0.091
N	30	30

对于国外企业，本研究采取了同样的方法，按照每股收益值，将国外企业审计报告分为绩优组和绩差组。考虑到国外企业会用本国货币作为计量单位，而汇率又在不断波动，故本研究将非美元统计的样本剔除。

国外企业采取弗莱士指数和迷雾指数作为可读性的测量指标。绩优组审计报告可读性统计结果显示，弗莱士指数均值为 5.54，迷雾指数均值为 24.038；绩差组的弗莱士指数均值为 4.89，迷雾指数均值为 23.838。两者相比，绩优组企业审计报告的弗莱士指数和迷雾指数均高于绩差组，反映出绩优组企业的绩效较好，其审计报告的可读性也较高的趋势和特点，但 $p>0.05$，表明绩优组和绩差组间不存在显著差异（见表 6.10）。

表 6.10 国外企业审计报告可读性组间对比分析

可读性指标	绩优组	绩差组	p 值
弗莱士指数均值	5.54	4.89	>0.05
迷雾指数均值	24.038	23.838	>0.05

国外企业审计报告可读性与财务绩效之间的相关性分析结果显示，弗莱士指数与每股收益正相关（相关系数为 0.056），表明企业绩效越好，其审计报告的可读性也越高，但二者的相关性不存在统计意义上的显著性（$p>0.05$）。由此可以证

实本研究的假设：中外企业审计报告的可读性都和企业盈利水平无明显关系（见表 6.11）。

表 6.11　国外企业审计报告可读性与每股收益相关性分析

指标	弗莱士指数	每股收益
Pearson 相关性	1	0.056
显著性（双侧）		0.783
N	30	30

国外企业审计报告可读性与财务绩效之间的相关性分析结果显示，迷雾指数与每股收益负相关（相关系数为 –0.066），表明绩效越好，其审计报告的迷雾度越低，但二者的相关性不存在统计意义上的显著性（$p>0.05$）（见表 6.12）。本研究发现，中外企业审计报告的可读性都与企业盈利水平无显著相关关系。

表 6.12　国外企业审计报告迷雾指数与每股收益相关性分析

指标	每股收益	迷雾指数
Pearson 相关性	1	–0.066
显著性（双侧）		0.748
N	30	30

相关性分析结果显示，中外上市企业的审计报告的可读性与企业的财务绩效之间不存在统计意义上的显著关系，由此推断，审计报告无法预测出企业本年度的盈利水平，审计报告可能与资本市场信心和投资者情绪存在相关性，但需要进一步研究才能证实。

6.4　企业年报文本劝说性功能影响预测

在（–1，1）事件窗口期内，多元回归分析结果显示（表 6.13 第 2~4 列），在加入解释变量劝说性之前（表 6.13 第 3 列），模型的决定性系数 R^2 为 0.051，调整后的 R^2 为 0.041，说明调整后模型的拟合优度为 4.1%，方差分析 F 值为 5.097，且通过了 5% 的显著性检验。加入解释变量劝说性之后（表 6.13 第 4 列），模型的决定性系数 $R^2=0.051$，调整后的 $R^2=0.039$，调整后模型的拟合优度为 3.9%，下降了 0.2 个百分点，方差分析 F 值为 4.200，通过了 5% 的显著性检验，说明新加入的解释变量劝说性对模型的解释力没有贡献。而且解释变量劝说性的相关系数为 0.000，未通过 5% 的显著性检验，说明解释变量劝说性与累计异常收益率不存在显著相关关系，企业年报话语劝说性对短期资本市场收益没有影响。

在（2，30）事件窗口期内，多元回归分析结果显示（表 6.13 第 5~7 列），在加入解释变量劝说性之前（表 6.13 第 6 列），模型的决定性系数 $R^2=0.088$，调整后的 $R^2=0.078$，说明调整后模型的拟合优度为 7.8%，方差分析 F 值为 9.073，且通过了 5% 的显著性检验。加入解释变量劝说性之后（表 6.13 第 7 列），在控制了盈余意外和应计利润两个市场异象的情况下，模型的决定性系数 $R^2=0.103$，调整后的 $R^2=0.091$，调整后模型的拟合优度上升为 9.1%，上升了 1.3 个百分点，方差分析 F 值为 8.740，且通过了 5% 的显著性检验。这说明解释变量劝说性对模型的解释力有一定的贡献。而且，解释变量劝说性的回归系数为 0.014，且在 5% 的水平下显著正相关，这说明在控制市场异象等财务数据对市场反应的影响下，企业年报话语劝说性对企业年报信息披露的长期市场反应仍具有正向影响，且十分显著。

由此可见，企业年报话语的劝说性对资本市场收益具有显著的正向效应预测力，说明投资者对话语劝说性较高的企业年报会做出更多的反应。企业年报观点表达越清晰、信息密度越高，越能在有限的篇幅提供更多有价值的信息，越能提高信息传递效率，达到劝说投资者的目的，从而对资本市场收益产生正向效应的可能性越大。

表 6.13 企业年报劝说性影响资本市场收益的回归分析（部寒，2022）

	CAR (−1, 1)	CAR (−1, 1)	CAR (−1, 1)	CAR (2, 30)	CAR (2, 30)	CAR (2, 30)
常量	0.003 (1.253)	0.029 (1.585)	0.030 (1.591)	0.017*** (3.487)	0.007 (0.240)	0.014 (0.463)
劝说性	−0.001 (−0.193)		0.000 (0.054)	0.012** (2.160)		0.014** (2.509)
控制变量						
盈余意外		−0.000 (−0.068)	0.000 (−0.106)		−0.003* (−1.741)	−0.003* (−1.664)
应计利润		−0.005 (−1.004)	−0.005 (0.968)		−0.023** (−2.515)	−0.022** (−2.390)
企业规模		−0.011** (−2.093)	−0.011** (−2.052)		−0.004 (−0.428)	−0.007 (−0.765)
账面市值比		0.023*** (3.803)	0.023*** (3.748)		0.044*** (4.209)	0.046*** (4.423)

续表

	CAR (−1, 1)	CAR (−1, 1)	CAR (−1, 1)	CAR (2, 30)	CAR (2, 30)	CAR (2, 30)
净资产收益率		0.003 (0.537)	0.003 (0.521)		−0.017* (−1.655)	−0.016 (−1.602)
观测值	504	481	474	503	476	466
R	0.009	0.226	0.226	0.096	0.297	0.320
R^2	0.000	0.051	0.051	0.009	0.088	0.103
调整 R^2	−0.002	0.041	0.039	0.007	0.078	0.091
F	0.037	5.097	4.200	4.666	9.073	8.740
Sig.	0.847	0.000	0.000	0.031	0.000	0.000

注：***、**、*分别表示1%、5%与10%的显著性水平

部寒（2022）研究结果显示，抽样企业年报劝说性功能指标得分与企业资本市场累计异常收益率存在显著正向相关关系，具体表现为劝说性较高的企业年报在长事件窗口期内（2，30）的累计异常收益率均值显著高于劝说性较低的企业年报（md=0.026，t=−2.056，p<0.05）。劝说性较高的企业年报在事件窗口期内发生异常收益的天数（7天）高于劝说性较低的企业年报（2天），而且，在长事件窗口期内，劝说性较高的企业年报的累计异常收益率显著异于零，而劝说性较低的企业年报的累计异常收益率不显著异于零，这说明劝说性较高的企业年报更易引起资本市场收益。回归分析结果显示，在控制市场异象和公司特征等财务数据指标的情况下，劝说性指标的相关系数为0.014，通过了5%的显著性检验，劝说性与累计异常收益率显著正相关（R^2=0.103，F=8.740，p<0.05），这说明在其他条件不变的情况下，劝说性与资本市场收益显著正相关。可见，企业劝说表达越凝练，信息密度越高，资本市场对年报所披露的信息的反应越积极。

6.5 企业年报文本情感倾向性影响预测

在（−1，1）事件窗口期内，多元回归分析结果显示（表6.14第2~4列）（部寒，2022），在加入解释变量文本情感倾向性之前（表6.14第3列），模型的决定性系数 R^2=0.051，调整后的 R^2=0.041，说明调整后模型的拟合优度为4.1%，方差分析 F 值为5.097，且通过了5%的显著性检验。加入解释变量文本情感倾

向性之后（表 6.14 第 4 列），模型回归系数 $R^2=0.026$，调整后的 $R^2=0.014$，调整后模型的拟合优度为 1.4%，下降了 2.7 个百分点，方差分析 F 值为 2.116，未通过 5% 的显著性检验，说明新加入的解释变量文本情感倾向性对模型解释力没有贡献。而且解释变量文本情感倾向性的相关系数为 0.012，未通过 5% 的显著性检验，说明解释变量文本情感倾向性与短期累计异常收益率不存在显著相关关系，企业年报话语劝说性对短期资本市场收益没有影响。

在（2，30）事件窗口期内，多元回归分析结果显示（表 6.14 第 5~7 列），在加入解释变量之前（表 6.14 第 6 列），模型的决定性系数 $R^2=0.088$，调整后的 $R^2=0.078$，说明调整后模型的拟合优度为 7.8%，方差分析 F 值为 9.073，且通过了 5% 的显著性检验。加入解释变量文本情感倾向性之后（表 6.14 第 7 列），模型的决定性系数 $R^2=0.101$，调整后的 $R^2=0.089$，调整后模型的拟合优度上升为 8.9%，上升了 1.1 个百分点，方差分析 F 值为 8.663，且通过了 5% 的显著性检验，说明解释变量对模型解释力具有一定贡献。而且，解释变量文本情感倾向性的回归系数为 0.045，且在 10% 的显著性水平下显著正相关，说明企业年报话语中的积极情感表达对上市公司资本市场收益具有正向影响，且影响显著，即企业年报中积极情感表达越多，信息使用者对企业运营和未来发展等状况的态度越积极，越容易做出积极的投资决策，企业信息披露事件对资本市场收益的正向作用越大。

表 6.14　企业年报文本情感倾向性影响资本市场收益的回归分析

	CAR (−1, 1)	CAR (−1, 1)	CAR (−1, 1)	CAR (2, 30)	CAR (2, 30)	CAR (2, 30)
常量	0.006 (2.064)	0.029 (1.585)	0.020 (1.329)	0.038*** (5.805)	0.007 (0.240)	0.019 (0.619)
情感倾向性	0.022* (1.770)		0.012 (0.899)	0.106*** (4.180)		0.045* (1.680)
控制变量						
盈余意外		−0.000 (−0.068)	0.000 (0.126)		−0.003* (−1.741)	−0.003* (−1.745)
应计利润		−0.005 (−1.004)	−0.002 (−0.523)		−0.023** (−2.515)	−0.023** (−2.521)
企业规模		−0.011** (−2.093)	−0.007 (−1.543)		−0.004 (−0.428)	−0.003 (−0.353)

续表

	CAR (−1, 1)	CAR (−1, 1)	CAR (−1, 1)	CAR (2, 30)	CAR (2, 30)	CAR (2, 30)
账面市值比		0.023***	0.012**		0.044***	0.038***
		(3.803)	(2.153)		(4.209)	(3.480)
净资产收益率		0.003	0.007		−0.017*	−0.018*
		(0.537)	(1.358)		(−1.655)	(−1.777)
观测值	510	481	474	509	476	472
R	0.078	0.226	0.163	0.183	0.297	0.317
R^2	0.006	0.051	0.026	0.033	0.088	0.101
调整 R^2	0.004	0.041	0.014	0.031	0.078	0.089
F	3.133	5.097	2.116	17.472	9.073	8.663
Sig.	0.077	0.000	0.050	0.000	0.000	0.000

注：***、**、* 分别表示 1%、5% 与 10% 的显著性水平。

研究发现，抽样企业年报文本情感倾向性指标得分与企业资本市场累计异常收益率显著正相关，具体表现为文本情感倾向性较高的企业年报在长事件窗口期内（2, 30）的累计异常收益率均值显著高于文本情感倾向性较低的企业年报（$md=0.067$，$t=-4.842$，$p<0.05$）。情感倾向性较高的企业年报在事件窗口期内发生异常收益的天数（11 天）高于情感倾向性较低的企业年报（2 天），而且，在长事件窗口期内，情感倾向性较高的企业年报的累计异常收益率显著异于零，而情感倾向性较低的企业年报的累计异常收益率不显著异于零，这说明情感倾向性较高的年报更易引起资本市场反应。

回归分析结果显示，在控制市场异象和公司特征等财务数据指标的情况下，情感倾向性的相关系数为 0.045，通过了 5% 的显著性检验，情感倾向性与资本市场累计异常收益显著正相关（$R^2=0.101$，$F=8.663$，$p<0.05$），说明在其他条件不变的情况下，情感倾向性与资本市场收益显著正相关，说明企业年报文本所传达出的信息和情绪会引起资本市场的反应，正面的信息和积极的情绪会增加投资者的信心和吸引更多投资。相反，企业年报文本传达出的负面消息和消极情绪会导致资本市场的恐慌和投资者撤资。

6.6 企业年报话语可信度影响预测

（1）研究指标

本节测量企业年报话语可信度的指标包括激励动词占比、积极词占比、平均句长、平均词长、第一人称复数代词、动词被动式占比、情态动词占比、表现力、感染力。

测量财务绩效的为三项财务绩效指标：每股收益（EPS）、净资产收益率（ROE）和成本费用利润率（RPCE）。每股收益是税后利润与发行的股份数量的比值，它表示归属于普通股股东的每股平均损益，可用于反映经营期间其所有者的盈利状况。净资产收益率是净利润与平均所有者权益的比值，等于税后利润除以净资产。成本费用利润率意味着公司每消费一元能赚多少利润，不仅反映了企业实现的运营成果，而且反映了企业为获得利润所支付的价格，是税前收入与成本和费用总额的比值。在本研究中，成本和费用总额是通过计算运营成本、财务费用、管理费用和销售费用的总和得出的，这四项支出与企业的日常业务密切相关，不具稳定性的费用如营业外支出则不计算在内。为降低币种差异、企业规模和石油企业历史总绩效的差异对研究的影响，本研究使用这三大财务指标2019年的数据与2018年相比的增长率来表示企业2019年的财务绩效表现（见表6.15）。

表 6.15 六家中外石油企业财务绩效增长率（2019）

企业名称	每股收益/%	净资产收益率/%	成本费用利润率/%
英国石油公司（BP）	−2.67	−2.83	−3.88
埃克森美孚（Exxon Mobil）	−0.49	−0.51	−0.38
壳牌（Shell）	−0.87	−0.86	−0.89
中石油（CNPC）	−0.68	−0.65	−0.52
中石化（SINOPEC）	−0.34	−0.27	0.16
中海油（CNOOC）	−0.50	−0.50	−0.42

（2）三家中国石油企业年报话语可信度与财务绩效的相关性分析

相关性检验结果显示，四个话语可信度指标与中国三大石油企业三个财务绩效指标具有显著负相关性，四个话语可信度指标包括激励动词占比、积极词占比、平均词长、感染力。在三个财务指标中，与话语可信度相关性最大的是每股收益。每股收益绩效指标和六个话语可信度指标之间具有显著的负相关关系，表明话语可信度指标和每股收益指标相互影响最大,也就是说这六个话语可信度指标得分越高,该企业年报的文字就越不可信,企业每股收益就越差;反之,六个年报话语可信度指标得分越低,年报就越可信,企业每股收益就越高。我们进一步分析九个话语可信度指标,发现有以下四个特点:

1)在三家中国石油企业中,海外绩效较差的企业的年报会表现出更多的激励性,采用激励动词和浮夸文字强调自身的努力或成绩,以自利性归因的方式掩饰经营业绩不佳的现状,更加注重通过企业年报文字传达正面的和积极的信息。因此,如果企业年报大量使用激励动词,恰恰说明该企业在海外资本市场上表现不佳。

2)在三家中国石油企业中,绩效较差的企业会增强企业年报的文字积极性,采用令人愉快的表述方式,激发利益相关方的高兴情绪,从而降低他们的失望情感,增加他们对企业和市场的信心和支持。

3)在三家中国石油企业中,绩效较差的企业的年报的平均词长较长,词长增加可能意味着专业词汇和术语的增加,会给读者阅读和理解企业年报的真实信息造成一定的困难,从而实现企业隐藏不利信息的目的。相关性检验证实,年报的用词越长,企业的绩效通常也较差。

4)在三家中国石油企业中,绩效较差的企业的年报往往通过增加文字的感染力等隐藏策略对年报进行印象管理。因此,我们可以判断,企业年报的文字感染力越强,一般而言企业的绩效越差(见表 6.16)。

表 6.16　三家中国石油企业年报话语可信度与企业绩效相关性分析

变量	激励动词占比	积极词占比	平均句长	平均词长	第一人称复数代词	动词被动式占比	情态动词占比	表现力	感染力
每股收益	−.977**	−.826*	−0.782	−.817*	−0.745	−.815*	−0.761	−.825*	−.927**
净资产收益率	−.974**	−.826*	−0.781	−.816*	−0.747	−0.807	−0.761	−0.817	−.912**
成本费用利润率	−.974**	−.840*	−0.795	−.831*	−0.769	−0.810	−0.778	−0.820	−.928**

注:**、* 分别表示 5%、10% 的显著性水平

本研究发现,总体而言,其他五个话语可信度指标与净资产收益率和成本费用利润率这两个企业财务绩效指标无显著相关性,这五个话语可信度指标为平均

句长、第一人称复数代词、动词被动式占比、情态动词占比和表现力。

（3）三家外国石油企业年报话语可信度与财务绩效相关性分析

对外国石油企业年报话语可信度与财务绩效的相关性分析发现：

1）外国石油企业年报在激励动词占比和感染力两个语言指标上与中国石油企业年报呈现出相似的特点，都与企业财务绩效指标显著相关，这进一步验证了石油企业年报是否包含激励性文字和具有感染力的表述是甄别企业年报绩效表现情况的有效指标。

2）外国石油企业年报的平均句长、第一人称复数代词和情态动词占比与企业绩效显著负相关。一是绩效较差的外国石油企业会操控年报句子的长度，句长会增加年报信息理解的难度，达到印象管理的目的。二是绩效较差的外国石油企业的年报倾向于使用第一人称复数代词，采取群体引用等自利性归因策略，强调企业自身的努力和成绩，为企业绩效不佳找借口。三是绩效较差的外国石油企业的年报多用情态动词表达虚拟语气，可以达到开脱责任和营造良好形象的目的。

3）三家外国石油企业年报的积极词占比、平均词长、动词被动式占比、表现力四个指标均与企业财务绩效指标负相关，但相关性不具有统计意义上的显著性。也就是说，外国石油企业年报出现这些语言指标高的情况并不能说明企业财务绩效表现不佳，二者之间的联系不密切（见表6.17）。

表 6.17　三家外国石油企业年报话语可信度与企业绩效相关性分析

变量	激励动词占比	积极词占比	平均句长	平均词长	第一人称复数代词	动词被动式占比	情态动词占比	表现力	感染力
每股收益	−.841*	−.720	−.884*	−.678	−.987**	−.693	−.844*	−.480	−.918**
净资产收益率	−.854*	−.650	−.961**	−.656	−.990**	−.709	−.921**	−.626	−.930**
成本费用利润率	−.856*	−.748	−.857*	−.627	−.934**	−.692	−.878*	−.593	−.908**

注：**、* 分别表示 5%、10% 的显著性水平

对比分析显示，中外石油企业年报的话语可信度指标都与企业绩效负相关，从而证实了我们的假设，但两类年报在话语可信度指标类型和相关性的强弱度方

第 6 章 企业年报话语质量影响资本市场收益的预测分析

面存在共性和差异性：共性是两类年报在激励动词占比和感染力指标上特点相同，都与企业绩效显著负相关；差异性存在于其他七个可信度指标上。今后的研究首先要采用不同类型的中外企业年报进行验证性研究，并与石油企业年报的数据结果进行对比；其次，选择更多的可信度指标考查其对企业财务绩效指标的影响。

6.7 企业年报话语质量影响预测[①]

在（-1，1）事件窗口期内，多元回归分析结果显示（表 6.18 第 2～4 列），在加入各解释变量之前（表 6.18 第 3 列），模型的决定性系数 R^2=0.051，调整后的 R^2=0.041，说明调整后模型的拟合优度为 4.1%，方差分析 F 值为 5.097，且通过了 5% 的显著性检验。加入三个解释变量之后（表 6.18 第 4 列），模型的决定性系数 R^2=0.031，调整后的 R^2=0.014，调整后模型的拟合优度为 1.4%，下降了 2.7 个百分点，方差分析 F 值为 1.763，且未通过 5% 的显著性检验，说明新加入的解释变量对模型的解释力没有贡献。而且各解释变量的相关系数均未通过 5% 的显著性检验，说明各解释变量与短期累计异常收益率不存在显著相关关系，企业年报话语质量对短期资本市场收益没有影响。

在（2，30）事件窗口期内，多元回归分析结果显示（表 6.18 第 5～7 列），在加入各解释变量之前（表 6.18 第 6 列），模型的决定性系数 R^2=0.088，调整后的 R^2=0.078，说明调整后模型的拟合优度为 7.8%，方差分析 F 值为 9.073，且通过了 5% 的显著性检验。加入三个解释变量之后（表 6.18 第 7 列），在控制了盈余意外和应计利润两个市场异象的情况下，模型的决定性系数 R^2=0.138，调整后的 R^2=0.122，调整后模型的拟合优度上升为 12.2%，上升了 4.4 个百分点，方差分析 F 值为 8.709，且通过了 5% 的显著性检验，说明各解释变量对模型的解释力有一定贡献。解释变量可读性的回归系数为 0.008，在 5% 的显著性水平下显著正相关，解释变量劝说性的回归系数为 0.010，且在 10% 的显著性水平下显著正相关，解释变量情感倾向性的回归系数为 0.029，且在 10% 的显著性水平下显

[①] 本节内容转引自部寒（2022），有删减。

著正相关，说明在控制市场异象等财务数据对市场反应的影响下，企业年报话语的可读性、劝说性和情感倾向性对上市企业年报信息披露的长期市场反应仍具有正向影响，且影响显著。从三个变量的回归系数可以看出，年报话语情感倾向性对资本市场收益的影响效应最大（回归系数0.029），劝说性的影响效应次之（回归系数0.010），可读性的影响效应最小（回归系数0.008）。

表6.18 年报话语质量对资本市场收益的影响回归分析（部寒，2022）

变量	CAR(−1, 1)	CAR(−1, 1)	CAR(−1, 1)	CAR(2, 30)	CAR(2, 30)	CAR(2, 30)
常量	0.007** (2.063)	0.029 (1.585)	0.016 (0.974)	0.036 (5.294)	0.007 (0.240)	0.062* (1.858)
可读性	−0.000 (−0.016)		0.000 (0.034)	0.006** (2.375)		0.008*** (2.975)
劝说性	−0.002 (−0.522)		0.000 (−0.095)	0.008 (1.376)		0.010* (1.651)
情感倾向性	0.021* (1.672)		−0.008 (−0.560)	0.106*** (4.059)		0.029* (1.721)
控制变量						
盈余意外		−0.000 (−0.068)	0.000 (0.060)		−0.003* (−1.741)	−0.003 (−1.377)
应计利润		−0.005 (−1.004)	−0.003 (−0.597)		−0.023** (−2.515)	−0.023** (−2.498)
公司规模		−0.011** (−2.093)	−0.006 (−1.277)		−0.004 (−0.428)	−0.018* (−1.925)
账面市值比		0.023*** (3.803)	0.015** (2.593)		0.044*** (4.209)	0.042*** (3.609)
净资产收益率		0.003 (0.537)	0.006 (1.260)		−0.017* (−1.655)	−0.019* (−1.901)
观测值	481	481	446	483	476	446
R	0.080	0.226	0.177	0.232	0.297	0.371
R^2	0.006	0.051	0.031	0.054	0.088	0.138
调整R^2	0.000	0.041	0.014	0.048	0.078	0.122

续表

变量	CAR (−1, 1)	CAR (−1, 1)	CAR (−1, 1)	CAR (2, 30)	CAR (2, 30)	CAR (2, 30)
F	1.018	5.097	1.763	9.060	9.073	8.709
Sig.	0.384	0.000	0.082	0.000	0.000	0.000

注：a. ***、**、* 分别表示 1%、5% 与 10% 的显著性水平

b. 该表呈现了回归分析结果。被解释变量 CAR（−1, 1）表示年报发布前一天到后一天的累计异常收益率，年报发布当天为第 0 天。被解释变量 CAR（2, 30）表示年报发布后第 2 天到第 30 天的累计异常收益率。异常收益的估计采用 French-Fama 三因素模型

c. 该表中各个模型的观测值存在差异，因为删除了各变量数据中的异常值，以使数据服从正态分布

研究结果显示，在控制了市场异象和企业基本面等财务数据指标对资本市场收益影响的情况下，企业年报话语的可读性、劝说性和情感倾向性仍然对资本市场收益存在正向影响。其中，情感倾向性对资本市场收益的影响效应最大，劝说性的影响效应次之，可读性的影响效应最小。

第 7 章

企业年报话语质量评价研究结论与展望

本书研究了中外企业年报话语质量多维评价特征及其对资本市场收益的影响，取得了两个重要发现：一是中外企业年报文本在互文性、复杂度、可读性、话语交际功能、情感倾向性、话语可信度、语篇结构关系等特征上存在许多共性与差异；二是中外企业年报话语质量可以对企业的资本市场收益和企业绩效产生影响，企业年报语言质量直接关系到企业在海外市场利益和企业形象，成为影响企业海外发展的重要因素之一，值得我国海外上市企业高度重视。

7.1 企业年报话语质量多维评价特征研究结论

7.1.1 企业年报文本互文性特征

1）对中美上市企业年报首席执行官致辞的文本性特征进行统计分析发现，中美上市企业年报首席执行官致辞的文本特征指标存在显著差异：与美国企业相比，中国企业首席执行官致辞篇幅较短，少用被动结构与自我指代，二者存在显著差异，美国企业首席执行官致辞显著长于中国企业首席执行官致辞。

2）中美上市企业年报首席执行官致辞的互文性特征指标存在显著差异。一、中文年报大量使用引号，涉及三种主要用法：直接引语，表示特定称谓，表示突出强调。二、中英文年报首席执行官致辞的互文性存在共性与差异。就共性而言，二者均使用直接引语，披露绩效信息与前瞻性信息，部分年报间存在语块重复。就差异性而言，中国企业中文年报多用直接引语，侧重财务信息；美国企业英文年报少用直接引语，引语动词数量较多。中美企业年报 N-元词组的使用不存在显著差异。

3）互语性分析发现，中美上市企业年报首席执行官致辞存在显著差异与无显著差异并存的现象。中国企业年报绩效信息披露显著多于美国企业年报，中英文首席执行官致辞对前瞻性信息的披露无显著差异。

7.1.2 企业年报文本复杂度特征

1）中美企业年报话语的词汇复杂度存在显著差异，中国企业年报话语的词汇熟悉性显著高于美国企业年报；但同时，中国企业年报话语的词汇具体性、意象性和意义性都显著低于美国企业年报。中美企业年报话语在句法复杂度方面不存在显著差异。

2）不同类型企业年报的词汇复杂度和句法复杂度在平均词长和标准类符/形符比方面都出现较大差异。一、中国企业社会责任年报的词汇复杂度高于美国企业年报，平均词长保持在 3.22~3.32 个字母，标准类符/形符比高于美国企业社会责任年报，标准类符/形符比保持在 47.37~48.03。二、平均句长复杂度统计发现，中美银行业企业社会责任年报存在显著差异。统计结果显示，中国企业社会责任年报的平均句长保持在 33.36~41.55 个词，美国企业社会责任年报的平均句长保持在 20.82~22.91 个词。中国企业社会责任年报平均句长接近或超出平均句长 35 个词的阅读复杂度的临界点，直接影响了读者的阅读速度和阅读效率。三、句法复杂度统计发现，中美企业社会责任年报的句法结构差异不大，句法复杂度不高。文本中被动语态出现频率不高，没有对读者造成阅读难度，句法复杂度无显著影响。

7.1.3 企业年报文本可读性特征

对首席执行官致辞、审计报告、管理层讨论与分析三种不同类型的中外企业年报样本的文本可读性进行研究，发现：

1）中美企业年报话语迷雾指数存在显著差异，中国企业年报话语可读性高于美国企业年报。从句长和词长来看，中国企业年报话语的阅读难度较低，可读性较强。

2）中外企业年报阅读难度较大，在可读性五个具体指标上存在差异。中国企业年报在叙事性、句法简洁性、指称衔接性和深层衔接性四个指标上均超过外国企业年报，但在叙事性和句法简洁性两个指标上与外国企业年报并没有显著差异，而与语篇衔接性有关的两个指标均显著高于外国企业年报，两者相比存在显著的差异。外国企业年报的词汇具体性显著高于中国企业年报。

3）在30家抽样国外企业中，有18家的审计报告属于"非常难读"的水平，有12家的审计报告达到了"难以理解"的水平。93.3%的审计报告远远超过了目标读者的理解能力。中外企业审计报告迷雾指数测量结果显示部分企业审计报告的可读性难度极大，国外审计报告的可读性更高，国内审计报告更规范统一。中外企业2011—2015年的审计报告在弗莱士指数和迷雾指数上均表现出了较大波动，可读性变化趋势不同，呈现出差异和较为复杂的变化特点。

7.1.4 企业年报多维话语交际功能特征

1）中美企业年报话语在功能维度特征上存在异同。与美国企业年报相比，中国企业年报话语的信息性、叙事性和指称明晰性较强，而交互性和劝说性较弱。但两类年报的"信息抽象与具体程度"指标不存在显著差异，抽象性都较高。两类年报的详细话语特征差异主要表现在非限制性定语从句、名词、第一人称代词、定语形容词、现在时、句法否定、副词、名物化、wh引导的主语从句、不定式、可能意义情态动词和劝说性动词等特征的出现频率上。

2）与美国企业年报相比，中国企业年报话语的直接劝说性、立场表达信息聚合性和命题可靠性较弱，而主体定位主观性与客观性较强。美国企业年报对自身立场的表达更直接，且更精练，信息密度较高，可靠性较高。

7.1.5 企业年报文本情感倾向性特征

1）从情感倾向来看，《财富》上榜中美前50强企业英文年报话语都存在积极情感倾向的印象管理行为，美国企业年报的积极情感倾向比我国企业年报更强。2）从情感主题来看，我国企业英文年报的积极情感主题多集中于企业活动和能力；

美国企业英文年报的积极情感主题较多集中于企业业绩。3）我国榜首和榜尾企业的年报的积极情感资源较多用于评价企业活动，表现出一致性特征。4）美国企业年报的积极情感主题分布状况与业绩相关，榜首企业的积极情感资源多用于评价企业成就，而榜尾企业的积极情感资源多用于评价企业活动。

7.1.6 企业年报话语可信度特征

1）中外企业年报的话语可信度都较高，失信度均较低，二者相比不存在显著差异。2）中外企业年报在激励动词占比、积极词占比、平均句长、平均词长、第一人称复数代词、动词被动式占比、情态动词占比、形容词/副词与名词/动词占比、空间/时间词占比九个指标上的得分都不高，年报文字可信度较高，不存在通过文字传递虚假信息的情况。3）中外企业年报在积极度、非相邻性、不确定性三个指标上存在显著差异。4）中外企业年报在情感性、复杂度、表现力和具体性四个指标上均不存在显著差异。

7.1.7 企业年报文本修辞结构关系与功能特征

1）中美企业中英文年报的主导语篇结构关系类别为概念关系，工行多于花旗银行；工行语篇的人际关系远低于花旗银行语篇，原因在于花旗银行年报使用了较多的让步、对照、评价、从属等人际关系。相比之下，工行语篇的信息性更强，倾向于对事实和信息的呈现，而花旗银行语篇的劝说性更强，倾向于对态度和判断的表达。花旗银行年报对非财务信息的披露更完全，工行年报对公司战略和顾客满意度指标的披露更加充分。两类语篇各指标披露的语篇结构关系也存在较大差异，在公司外部环境指标中，工行使用了环境和并列关系，而花旗银行使用了让步关系。在公司战略、风险及应对措施和顾客满意度指标中，工行使用的结构关系集中于阐述、并列和意愿性结果关系，而花旗银行使用的结构关系种类较多且分布较均匀。

2）中美企业年报在语篇结构功能上均包含阐述、并列、准备、目的、方式、意愿性结果等六种结构关系，但也存在诸多差异：工行年报语篇单独使用了背景和综述两类结构关系；而花旗银行年报语篇单独使用了意愿性原因、非意愿性原因和证据三类结构关系，二者相比存在显著差异；就关系频数而言，工行年报中并列、阐述、背景三类结构关系出现频率高,而花旗银行年报中阐述、原因、空间和时间四类结构关系出现频率高;两类语篇都较多使用单核心关系实现传播功能,工行多用呈现关系传播策略,花旗银行多用主题关系传播策略,二者差异明显。

7.2 企业年报话语质量的经济影响研究结论

7.2.1 企业年报文本互文性对企业绩效产生影响

本研究发现,首席执行官致辞部分的互文性特征与企业绩效存在显著影响关系,且中美企业年报之间存在差异。中国企业年报中文首席执行官致辞披露的绩效信息量、前瞻性信息量分别与净资产收益率和每股收益负相关,而美国企业的英文年报首席执行官致辞的引语动词量与每股收益负相关,其他互文性指标与绩效不存在显著影响。

7.2.2 企业年报文本复杂度对资本市场收益产生影响

本研究发现,企业年报词汇复杂度和句法复杂度对资本市场收益率产生影响,具体如下:

1)对企业年报词汇复杂度的研究发现,一、从整体来看,年报在发布日(事件日)当天及其后均会产生异常收益。词汇复杂度较高的年报在窗口期内发生异常收益的天数远多于词汇复杂度较低的年报。词汇复杂度较高的年报在发布日之后的事件窗口期内,有10天均出现异常收益率的波动。由此可见,企业年报文本的词汇复杂度的高低对资本市场收益具有显著的正向影响。词汇复杂度较高的企业年报易引起投资者的反应,易影响市场收益率。企业年报中使用的词汇越具体,越有利于读者理解,越能提高信息传递效率,减少信息不对称,对市场反应的正向作用越大。而词汇复杂度较低的企业年报由于会对信息传递和投资者理解造成一定困难,会造成投资者对资本市场反应迟钝或没有反应。二、在(2,30)事件窗口期内,词汇具体性较高的年报与词汇具体性较低的年报的累计异常收益率存在显著差异,词汇具体性较高的年报累计异常收益率显著高于词汇具体性较低的年报。在词汇熟悉性、意象性和意义性指标上得分较高与较低的年报累计异常收益均不存在显著差异。从长期来看，企业年报文本的词汇具体性会影响投资者对年报信息披露的反应。

2）企业年报句法复杂度影响研究发现，一、从整体来看，年报在发布日（事件日）当天及其后均会产生异常收益。句法复杂度较低的年报在窗口期内发生异常收益的天数远高于句法复杂度较高的年报。年报的句法复杂度影响信息的传递效率和投资者对信息的反应。二、在（2，30）事件窗口期内，动词–动词论元结构频率较高的年报与动词–动词论元结构频率较低的年报累计异常收益率存在显著差异。前者的累计异常收益率显著低于后者，说明投资者对句法复杂度较低的企业年报做出了反应。动词–动词论元结构使用少，句法越简单，越有利于读者理解，越能提高信息传递效率，越容易引起投资者对年报信息的积极反应，对资本市场收益率产生正向影响。从长期来看，年报话语中的动词–动词论元结构使用频率会影响投资者对年报信息披露的反应，具有一定的信息含量。其他句法复杂度指标得分较高与较低的年报的累计异常收益率均不存在显著差异。

7.2.3 企业年报文本可读性没有产生显著经济影响

本研究发现，在窗口期内，1）迷雾指数较高与较低企业年报的累计异常收益率均值之间不存在显著差异。2）企业年报话语可读性的高低对资本市场收益没有显著影响。企业年报话语模糊度不会引起短期资本市场或长期资本市场明显的反应，没有对资本市场收益率产生实质性影响。

7.2.4 企业年报文本劝说性功能对资本市场累计异常收益率产生影响

本研究发现，1）总体而言，在窗口期内，企业年报劝说性功能对资本市场累计异常收益率具有显著正向影响，劝说性较高的企业年报在长事件窗口期内的累计异常收益率均值显著高于劝说性较低的企业年报。2）立场表达信息聚合性较高的年报累计异常收益率显著高于较低的年报。3）其他劝说性指标得分较高与较低的企业年报累计异常收益率均不存在显著差异。4）从长期来看，企业年报话语的立场表达信息聚合性会影响投资者对年报信息披露的反应，具有一定的信息含量。企业年报的劝说性越强，资本市场对年报所披露的信息的反应越积极。

7.2.5 企业年报文本情感倾向性对资本市场收益产生影响

1）企业年报文本情感倾向性研究发现：一、企业年报文本情感倾向在中外年报中普遍存在，能够引起资本市场的反应，企业年报文本积极情感倾向和未来情感倾向与资本市场收益表现出较强的相关性。中外企业年报文本的积极情感倾向都能够引发资本市场的反应。在短期窗口内，累计异常收益率受到企业年报披露的积极情绪和正面消息的影响很大。二、回归分析显示，中外企业年报文本积极情感与未来情感倾向都对资本市场收益产生正向效应。中国企业年报中未来情感特征高于积极情感特征。外国企业年报积极情感倾向对市场收益率的影响比中国企业年报更加突出，但年报未来情感倾向的效应不如中国企业年报，两者相比存在显著差异。

2）进一步分析和验证企业年报文本情感倾向性后发现，一、在（2，30）事件窗口期内，情感倾向性较高与较低的年报的累计异常收益率存在显著差异，前者对累计异常收益率的影响显著高于后者。二、从长期来看，年报文本情感倾向性会影响投资者对年报信息披露的反应，具有一定的信息含量。三、回归分析显示，在控制市场异象和公司财务基本面的情况下，年报情感倾向性对资本市场收益产生显著正向影响。

7.2.6 企业年报话语可信度与企业绩效显著负相关

1）对中国企业年报分析后发现，一、中国企业年报的激励动词占比、积极词占比、平均词长、感染力四项话语可信度指标与三项财务绩效指标都显著负相关，其中，与可信度相关性最大的是每股收益——与六个话语可信度指标显著负相关。二、平均句长、第一人称复数代词、动词被动式占比、情态动词占比和表现力五个话语可信度指标与净资产收益率和成本费用利润率无显著相关性。

2）对外国企业年报分析后发现：一、激励动词占比和感染力两个话语可信度指标与财务绩效显著相关，这进一步验证了企业年报是否包含激励性文字和具有感染力的表述是甄别企业年报绩效表现情况的有效指标。二、外国企业年报的平均句长、第一人称复数代词和情态动词占比与企业绩效显著负相关。三、外国企业年报的积极词占比、平均词长、动词被动式占比、表现力四项指标均与财务绩效具有负相关性，但不显著。

3）中外年报对比分析发现，中外企业年报的话语可信度指标都与企业绩效负相关，但两类年报在话语可信度指标类型和相关性的强弱度方面存在共性和差异性：共性是两类年报在激励动词占比和感染力指标上特点相同，都与企业绩效显著负相关；差异性存在于其他七个可信度指标上。

7.2.7 企业年报话语质量对长期市场收益影响显著

本研究发现，1）在事件窗口期内，在控制市场异象和企业财务基本面对市场收益率的影响下，企业年报话语的可读性、劝说性和情感倾向性对企业年报信息披露的长期市场收益具有显著的正向影响。2）企业年报质量对资本市场收益的影响依次为：文本情感倾向性对资本市场收益的影响效应最大，劝说性的影响效应次之，可读性的影响效应最小。

7.3 企业年报话语未来研究方向

首先，今后的研究还可以扩大语料，企业财务报告还包括季度报告、盈余公告、首次公开募股招股说明书、盈余电话会议纪要等不同形式。今后研究可以扩大文本的类型，从而更加全面地考查企业年报话语质量。

其次，今后的研究可以进一步考查年报的沟通功能。本研究语料包含了首席执行官致辞、管理层讨论与分析、审计报告、企业社会责任报告等若干类型。研究发现，不同的章节披露不同的信息，有着不同的交际目的，话语特征及功能也可能存在差异。未来研究可以深入对比和考查不同部分和章节的话语质量和交际功能，对比不同类型企业年报的话语质量特征和交际功能特征，更加全面地描绘中外企业年报话语质量存在的共性和差异。

再次，今后的研究可考查企业年报语步、话题链、叙事链、语义波、概念隐喻等更深层次的话语特征，以及预测这些话语特征对资本市场收益的影响。

最后，今后的研究可以增加企业影响变量，以便开展相关研究，以期为提升海外上市的中国企业的对外传播能力和构建企业对外话语体系提供借鉴和启示。

7.4 企业年报话语质量研究建议

本研究建议（部寒，2022），我国企业在"走出去"的过程中需要高度重视企业年报话语传播能力的提升，应重点把握以下三个方面：

（1）充分认识企业年报话语是国际经济话语体系的重要组成部分

企业在"走出去"的过程中，应通过建设与国际社会兼容的经济话语体系，讲好企业故事，实现话语认同，从而获得资本市场的价值认同，更好地开展国际交流与合作，提高开放质量。企业年报话语是经济话语体系的重要组成部分，是海外上市企业与海外利益相关者之间沟通的重要渠道，因而，中国企业在赴海外上市的过程中，需要重视年报话语在建设与国际社会兼容的经济话语体系中的重要作用，以海外市场容易接受的方式讲好中国故事，讲好企业故事。

（2）高度重视企业年报话语质量对经济活动产生的影响

企业年报是企业披露内部信息的重要渠道，企业年报话语是信息传递的重要载体，影响企业内部信息的对外传递效率。年报话语质量的提高，可以提高企业信息传递效率，使企业内部信息在资本市场得到更充分的反应，减少信息不对称，降低代理成本，提高市场效率，从而提升经济效益。我国海外上市企业应认识到提高年报话语质量对经济活动产生的重要影响，同时，应重视年报话语质量低劣可能会导致的不良经济后果，甚至导致企业绩效下滑，出现亏损。

（3）努力提高企业对外话语传播能力，提升企业国际话语权

近年来我国企业"走出去"的步伐不断加快，但由于语言文化背景、社会环境、价值观念和人的思维方式的巨大差异，我国企业在对外传播话语能力和国际话语权建设方面仍然任重道远。在经济全球化背景下，中国企业在走出国门的过程中，要想在海外争取到与本土企业平等的权益，需要努力提升自身的话语权。提升对外话语传播能力是扩大话语权的重要路径。提升对外话语传播能力需要厘清影响话语传播质量的因素。因而，学界和企业界都应努力挖掘影响话语传播的因素，重视对外话语传播能力的提升。

参考文献

Abelen, E., Redeker, G., & Thompson, S. A. (1993). The rhetorical structure of US-American and Dutch fund-raising letters [J]. *Text*, 13 (3) : 323–350.

Abrahamson, E., & Amir, E. (1996). The information content of the president's letter to shareholders [J]. *Journal of Business Finance and Accounting*, 23 (8) : 1157–1182.

Abrahamson, E., & Park, C. (1994). Concealment of negative organizational outcomes: An agency theory perspective [J]. *Academy of Management Journal*, 37: 1302–1334.

Adamson, G., Pine, J., Steenhoven, T. V., & Kroupa, J. (2006). How storytelling can drive strategic change [J]. *Strategy & Leadership*, 34 (1) : 36–41.

Adelberg, A. H. (1979). Narrative disclosures contained in financial reports: Means of communication or manipulation [J]. *Accounting and Business Research*, 9 (35) : 179–189.

Ahmed, A., Neel, M., & Wang, D. (2013). Does mandatory adoption of IFRS improve accounting quality? Preliminary evidence [J]. *Contemporary Accounting Research*, 30 : 1344–1372.

Ahmed, Y., & Elshandidy, T. (2016). The effect of bidder conservatism on M&A decisions: Text-based evidence from US 10-K filings [J]. *International Review of Financial Analysis*, 46: 176–190.

Aiezza, M. C. (2015). A corpus-assisted discourse analysis of modality markers in CSR reports [J]. *Studies in Communication Science*, 15: 68–76.

Alderson, J. C. (2000). Assessing reading [J]. *Cambridge Language Assessment Series*.

Alford, A., Jones, J., Leftwich, R., & Zmijewski, M. (1993). The relative information content of accounting disclosures in different countries [J]. *Journal of Accounting Research*, 31: 183–223

Ali, A. M., Abu, F. S., & Yuit., C. M. (2013). Review of studies on corporate annual reports during 1990–2012 [J]. *International Journal of Applied Linguistics & English Literature*, 2: 133–141.

Allee, K. D., Bhattacharya, N., Black, E. L., & Christensen, T. E. (2007). Pro forma disclosure and investor sophistication: External validation of experimental evidence using archival data [J]. *Accounting Organizations & Society*, 32 (3) : 201–222.

Allen, B. J. (2004). *Difference matters*: *Communicating social identity* [M]. Long Grove, IL: Waveland Press.

Allen, G. (2000). *Intertextuality* [M]. London: Routledge.

Alvesson, M., & Dan, K. (2011). Decolonializing discourse: Critical reflections on organizational discourse analysis [J]. *Human Relations*, 64: 1121–1146.

Alvesson, M., & Deetz, S. (2000). *Doing Critical Management Research* [M]. London: Sage.

Alvesson, M., & Kärreman, D. (2000a). Taking the linguistic turn in organizational research [J]. *The Journal of Applied Behavioral Science*, 36: 136–158.

Alvesson, M., & Kärreman, D. (2000b). Varieties of discourse: On the study of organizations through discourse analysis [J]. *Human Relations*, 53: 1125–1149.

Anderson-Gough, F., Grey, C., & Robson, K. (1998). Work hard, play hard: An analysis of organizational cliche′ in two accountancy practices [J]. *Organization*, 5: 565–592.

Anderson-Gough, F., Grey, C., & Robson, K. (2000). In the name of the client: The service ethic in two professional services firms [J]. *Human Relations*, 53: 1151–1174.

Andersson, M., & Spenader, J. (2014). RESULT and PURPOSE relations with and without "so" [J]. *Lingua*, 148: 1–27.

Andrea, M. (2008). *Language and Power*: *An Introduction to Institutional Discourse* [M]. London: Continuum.

Andrews, K. R. (1987). *The Concept of Corporate Strategy* [M]. 3 ed. Homewood, Illinois: Richard D Irwin.

Antonio, J. D. (2011). Expression of purpose rhetorical relation in formal speeches and oral interviews [J]. *Calidoscopio*, 9 (3) : 206–215.

参考文献

Arena, C., Bozzolan, S., & Michelon, G. (2015). Environmental reporting: Transparency to stakeholders or stakeholder manipulation? An analysis of disclosure tone and the role of the board of directors [J]. *Corporate Social Responsibility and Environmental Management*, 22: 346–361.

Aristotle. (1954). *The Rhetoric* [M]. Trans. W. R. Roberts. New York: The Modern Library.

Aritz, J., Walker, R., Cardon, P., & Li, Z. (2017). Discourse of leadership: The power of questions in organizational decision making [J]. *International Journal of Business Communication*, 54: 161–181.

Arnold, T., Fishe, R. P. H., & North, D. (2010). The effects of ambiguous information on initial and subsequent IPO returns [J]. *Financial Management*, 39: 1497–1519.

Ashforth, B., & Mael, F. (1989). Social identity theory and the organization [J]. *Academy of Management Review*, 14: 20–39.

Athanasakou, V., & Hussainey, K. (2014). The perceived credibility of forward-looking performance disclosures [J]. *Social Science Electronic Publishing*, 44: 227–259.

Auer, P. (1995). The pragmatics of code-switching [C]. In L. Milroy & P. Muysken (Eds.), *One speaker*: *Two languages*. Cambridge: Cambridge University Press, 115–135.

Auer, P. (1998). Introduction: Bilingual conversation revisited [C]. In P. Auer (Ed.), *Codeswitching in conversation*: *Language interaction and identity*. London: Routledge: 1–25.

Bailin, A., & Grafstein, A. (2016). *Readability*: *Text and Context* [M]. Palgrave Macmillan UK.

Bakar, A., Sheikh, A., & Ameer, R. (2011). Readability of corporate social responsibility communication in Malaysia [J]. *Corporate Social Responsibility and Environmental Management*, 18 (1) : 50–60.

Baker, P., & Levon, E. (2015). Picking the right cherries? A comparison of corpus-based and qualitative analyses of news articles about masculinity [J]. *Discourse & Communication*, 9: 221–236.

Bakhtin, M. M. (1981). *The dialogic imagination*: *Four essays by M. M. Bakhtin* [M]. Austin, TX: University of Texas Press.

Ball, R., & Brown, P. (1968). An empirical evaluation of accounting income numbers [J].

Journal of Accounting Research, 6: 159–178.

Ball, R., & Brown, P. (2014). Ball and Brown (1968): A Retrospective [J]. *The Accounting Review*, 89 (1) : 1–26.

Ball, R., Robin, A., & Sadka, G. (2008). Is financial reporting shaped by equity markets or by debt markets? An international study of timeliness and conservatism [J]. *Review of Accounting Studies*, 13 (2–3) : 168–205.

Balogun, J., Jacobs, C., Jarzabkowski, P., Mantere, S., & Vaara, E. (2014). Placing strategy discourse in context: Sociomateriality, sensemaking, and power [J]. *Journal of Management Studies*, 51: 175–201.

Bansal, P. (2013). Inducing frame-breaking insights through qualitative research [J]. *Corporate Governance*: *An International Review*, 21 (2) : 127–130.

Barbara, J. (2018). *Discourse Analysis* [M]. 3 ed. New Jersey: Wiley-Blackwell.

Bargiela-Chiappini, F., Nikerson, C. & Planken, B. (2007). *Business Discourse* [M]. New York: Palgrave Macmillan.

Barth, M., Landsman, W., & Lang, M. (2008). International accounting standards and accounting quality [J]. *Journal of Accounting Research*, 46: 467–498.

Barzilay, R., & Lapata, M. (2008). Modeling local coherence: An entity-based approach [J]. *Computational Linguistics*, 34 (1) : 1–34.

Basu, A., Lal, R., Srinivasan, V., & Staelin, R. (1985). Salesforce compensation plans: An agency theoretic perspective [J]. *Marketing Science*, 4: 267–291.

Basu, S. (2012). How can accounting researchers become more innovative? [J]. *Accounting Horizons*, 26 (4) : 851–870.

Battalio, R. H., Lerman, A., Livnat, J., & Mendenhall, R. M. (2006). Who, if Anyone Reacts to Accrual Information? [R]. *Working Paper*, New York University.

Bawarshi, A., & Mary, J. R. (2010). Genre: An Introduction to History, Theory, Research, and Pedagogy [J]. *Colorado*: *Parlor Press and WAC Clearinghouse*, 29: 41, 78.

Beattie, V. (2014). Accounting narratives and the narrative turn in accounting research: Issues, theory, methodology, methods and a research framework [J]. *British Accounting Review*, 46: 111–134.

Beattie, V., Fearnley, S., & Hines, T. (2011). *Reaching key financial reporting decisions*: *How UK directors and auditors interact* [M]. New Jersey: Wiley-Blackwell.

Becker, J., & Giering, M. E. (2010). Reported speech in texts of scientific dissemination made up by solutionhood relation [J]. *Revista Signos*, 43: 27–44.

Becker, K. (1997). Spanish/English bilingual code-switching: A syncretic model [J]. *Bilingual Review*, 22: 3–31.

Bedford, N. M., & Baladouni, V. (1962). A communication theory approach to accountancy [J]. *Accounting Review*, 37: 650–659.

Beelitz, A., & Merkl-Davies, D. M. (2012). Using discourse to restore organisational legitimacy: "CEO-speak" after an incident in a German nuclear power plant [J]. *Journal of Business Ethics*, 108 (1) : 101–120.

Bekey, M. (1990). Annual reports evolve into marketing tools [J]. *The Financial Manager*, 3 (1) : 59.

Bengio, Y., Simard, P., & Frasconi, P. (1994). Learning long-term dependencies with gradient descent is difficult [J]. *IEEE transactions on neural networks*, 5: 157–166.

Benor, S. (2010). Ethnolinguistic repertoire: Shifting the analytic focus in language and ethnicity [J]. *Journal of Sociolinguistics*, 14: 159–183.

Berger, P., & Luckmann, T. (1967). *The Social Construction of Reality: A Treatise on the Sociology of Knowledge* [M]. Garden City, NY: Anchor Books.

Bergmann, G. (1964). *Logic and Reality* [M]. Madison: University of Wisconsin Press.

Bernard, V. L., & Thomas, J. (1990). Evidence that stock prices do not fully reflect the implications of current earnings for future earnings [J]. *Journal of Accounting and Economics*, 13: 305–340.

Berzlanovich, I., & Redeker, G. (2012). Genre-dependent interaction of coherence and lexical cohesion in written discourse [J]. *Corpus Linguistics and Linguistic Theory*, 8 (1) : 183–208.

Bhatia, V. K. (1993). *Analyzing Genre: Language Use in Professional Settings* [M]. London: Longman Publishing House.

Bhatia, V. K. (2005). Genres in Business Contexts [C]. In A. Trosborg & P. E. Flyvholm Jørgensen (Eds), *Business Discourse*: *Texts and Contexts*. Bern: Peter Lang: 17–39.

Bhatia, V. K. (2008). Genre analysis, esp and professional practice [J]. *English for Specific Purposes*, 27: 161–174.

Bhatia, V. K. (2008). Towards critical genre analysis [M]. In V. K. Bhatia, J. Flowerdew & R. H. Jones (Eds), *Advances in Discourse Studies*. London and New York: Taylor & Francis Group, 166–177.

Bhatia, V. K. (2010). Interdiscursivity in professional communication [J]. *Discourse & Communication*, 4 (1) : 32–50.

Bhatia, V. K. (2010). Interdiscursivity in professional communication [J]. *Discourse & Communication*, 32: 32–50.

Biber, D. (1988). *Variation across Speech and Writing* [M]. Cambridge: Cambridge University Press.

Biber, D. (1988). *Variation across Speech and Writing* [M]. Cambridge: Cambridge University Press.

Biber, D. (1992). On the complexity of discourse complexity: A multidimensional analysis [J]. *Discourse Processes*, 15 (2) : 133–163.

Biber, D. (1995). *Dimensions of Register Variation: A Cross-linguistic Perspective* [M]. Cambridge: Cambridge University Press.

Biber, D. (2006). Stance in spoken and written university registers [J]. *Journal of English for Academic Purposes*, 5: 97–116.

Biber, D. (2006). *University Language: A corpus-based Study of Spoken and Written Registers* [M]. Amsterdam: John Benjamins.

Biber, D. (2008). Corpus-based analyses of discourse: Dimensions of variation in conversation [M]. In V. Bhatia, J. Flowerdew, & R. Jones (Eds), *Advances in discourse studies*. London: Routledge: 100–114.

Biber, D., & Conrad, S. (2009). *Register, Genre, and Style* [M]. Cambridge and New York: Cambridge University Press.

Biber, D., & Egbert, J. (2016). Register variation on the searchable web: A multi-dimensional analysis [J]. *Journal of English Linguistics*, 44: 95–137.

Biber, D., & Finegan, E. (1989). Styles of stance in English: Lexical and grammatical marking of evidentiality and affect [J]. *Text-interdisciplinary Journal for the Study of Discourse*, 9: 93–124.

Biber, D., Gray, B., & Poonpon, K. (2011). Should We Use Characteristics of Conversation to Measure Grammatical Complexity in L2 Writing Development? [J]. *TESOL Quarterly*, 45: 5–35.

Biddle, G., Hilary, G., & Verdi, R. (2009). How Does Financial Reporting Quality Relate to Investment Efficiency? [J]. *Journal of Accounting and Economics*, 48: 112–131.

Blau, E. (1982). The effects of syntax on readability for ESL students in Puerto Rico [J]. *TESOL Quarterly*, 16: 517–528.

Blau, P. M. (1977). *Inequality and heterogeneity*: *A primitive theory of social structure* [M]. New York: Free Press.

Bloomfield, R. (2008). Discussion of annual report readability, current earnings, and earnings persistence [J]. *Journal of Accounting and Economics*, 45: 248–252.

Bloomfield, R. J. (2002). The "Incomplete revelation hypothesis" and financial reporting [J]. *Accounting Horizons*, 16: 233–243.

Boje, D. M. (1995). Stories of the storytelling organization: A postmodern analysis of Disney as "tamara-land" [J]. *Academy of Management Journal*, 38: 997–1035.

Boje, D. M. (2001). *Narrative Methods for Organizational and Communications research* [M]. London: Sage.

Boje, D. M., Haley, U. C. V., & Saylors, R. (2016). Antenarratives of organizational change: The microstoria of Burger King's storytelling in space, time and strategic context [J]. *Human Relations*, 69: 391–418.

Bouton, L., Everaert, P., & Roberts, R. W. (2012). How a two-step approach discloses different determinants of voluntary social and environmental reporting [J]. *Journal of Business Finance and Accounting*, 39 (5/6) : 567–605.

Bowen, H. R. (2013). *Social Responsibilities of the Businessman* [M]. Iowa: University of Iowa Press.

Breeze, R. (2015). *Corporate Discourse* [M]. New York: Bloomsbury Academic.

Brennan, N. M., & Conroy, J. P. (2013). Executive hubris: The case of a bank CEO [J]. *Accounting, Auditing and Accountability Journal*, 26 (2) : 172–195.

Brennan, N. M., & Merkl-Davies, D. M. (2014). Rhetoric and argument in corporate social and environmental reporting: The dirty laundry case [J]. *Accounting, Auditing and Accountability Journal*, 27 (4) : 602–633.

Brennan, N. M., Guillamon-Saorin, E., & Pierce, A. (2009). Impression management: Developing and illustrating a scheme of analysis for narrative disclosures—

a methodological note [J]. *Accounting, Auditing & Accountability Journal*, 5: 789–832.

Brennan, N. M., Merkl-Davies, D. M., & Beelitz, A. (2013). Dialogism in corporate social responsibility communications: Conceptualising verbal interactions between organisations and their audiences [J]. *Journal of Business Ethics*, 115 (4): 665–679.

Brinker, K. (2005). *Linguistische Text analyse. Eine Einführung in Grundbegriffe und Methoden* [M]. 6th ed. Berlin: Erich Schmidt.

Broadfoot, K., Deetz, S., & Anderson, D. (2004). Multi-levelled, Multi-method Approaches in Organizational Discourse [C]. In Grant D., Hardy C., Oswick C., & Putnam L. L. (Eds), *The Sage Handbook of Organizational Discourse*. London: Sage Publications: 193–211.

Brochet, F., Naranjo, P., & Yu, G. (2016). The capital market consequences of language barriers in the conference calls of non-U.S. firms [J]. *The Accounting Review*, 91 (4): 1023–1049.

Brockman, P., Li, X., & Price, M. K. (2017). Conference call tone and stock returns: evidence from the stock exchange of Hong Kong [J]. *Asia-pacific Journal of Financial Studies*, 46 (5): 667–685.

Brown, A. D. (1997). Narcissism, identity, and legitimacy [J]. *Academy of Management Review*, 7: 643–686.

Brown, A. D. (2001). Organization studies and identity: Towards a research agenda [J]. *Human Relations*, 1: 113–121.

Brown, G., & Yule, G. (1983). *Discourse Analysis* [M]. Cambridge: Cambridge University Press.

Brown, M. H. (1990). Defining stories in organizations: Characteristics and function [C]. In S. Deetz (Ed.), *Communication Yearbook*. Newbury Park, CA: Sage: 13: 162–190.

Brown, S., & Tucker, J. W. (2011). Large-Sample Evidence on Firms' Year-over-Year MD&A Modifications [J]. *Journal of Accounting Research*, 49: 309–346.

Brysbaert, M., Warriner, A. B., & Kuperman, V. (2014). Concreteness ratings for 40 thousand generally known English word lemmas [J]. *Behavior Research Methods*, 46: 904–911.

Buchanan, D. (2003). Demands, instabilities, manipulations, careers: The lived experience of driving change [J]. *Human Relations*, 56: 663–684.

Bulté, B., & Housen, A. (2012). Defining and operationalising L2 complexity [M]. In *Dimensions of L2 Performance and Proficiency*: *Complexity, Accuracy and Fluency in SLA*. Amsterdam: John Benjamins Publishing Comapny.

Burgoon, J., Mayew, W. J., Giboney, J. S., Elkins, A. C., Moffitt, K., & Dorn, B. Byrd, M., & Spitzley, L. (2015). Which spoken language markers identify deception in high-stakes settings? Evidence from earnings conference calls [J]. *Journal of Language & Social Psychology*, 35 (2) : 123–157.

Burstein, J., & Marcu, D. (2003). A machine learning approach for identification of thesis and conclusion statements in student essays [J]. *Computers and the Humanities*, 37 (4) : 455–467.

Cameron, L. (2001). *Working with Spoken Discourse* [M]. Oxford: Oxford University Press.

Camiciottoli, B. C. (2010). Discourse connectives in genres of financial disclosure: Earnings presentations vs. earnings releases [J]. *Journal of Pragmatics*, 42: 650–663.

Camiciottoli, B. C. (2010). Earnings calls: Exploring an emerging financial reporting genre [J]. *Discourse & Communication*, 4: 343–359.

Camiciottoli, B. C. (2014). Pragmatic uses of person pro-forms in intercultural financial discourse: A contrastive case study of earnings calls. [J]. *Intercultural Pragmatics*, 11 (4) : 521–545.

Campbell, J. L., Chen, H., Dhaliwal, D. S., Lu, H., & Steele L. B. (2014). The information content of mandatory risk factor disclosures in corporate filings [J]. *Review of Accounting Studies*, 19 (1) : 396–455.

Carlson, L., & Marcu, D. (2001). Discourse Tagging Reference Manual [OL]. http://www.isi.edu/licensed-sw/RSTTool/.

Carroll, A. B. (1991). The pyramid of corporate social responsibility: Toward the moral management of organizational stakeholders [J]. *Business Horizons*, 34 (4) : 39–48.

Catenaccio, P. (2008). Press releases as a hybrid genre: Addressing the informative/promotional conundrum [J]. *Pragmatics*, 18: 9–31.

Chafe, W. (1982). Integration and involvement in speaking, writing, and oral literature

[J]. *Spoken and Written Language*: *Exploring Orality and Literacy*, 9: 35–54.

Chafe, W. (1985). Linguistic differences produced by differences between speaking and writing [C]. In D. Olson, N. Torrance & A. Hildyard (Eds), *Literacy*, *Language*, *and Learning*: *The Nature and Consequences of Reading and Writing.* Cambridge: Cambridge University Press: 105–123.

Chakrabarty, B., Seetharaman, A., Swanson, Z., & Wang, X. (2018). Management risk incentives and the readability of corporate disclosures [J]. *Financial Management*, 47: 583–616.

Charteris-Black, J., & Ennis, T. (2001). A comparative study of metaphor in Spanish and English financial reporting [J]. *English for Specific Purposes*, 20: 249–266.

Cheney, G., Christensen, L. T., Conrad, C., & Lair, D. (2004). Corporate Rhetoric as Organizational Discourse [C]. In D. Grant, C. Hardy, C. Oswick & L. Putnam (eds.), The Sage Handbook of Organizational Discourse. London: Sage: 79–103.

Chiang, W. C., Englebrecht, T. D., Phillips Jr, T. J. & Wang, Y. (2008). Readability of financial accounting principles textbooks [J]. *The Accounting Educators' Journal*, 47–80.

Cho, C. H., & Patten, D. M. (2007). The role of environmental disclosures as tools of legitimacy: A research note [J]. *Accounting, Organizations and Society,* 32 (7/8) , 639–647.

Chouliaraki, L. & Fairclough, N. (1999). *Discourse in Late Modernity* [M]. Edinburgh: Edinburgh University Press.

Clapham, S. E., & Schwenk, C. R. (1991). Self-serving attributions, managerial cognition, and company performance [J]. *Strategic Management Journal* (1986–1998), 12 (3): 219–229.

Clarke, G. (1997). Messages from CEOs: A content analysis approach [J]. *Corporate Communications*, 2 (1): 31–39.

Clarkson, P. M., Kao, J. L., & Richardson, G. D. (1999). Evidence that management discussion and analysis (MD&A) is a part of a firm's overall disclosure package [J]. *Contemporary Accounting Research*, 16: 111–134.

Clatworthy, M. A., & Jones, M. J. (2006). Differential patterns of textual characteristics and company performance in the chairman's statement [J]. *Accounting*, *Auditing & Accountability Journal*, 4: 493–511.

Clatworthy, M., & Jones, M. J. (2003). Financial reporting of good news and bad news: Evidence from accounting narratives [J]. *Accounting and Business Research*, 33: 171–185.

Coltheart, M. (1981). The MRC psycholinguistic database [J]. *Quarterly Journal of Experimental Psychology Section A*, 33: 497–505.

Conaway, R. N., & Wardrope, W. J. (2010). Do their words really matter? Thematic analysis of US and Latin American CEO letters [J]. *Journal of Business Communication*, 47 (2) : 141–168.

Connor, U. (2002). New directions in contrastive rhetoric [J]. *Tesol Quarterly*, 36 (4): 493–510.

Conrad, S. (2018). The use of passives and impersonal style in civil engineering writing [J]. *Journal of Business and Technical Communication*, 32: 38–76.

Cooren, F. (2001). *The organizing property of communication* [M]. Amsterdam/Philadelphia, PA: John Benjamins.

Cornelissen, J. P., Holt, R., & Zundel, M. (2011). The role of analogy and metaphor in the framing and legitimization of strategic change [J]. *Organization Studies*, 32: 1701–1716.

Courtis, J. K. (1986). An investigation into annual report readability and corporate risk-return relationships [J]. *Accounting and Business Research*, 16 (64) : 285–294.

Courtis, J. K. (1995). Readability of annual reports: Western versus Asian evidence [J]. *Accounting, Auditing & Accountability Journal*, 8 (2): 4–17.

Courtis, J. K., & Hassan, S. (2002). Reading ease of bilingual annual reports [J]. *Journal of Business Communication*, 39 (4): 394–413.

Craig, R. J., & Brennan, N. M. (2012). An exploration of the relationship between language choice in CEO letters to shareholders and corporate reputation [J]. *Accounting Forum*, 36 (3): 166–177.

Crossley, S. A., & McNamara, D. S. (2010). Cohesion, coherence, and expert evaluations of writing proficiency [C]. In S. Ohlsson & R. Catrambone (Eds.), *Proceedings of the 32nd Annual Conference of the Cognitive Science Society*. Austin, TX: Cognitive Science Society: 984–989.

Crossley, S. A., & McNamara, D. S. (2011). Text coherence and judgments of essay quality: Models of quality and coherence [C]. In L. Carlson, C. Hoelscher, & T.

F. Shipley (Eds.), *Proceedings of the 29th Annual Conference of the Cognitive Science Society*. Austin, TX: Cognitive Science Society: 1236–1241.

Crossley, S. A., Clevinger, A., & Kim, Y. (2014). The role of lexical properties and cohesive devices in text integration and their effect on human ratings of speaking proficiency [J]. *Language Assessment Quarterly*, 11: 250–270.

Crossley, S. A., McCarthy, P. M., Louwerse, M. M., & McNamara, D. S. (2007). A linguistic analysis of simplified and authentic texts [J]. *Modern Language Journal*, 91 (1): 15–30.

Crossley, S. A., Roscoe, R. D., McNamara, D. S., & Graesser, A. (2011a). Predicting human scores of essay quality using computational indices of linguistic and textual features [C]. In G. Biswas, S. Bull, J. Kay, & A. Mitrovic (Eds.), *Proceedings of the 15th International Conference on Artificial Intelligence in Education*, New York. NY: Springer: 438–440.

Crossley, S. A., Subtirelu, N., & Salsbury, T. (2013). Frequency effects or context effects in second language word learning: What predicts early lexical production? [J]. *Studies in Second Language Acquisition*, 35: 727–755.

Crossley, S. A., Weston, J., McLain Sullivan, S. T., & McNamara, D. S. (2011b). The development of writing proficiency as a function of grade level: A linguistic analysis [J]. *Written Communication*, 28: 282–311.

Crossley, S., Salsbury, T., & McNamara, D. (2010). The development of polysemy and frequency use in English second language speakers [J]. *Language Learning*, 60: 573–605.

Dameron, S., & Torset, C. (2014). The discursive construction of strategists' subjectivities: Towards a paradox lens on strategy [J]. *Journal of Management Studies*, 51: 291–319.

Davis, A. K., & Tama-Sweet, I. (2012). Managers' use of language across alternative disclosure outlets: earnings press releases versus MD&A [J]. *Contemporary Accounting Research*, 29: 838–844.

Davis, A. K., Piger, J. M., & Sedor, L. M. (2012). Beyond the numbers: Measuring the information content of earnings press release language [J]. *Contemporary Accounting Research*, 29 (3): 845–868.

De Beaugrande, R., & Dressler, W. U. (1981). *Introduction to Text Linguistics* [M].

London: Longman.

De Franco, G., Hope, O., Vyas, D., & Zhou, Y. (2015). Analyst report readability [J]. *Contemporary Accounting Research*, 32: 76–104.

Deetz, S. (2003). Reclaiming the legacy of the linguistic turn [J]. *Organization*, 10: 421–429.

Demers, E., & Vega, C. (2010). Soft information in earnings announcements: News or noise? [R]. In INSEAD faculty & research working paper.

Dempsey, S. J., Harrison, D. M., Luchtenberg, K. F., & Seiler, M. J. (2012). Financial opacity and firm performance: the readability of reit annual reports [J]. *Journal of Real Estate Finance & Economics*, 45: 450–470.

Demski, J., & Feltham, G. (1978). Economic incentives in budgetary control systems [J]. *Accounting Review*, 53: 336–359.

Dennis, K. M. (1987). The political function of narrative in organizations [J]. *Communication Monographs*, 54 (2): 113–127.

Dolley, J. C. (1993). Characteristics and Procedure of Common Stock Split-Ups [J]. *Harvard Business Review*, 11: 316–326.

Domenec, F. (2012). The "greening" of the annual letters published by Exxon, Chevron and BP between 2003 and 2009 [J]. *Journal of Communication Management*, 16: 296–311.

Doolin, B. (2003). Narratives of change: Discourse, technology and organization [J]. *Organization*, 10: 751–770.

Dories, M. & Brennan, N. M. (2007). Discretionary Disclosure Strategies in Corporate Narratives: Incremental Information or Impression Management? [J]. *Journal of Accounting Literature*, 12: 1–88.

Du, B. C., & Sen, S. (2010). Maximizing business returns to corporate social responsibility (CSR): The role of CSR communication [J]. *International Journal of Management*, 10: 8–19.

Du-Babcock, B., & Chan, A. C. (2018). Negotiating consensus in simulated decision-making meetings without designated chairs: a study of participants' discourse roles [J]. *Discourse & Communication*, 12: 497–516.

Duffy, M., & O'Rourke, B. (2015). Dialogue in strategy practice: A discourse analysis of a strategy workshop [J]. *International Journal of Business Communication*, 52: 404–426.

Dunn, C. D. (2017). Personal narratives and self-transformation in postindustrial societies [J]. *Annual Review of Anthropology*, 46: 65–80.

Duque, E. (2014). Signaling causal coherence relations [J]. *Discourse Studies*, 16 (1): 25–46.

Dyer, G. (1982). *Advertising as communication* [M]. London & New York: Methuen.

Eggertsson, T. (1990). *Economic behavior and institutions* [M]. Cambridge: Cambridge University Press.

Eggins, S., & Martin, J. R. (1997). Genres and registers of discourse [C]. In T. A. van Dijk (Ed.), *Discourse as Structure and Process*. London: Sage: 230–256.

Eisenhardt, K. (1985). Control: Organizational and economic approaches [J]. *Management Science*, 31: 134–149.

Eisenhardt, K. (1988). Agency and institutional explanations of compensation in retail sales [J]. *Academy of Management Journal*, 31: 488–511.

Ellis, N. C. (2002a). Frequency effects in language processing [J]. *Studies in Second Language Acquisition*, 24: 143–188.

Ellis, N. C. (2002b). Reflections on frequency effects in language processing [J]. *Studies in Second Language Acquisition*, 24: 297–339.

Ellis, N. C., & Ferreira-Junior, F. (2009a). Construction Learning as a Function of Frequency, Frequency Distribution, and Function [J]. *The Modern Language Journal*, 93: 370–385.

Ellis, N. C., & Ferreira-Junior, F. (2009b). Constructions and their acquisition: Islands and the distinctiveness of their occupancy [J]. *Annual Review of Cognitive Linguistics*, 7: 188–221.

Elsbach, K. D. & Sutton, R. I. (1992). Acquiring organizational legitimacy through illegitimate actions: A marriage of institutional and impression management theories [J]. *Academy of Management Journal*, 35: 699–738.

Engelberg, J. (2008). Costly information processing: Evidence from earnings announcements [C]. AFC 2009 San Francisco meetings paper.

Erkama, N. & Vaara, E. (2010). Struggles over legitimacy in global organizational restructuring: a rhetorical perspective on legitimation strategies and dynamics in a shutdown case [J]. *Organization Studies*, 31: 813–839.

Eshraghi, A., & Taffler, R. (2013). Heroes and victims: Fund manager sense-making, self-legitimisation and storytelling [R]. *Paper Presented at the APIRA Conference, Kobe, Japan.*

Ezzamel, M. & Willmott, H. (1998). Accounting for teamwork: A critical study of group-based systems of organizational control [J]. *Administrative Science Quarterly*, 43: 358–396.

Fairclough, N. & Wodak, R. (1997). Critical discourse analysis [C]. In T. A. van Dijk (Ed.), *Discourse as social interaction*. London: Sage: 258–284.

Fairclough, N. (1992). *Discourse and Social Change* [M]. Cambridge: Polity Press.

Fairclough, N. (1992). Intertextuality in critical discourse analysis [J]. *Linguistics and Education*, 4: 269–293.

Fairclough, N. (1995). *Critical Discourse Analysis: The Critical Study of Language* [M]. London: Longman.

Fairhurst, G. T., & Grant, D. (2010). The social construction of leadership: A sailing Guide [J]. *Management Communication Quarterly*, 24 (2): 171–210.

Fairhurst, G., & Cooren, F. (2004). Organizational Language in Use: Interaction Analysis, Conversation Analysis and Speech Act Schematics [C]. In D. Grant, C. Hardy, C. Oswick & L. Putnam (Eds), The Sage Handbook of Organizational Discourse. London: Sage: 131–152.

Fama, E. F., (1970). Efficient capital markets: a review of theory and empirical work [J]. *The Journal of Finance*, 25 (2): 383–417.

Fama, E. F., (1980). Agency problems and the theory of the firm [J]. *Journal of Political Economy*, 88: 288–307.

Farewell, S., Fisher, I., & Daily, C. (2014). The Lexical Footprint of Sustainability Reports: A Pilot Study of Readability [P]. *American Accounting Association Annual Meeting and Conference on Teaching and Learning in Accounting.*

Feely, A. J., & Harzing, A. (2003). Language management in multinational companies [J]. *Cross Cultural Management: An International Journal*, 10 (2): 37–52.

Feldman, R., Govindaraj, S., Livnat, J., & Segal, B. (2008). The incremental information content of tone change in management discussion and analysis [J]. *Social Science Electronic Publishing*, 108: 186–191.

Feldman, R., Govindaraj, S., Livnat, J., Segal, B. (2010). Management's tone change, post earnings announcement drift and accruals [J]. *Review of Accounting Studies*, 15 (4): 915–953.

Fenton, C., & Langley, A. (2011). Strategy as practice and the narrative turn [J]. *Organization Studies*, 32: 1171–1196.

Field, A. (2013). *Discovering Statistics Using IBM SPSS Statistics* [M]. London: Sage Publications Ltd.

Fifka, M. S. (2013). Corporate responsibility reporting and its determinants in comparative perspective: A review of the empirical literature and a meta-analysis [J]. *Business Strategy and the Environment*, 22 (1): 1–35.

Firth, J. R. (1957). *Papers in Linguistics 1934–1951* [M]. London: Oxford University Press.

Flesch, R. (1948). A new readability yardstick [J]. *Journal of Applied Psychology*, 32 (3): 221.

Foltz, P. W. (2007). Discourse coherence and LSA [A]. In T. K. Landauer, D. S. McNamara, S. Dennis, & W. Kintsch (Eds.), *Handbook of Latent Semantic Analysis* [C]. Mahwah, NJ: Lawrance Erlbaum: 167–184.

Francis, J., Schipper, K., & Vincent. L. (2002). Expanded Disclosures and the Increased Usefulness of Earnings Announcements [J]. *Accounting Review*, 77 (3): 515–546.

Frank, A. W. (2015). From sick role to narrative subject: an analytic memoir [J]. *Health*, 20: 9–21.

Friginal, E., & Weigle, S. (2014). Exploring multiple profiles of L2 writing using multi-dimensional analysis [J]. *Journal of Second Language Writing*, 26: 80–95.

Fromkin, V., Rodman, R., & Hyams, N. (2013). *An Introduction to Language* [M]. Boston: Cengage Learning.

Fuoli, M. (2012). Assessing social responsibility: A quantitative analysis of appraisal in BP's and IKEA's social reports [J]. *Discourse & Communication*, 6 (1): 55–81.

Fuoli, M. (2017). Building a trustworthy corporate identity: A corpus-based analysis of stance in annual and corporate social responsibility reports [J]. *Applied Linguistics*, 39 (6): 846–885.

Fuoli, M., & Hart, C. (2018). Trust-building strategies in corporate discourse: An experimental study [J]. *Discourse & Society*, 29: 1–36.

Fuoli, M., & Hommerberg, C. (2015). Optimising transparency, reliability and replicability: annotation principals and inter-coder agreement in the quantification of evaluative expressions [J]. *Corpora*, 10: 315–349.

Fuoli, M., & Paradis, C. (2014). A model of trust-repair discourse. *Journal of Pragmatics*, 74: 52–69.

Gabriel, Y. (1995). The unmanaged organization: Stories, fantasies, subjectivity [J]. *Organization Studies*, 16: 477–501.

Gabriel, Y. (2000). *Storytelling in Organizations*: *Facts, Fictions, and Fantasies* [M]. Oxford: OUP.

Gabriel, Y. (2004). Narratives, Stories and Texts [C]. In Grant, D., Hardy, C., Oswick, C., & Putnam, L.L. (Eds), *The Sage Handbook of Organizational Discourse*. London: SAGE Publications: 61–77.

Garanina, T., & Dumay, J. (2017). Forward-looking intellectual capital disclosure in IPOs: Implications for intellectual capital and integrated reporting [J]. *Journal of Intellectual Capital*, 18: 128–148.

Gardner-Chloros, P., Charles, R., & Cheshire, J. (2000). Parallel patterns? A comparison of monolingual speech and bilingual codeswitching discourse [J]. *Journal of Pragmatics*, 32: 1305–1341.

Gertsen, M. C., & Søderberg, A. (2011). Intercultural collaboration stories: On narrative inquiry and analysis as tools for research in international business [J]. *Journal of International Business Studies*, 42: 787–804.

Gibbins, M., Richardson, A. & Waterhouse, J. (1990). The management of corporate financial discourse: Opportunism, ritualism, policies and processes [J]. *Journal of Accounting and Economics Research*, 28: 121–143.

Giddens, A. (1979). *Central Problems in Social Theory* [M]. Berkeley, CA: University of California Press.

Gil, M. M. (2016). A Cross-Linguistic Study of Conceptual Metaphors in Financial Discourse [J]. *Yearbook of Corpus Linguistics and Pragmatics 2016*: 107–126.

Gil, Y., & Ratnakar, V. (2002). TRELLIS: An Interactive Tool for Capturing Information Analysis and Decision Making [C]. In *International Conference on Knowledge Engineering and Knowledge Management, Springer, Berlin, Heidelberg*.

Godfrey, J., Mather, P., & Ramsay, A. (2003). Earnings and impression management in financial reports: the case of CEO changes [J]. *Abacus*, 39 (1): 95–123.

Goffman, E. (1959). *The Presentation of Self in Everyday Life*. New York: Doubleday.

Golant, B. D., Sillince, J. A., Harvey, C., & Maclean, M. (2015). Rhetoric of stability and change: The organizational identity work of institutional leadership [J]. *Human Relations*, 68: 607–631.

Golebiowski, Z. (2009). Prominent messages in Education and Applied Linguistic abstracts: How do authors appeal to their prospective readers? [J]. *Journal of pragmatics*, 41 (4): 753–769.

Graesser, A. C., Gernsbacher, M. A., & Goldman, S. (2003). *Handbook of Discourse Processes* [M]. London: Lawrence Erlbaum.

Graesser, A. C., McNamara, D. S., Louwerse, M. M., & Cai, Z. (2004). Coh-Metrix: Analysis of text on cohesion and language [J]. *Behavior Research Methods, Instruments, & Computers*, 36: 193–202.

Grant, A. P. (1998). Contact languages: A wider perspective ed. by Sarah G. Thomason (review) [J]. *Language*, 74 (3): 631–633.

Grant, D. & Marshak, R. (2011). Toward a discourse-centered understanding of organizational change [J]. *The Journal of Applied Behavioral Science*, 47: 204–235.

Grant, D., & Hardy, C. (2004). Introduction: Struggles with Organizational Discourse [J]. *Organization Studies*, 25 (1): 5–13.

Grant, D., Hardy, C., Oswick, C., & Putnam, L. L. (2004). *The Sage Handbook of Organizational Discourse* [M]. London: SAGE Publications.

Grant, D., Keenoy, T., & Oswick, C. (1998). Organizational discourse: Of diversity, dichotomy and multi-disciplinarity [C]. In D. Grant, T. Keenoy, & C. Oswick, (Eds.), *Discourse and Organization*. London: Sage: 1–13.

Grant, D., Michelson, G., Oswick, C., & Wailes, N. (2005). Guest editorial: Discourse and organizational change [J]. *Journal of Organizational Change Management*, 18, 6–15.

Gray. R. (2010). Is accounting for sustainability really accounting for sustainability and how would we know? An exploration of narratives of organizations and the planet [J]. *Accounting, organization and society*, 35 (1): 47–62.

Grosz, B. J., & Sidner, C. L. (1985). Attention, intention, and the structure of discourse

[J]. *Computational Linguistics*, 12 (3): 175–204.

Grosz, B. J., Joshi, A. K., & Weinstein, S. (1992). Centering: A framework for modeling the local coherence of discourse [J]. *Computational Linguistics*, 21 (2): 203–225.

Groth, S. S., & Muntermann, J. (2011). An intraday market risk management approach based on textual analysis [J]. *Decision Support Systems*, 50: 680–691.

Hájek, P., Olej, V., & Myskova, R. (2014). Forecasting corporate financial performance using sentiment in annual reports for stakeholders' decision-making [J]. *Technological and Economic Development of Economy*, 20: 721–738.

Halliday, M. A. K. (1966). Some notes on "deep" grammar [J]. *Journal of Linguistics* 2: 110–118.

Halliday, M. A. K. (1968)Notes on transitivity and theme in English [J]. *Journal of Linguistics*, 4: 179–215.

Halliday, M. A. K. (1970). Language structure and language function [C]. In J. Lyons (Ed.), *New Horizons in Linguistics*. Harmondsworth: Penguin: 140–165.

Halliday, M. A. K. (1985). *An Introduction to Functional Grammar* [M]. London: Arnold.

Halliday, M. A. K. (1999). The notion of "context" in language education [C]. In M. Ghadessy (Ed), *Text and Context in Functional Linguistics*. Amsterdam: John Benjamins: 1–25.

Halliday, M. A. K., & Hasan, R. (1976). *Cohesion in English* [M]. London: Longman.

Halliday, M. A. K., & Hasan, R. (1985). *Language, Context, and Text*: *Aspects of Language in a Social-semiotic Perspective* [M]. Oxford: Oxford University Press.

Halliday, M. A. K., & Hasan, R. (1989). *Language, context, and text*: *Aspects of language in asocial-semiotic perspective* [M]. Oxford: Oxford University Press.

Halse, C., & Honey, A. (2007). Rethinking ethics review as institutional discourse [J]. *Qualitative Inquiry*, 13: 336–352.

Halvorsen, K., & Sarangi, S. (2015). Team decision-making in workplace meetings: the interplay of activity roles and discourse roles [J]. *Journal of Pragmatics*, 76: 1–14.

Hansen, C. D., & Kahnweiler, W. M. (1993). Storytelling: an instrument for understanding the dynamics of corporate relationships [J]. *Human Relations*, 46 (12): 1391–1409.

Hardy, C., & Phillips, N. (2004). Discourse and power [C]. In D. Grant, C. Hardy, C.

Oswick, & L. L. Putnam (Eds.), *The Sage handbook of organizational discourse*. London: SAGE Publications: 299–316.

Hardy, C., & Thomas, R. (2014). Strategy, discourse and practice: the intensification of power [J]. *Journal of Management Studies*, 51: 320–348.

Hardy, C., Lawrence, T., & Grant, D. (2005). Discourse and collaboration: The role of conversations and collective identity [J]. *Academy of Management Review*, 30: 58–77.

Harmon, D. J., Green, S. E., & Goodnight, G. T. (2015). A model of rhetorical legitimation: the structure of communication and cognition underlying institutional maintenance and change [J]. *Academy of Management Review*, 40: 76–95.

Harris, S. (1984). Questions as a mode of control in magistrates' courts [J]. *International Journal of the Sociology of Language*, 49: 5–28.

Hassanein, A., & Hussainey, K. (2015). Is forward-looking financial disclosure really informative? Evidence from UK narrative statements [J]. *International Review of Financial Analysis*, 41: 52–61.

Haworth, K. (2006). The dynamics of power and resistance in police interview discourse [J]. *Discourse & Society*, 17: 739–759.

Healy, P. (1977). Can you understand the footnotes to financial statements? [J]. *Accountants Journal*: 219–222.

Hendry, K. P., Kiel, G. C. & Nicholson, G. (2010). How boards strategies: a strategy as practice view [J]. *Long Range Planning*, 43: 33–56.

Henry, E. (2006). Market reaction to verbal components of earnings press releases: Event study using a predictive algorithm [J]. *Journal of Emerging Technologies in Accounting* (3): 1–19.

Henry, E. (2008). Are investors influenced by how earnings press releases are written? [J]. *Journal of Business Communication*, 45 (4): 363, 407.

Heracleous, L., & Klaering, L. A. (2017). The circle of life: rhetoric of identification in Steve Jobs' Stanford speech [J]. *Journal of Business Research*, 79: 31–40.

Hildebrandt, H. W., & Snyder, R. D. (1981). The Pollyanna hypothesis in business writing: Initial results, suggestions for research [J]. *Journal of Business Communication*, 18: 5–15.

Hines, R. (1988). Financial accounting: in communicating reality, we construct reality

[J]. *Accounting, Organizations and Society*, 13 (3): 251–261.

Ho, J., & Cheng, W. (2016). Metaphors in financial analysis reports: How are emotions expressed? [J]. *English for Specific Purposes*, 43: 37–48.

Hobbs, J. R. (1979). Coherence and conference [J]. *Cognitive Science*, 3 (1): 67–90.

Hobbs, J. R. (1985). On the coherence and structure of discourse [J]. *CSLI Report*, No. 85–137.

Hochreiter, S., & Schmidhuber, J. (1997). Long short-term memory [J]. *Neural Computation*, 9 (8): 1735–1780.

Hoey, M. (1991). *Patterns of Lexis in Text* [M]. Oxford: Oxford University Press.

Hohl Trillini, R., & Quassdorf, S. (2010). A "key to all quotations"? A corpus-based parameter model of intertextuality [J]. *Literary and Linguistic Computing*, 25 (3): 269–286.

Holland, J. (2004). *Corporate Intangibles, Value Relevance and Disclosure Content* [M]. Edinburgh: The Institute of Chartered Accountants of Scotland.

Holland, J. (2005). A grounded theory of corporate disclosure [J]. *Accounting and Business Research*, 35 (3): 249–268.

Holmes, J., & Chiles, T. (2010). "Is that right?" Questions and questioning as control devices in the workplace [C]. In A. F. Freed & S. Ehrlich (Eds.), *Why Do You Ask? The Function of Questions in Institutional Discourse*. Oxford: Oxford University Press: 187–210.

Hopwood, A. G. (1996). Introduction. Accounting [J] *Organizations and Society*, 21 (1): 55–56.

Hossfeld, H. (2018). Legitimation and institutionalization of managerial practices: The role of organizational rhetoric [J]. *Scandinavian Journal of Management*, 34 (1): 9–21.

Huang, A., Lehavy, R., Zang, A., & Zheng, R. (2015). Analyst Information Discovery and Interpretation Roles: A Topic Modeling Approach [R]. *Working paper*, University of Michigan.

Huang, X., Teoh, S. H., & Zhang, Y. (2014). Tone management [J]. *Ssrn Electronic Journal*, 89: 1083–1113.

Humpherys, S. L., Moffitt, K. C., Burns, M. B., Burgoon, J. K., & Felix, W. F. (2011). Identification of fraudulent financial statements using linguistic credibility analysis

[J]. *Decision Support Systems*, 50 (3): 585–594.

Hwang, B. H., & Kim, H. H. (2017). It pays to write well [J]. *Journal of Financial Economics*, 124 (2): 373–394.

Hyland, K. (1998). Exploring Corporate Rhetoric: Metadiscourse in the CEO's Letter [J]. Journal of Business Communication, 35 (2): 224–245.

Ibarra, H., Barbulescu, R. (2010). Identity as narrative: Prevalence, effectiveness, and consequences of narrative identity work in Macro work role transitions [J]. *The Academy of Management Review*, 1 (35): 135–154.

Iedema, R., & Wodak, R. (1999). Introduction: Organizational discourses and practices [J]. *Discourse & Society*, 10 (1): 5–19.

Ikenberry, D. L., Rankine, G., & Stice, E. K. (1996). What do stock splits really signal? [J]. *The Journal of Financial and Quantitative Analysis*, 31 (3): 357–375.

Ikenberry, D., Lakonishok, J., & Vermaelen, T. (1995). Market underreaction to open market share repurchases [J]. *Journal of Financial Economics*, 39: 181–208.

Janda, R.D. (1985). Note-taking English as a simplified register [J]. *Discourse Processes*, 8: 437–454.

Jansson, N. (2014). Discourse phronesis in organizational change: A narrative analysis [J]. *Journal of Organizational Change Management*, 27: 769–779.

Jarzabkowski, P. (2005). *Strategy As Practice*: *An Activity-Based Approach* [M]. London: Sage.

Jarzabkowski, P., Balogun, J., & Seidl, D. (2007). Strategizing: The challenges of a practice perspective [J]. *Human Relations*, 60: 5–27.

Jaworski, A. & Coupland, N. (1999). *The Discourse Reader* [M]. London and New York: Routledge.

Jaya, S., & Das, H. (1995). Discourse and the projection of corporate culture: the mission statement [J]. *Discourse & Society*, 6: 223–242.

Jegadeesh, N., & Wu, D. (2013). Word power: A new approach for content analysis [J]. *Journal of Financial Economics*, 110: 712–729.

Jensen, M., & Meckling, W. (1976). Theory of the firm: Managerial behavior, agency costs, and ownership structure [J]. *Journal of Financial Economics*, 3: 305–360.

Jian, G. (2007). Unpacking Unintended Consequences in Planned Organizational Change: A Process Model [J]. *Management Communication Quarterly*, 21: 5–28.

Jian, G. (2011). Articulating circumstance, identity, and practice: Toward a discursive framework of organizational changing [J]. *Organization*, 18: 45–64.

John, K. C. (1995). Readability of annual reports: Western versus Asian evidence [J]. *Accounting, Auditing & Accountability Journal*, 8 (2): 4–17.

Johnson, A. (2008). "From where we're sat …": Negotiating narrative transformation through interaction in police interviews with suspects [J]. *Text & Talk*, 28: 327–349.

Jones, E. E., Pittman, T. S. & Jones, E. E. (1982). Towards a General Theory of Strategic Self-Presentation [C]. In J. Suls (Ed.), *Psychological Perspectives on the Self*. Hillsdale: Lawrence Erlbaum: 231–262.

Jones, M. J. & Shoemaker, P. A. (1994). "Accounting narratives: a review of empirical studies of content and readability" [J]. *The Journal of Accounting Literature*, 13: 142–184.

Jones, M. J. (1988). A longitudinal study of the readability of the chairman's narratives in the corporate reports of a UK company [J]. *Accounting and Business Research*: 297–305.

Jones, M. J. (1997). Critical appraisal of the Cloze procedure's use in the accounting domain [J]. *Accounting, Auditing & Accountability Journal*, 10 (1): 105–128.

Jordan, J. S. (1983). On the efficient markets hypothesis [J]. *Econometrica*, 51: 1325–1343.

Joty, S., Carenini, G., & Ng, R. T. (2015). CODRA: A Novel Discriminative Framework for Rhetorical Analysis [J]. *Computational Linguistics*, 41 (3): 385–435.

Karen, B. (2012). The readability of managerial accounting and financial management [J]. *Meditari Accountancy Research*, 20 (1): 4–20.

Kearney, C., & Liu, S. (2014). Textual sentiment in finance: A survey of methods and models [J]. *International Review of Financial Analysis*, 33: 171–185.

Keenoy, T., & Oswick, C. (2004). Organizing textscapes [J]. *Organization Studies*, 25: 135–142.

Keenoy, T., Grant, D. (1997)., Organisational discourse: Text and context [J]. *Organization*, 4 (2): 147–157.

Kessapidu, S. (1997). A critical linguistic approach to a corpus of business letters in Greek [J]. *Discourse & Society*, 8: 479–500.

Kim, S. (2011). Transferring effects of CSR strategy on consumer responses: The synergistic model of corporate communication strategy [J]. *Journal of Public Relations Research*, 23 (2): 218–241.

Kitchell, A. Hannan, E. & Kempton, W. 2000 Identity through stories: Story structure and function in two environmental groups [J]. *Human Organization*, 59: 96–105.

Klare, G. R. (1963). *The Measurement of Readability* [M]. Ames: Iowa State University Press.

Klare, G. R. (1974–1975). Assessing readability [J]. *Reading Research Quarterly*, 10: 62–102.

Knights, D, Morgan, G. (1991). Corporate strategy, organizations, and subjectivity: A critique [J]. *Organization Studies*, 12 (2): 251–273.

Kohut, G. F., & Segars, A. H. (1992). The president's letter to stockholders: An examination of corporate communication strategy [J]. *The Journal of Business Communication*, 29 (1): 7–21.

Kosseim, L., & Lapalme, G. (2000). Choosing rhetorical structures to plan instructional texts [J]. *Computational Intelligence*, 16 (3): 408–445.

Krische, S. D. (2003). Investors' Evaluations of Strategic Prior-Period Benchmark Disclosures in Earnings Announcements [J]. *Accounting Review*, 80: 243–268.

Kristeva, J. (1980). *Desire in Language*: *A Semiotic Approach to Literature and Art* [M]. New York: Columbia University Press.

Kristeva, J. (1984). *Revolution in Poetic Language* [M]. New York: Columbia University Press.

Kristian, D. A., Matthew, D. D., & James, R. M. (2018). Disclosure "scriptability" [J]. *Journal of Accounting Research*, 56: 363–430.

Kuperman, V., Stadthagen-Gonzales, H., & Brysbaert, M. (2012). Age-of-acquisition ratings for 30 thousand English words [J]. *Behavior Research Methods*, 44: 978–990.

Kyle, K. (2016). *Measuring Syntactic Development in L2 Writing*: *Fine Grained Indices of Syntactic Complexity and Usage-Based Indices of Syntactic Sophistication* [D]. Atlanta: Georgia State University.

Kyle, K., & Crossley, S. A. (2015). Automatically assessing lexical sophistication: indices, tools, findings, and application [J]. *Tesol Quarterly*, 49: 757–786.

Laine, M. (2009). Ensuring legitimacy through rhetorical change? A longitudinal interpretation of the environmental disclosures of a leading Finnish chemical company [J]. *Accounting, Auditing & Accountability Journal*, 22 (7): 1029–1054.

Laine, M. (2010). Towards sustaining the status quo: Business talk of sustainability in Finnish corporate disclosures 1987–2005 [J]. *European Accounting Review*, 19 (2): 247–274.

Land, J., & Lang, M. (2002). Empirical evidence on the evolution of international earnings. *The Accounting Review*, 77: 115–134.

Lang, M., & Stice-Lawrence, L. (2015). Textual analysis and international financial reporting: Large sample evidence [J]. *Journal of Accounting and Economics*, 60: 110–135.

Leary, M. R. & Kowalski, R. M. (1990). Impression management: A literature review and two component model [J]. *Psychological Bulletin*, 107: 34–47.

Lee, W. E, & Sweeney, J. T. (2015). Use of discretionary environmental accounting narratives to influence stakeholders: The case of jurors' award assessments [J]. *Journal of Business Ethics*, 129 (3): 673–688.

Legge, K. (1995). *Human Resource Management: Rhetoric and Reality* [M]. London: Macmillan.

Lehavy, R., Li, F., & Merkley, K. (2011). The effect of annual report readability on analyst following and the properties of their forecasts [J]. *The Accounting Review*, 86: 187–1115.

Leland, H. E., & Pyle, D. H. (1977). Informational asymmetries, financial structure, and financial intermediation [J]. *The Journal of Finance*, 32: 371–387.

Leung, S., & Parker, L. & Courtis, J. K. (2015). Impression management through minimal disclosure in annual reports [J]. *The British Accounting Review*, 47: 275–289.

Lewis, N. R., Parker, L. D., Pound G. D. & Sutcliffe P. (1986). Accounting report readability: the use of readability techniques [J]. *Accounting and Business Research*, 16 (63): 199–213.

Li, F. (2006). Do stock market investors understand the risk sentiment of corporate annual reports?. From https://ssrn.com/abstract=898181.

Li, F. (2008). Annual report readability, current earnings, and earnings persistence [J].

Journal of Accounting and Economics, 45 (2/3): 221–247.

Li, F. (2010). Textual analysis of corporate disclosures: a survey of the literature [J] *Journal of Accounting Literature*, 29: 143–165.

Li, F. (2010). The information content of forward-looking statements in corporate filings: A naïve machine learning approach [J]. *Journal of Accounting Research*, 48 (5): 1049–1102.

Li, F., Lundholm, R., & Minnis, M. (2013). A measure of competition based on 10-K filings [J]. *Journal of Accounting Research*, 51: 399–436.

Liafisu, S.Y., Tomasz, P. W. & Yuval, M. (2015). Market reaction to the positiveness of annual report narratives [J]. *The British Accounting Review*, 2: 1–16.

Lieblich, A., Tuval-Mashiach, R., & Zilber, T. (1998). *Narrative research*: *Reading, analysis and interpretation* [M]. Thousand Oaks, CA: Sage.

Lieven, E. V. M., Pine, J. M., & Baldwin, G. (1997). Lexically-based learning and early grammatical development [J]. *Journal of Child Language*, 24: 187–219.

Lim, K. Y., Chalmers, K., & Hanlon, D. (2018). The influence of business strategy on annual report readability [J]. *Journal of Accounting & Public Policy*, 37: 65–81.

Linstead, S. (2001). Rhetoric and organizational control: A framework for analysis [C]. In R. Westwood & S. Linstead (Eds), *The Language of Organization*. London: Sage.

Lischinsky, A. (2011). In times of crisis: a corpus approach to the construction of the global financial crisis in annual reports [J]. *Critical Discourse Studies*, 8 (3): 153–168.

Liu, F., & Maitlis, S. (2014). Emotional dynamics and strategizing processes: A study of strategic conversations in top team meetings [J]. *Journal of Management Studies*, 51: 202–234.

Livesey. S. (2002). The discourse of the middle ground: Citizen Shell commits to sustainable development [J]. *Management Communication Quarterly*, 15 (3): 313–349.

Llewellyn, N., & Hindmarsh, J. (2010). *Organization, Interaction and Practice*: *Studies in Ethnomethodology and Conversation Analysis* [M]. Cambridge, UK: Cambridge University Press.

Lo, K., Ramos, F., & Rogo, R. (2017). Earnings management and annual report readability [J]. *Journal of Accounting & Economics*, 63: 1–25.

Lopatta, K., Gloger, M. A., & Jaeschke, R. (2017). Can language predict bankruptcy? The explanatory power of tone in 10-K filings [J]. *Accounting Perspectives*, 16: 315–343.

Lorenzo, F., & Rodriguez, L. (2014). Onset and expansion of L2 cognitive academic language proficiency in bilingual settings: CALP in CLIL [J]. *System*, 47: 64–72.

Loughran, T., & McDonald, B. (2013). IPO first-day returns, offer price revisions, volatility, and form s-1 language [J]. *Journal of Financial Economics*, 109: 307–326.

Loughran, T., & McDonald, B. (2014). Measuring readability in financial disclosures [J]. *The Journal of Finance*, 69: 1643–1671.

Loughran, T., & Mcdonald, B. (2016). Textual analysis in accounting and finance: A survey [J]. *Journal of Accounting Research*, 51: 1187–1230.

Loughran, T., & Ritter, J. R. (1997). The operating performance of firms conducting seasoned equity offerings [J]. *The Journal of Finance*, 52: 1823–1850.

Loughran, T., & McDonald, B. (2011). When is a liability not a liability? Textual analysis, dictionaries, and 10-Ks [J]. *The Journal of Finance*, 66 (1): 35–65.

Loxterman, J. A., Beck, I. L., & McKeown, M. G. (1994). The effects of thinking aloud during reading on students' comprehension of more or less coherent text [J]. *Reading Research Quarterly*, 29: 353–367.

Lunholm, R. J., Rogo, R. & Zhang, J. (2014). Restore the tower of Babel: How foreign firms communicate with US investors [J]. *The Accounting Review*, 89: 1453–1485.

Lupu, L., & Sandu, R. (2017). Intertextuality in corporate narratives: a discursive analysis of a contested privatization [J]. *Accounting, Auditing & Accountability Journal*, 30: 534–564.

Maclean, M., Harvey, C., Suddaby, R., & O'Gorman, K. (2018). Political ideology and the discursive construction of the multinational hotel industry [J]. *Human Relations*, 71: 766–795.

Maguire, S., & Hardy, C. (2013). Organizing processes and the construction of risk: A discursive approach [J]. *Academy of Management Journal*, 56: 231–255.

Mäkelä, H., & Laine, M. (2011). A CEO with many messages: comparing the ideological representations provided by different corporate reports [J]. *Accounting*

Forum, 31 (5): 217–231.

Malinowski, B. (1935). *Coral Gardens and Their Magic* [M]. London: Allen & Unwin.

Mann, B. (2000), Mann and Thompson Extended Relation Set. http://www.isi.edu.licensed-sw/RSTTool/.

Mann, W. C., & Maite, T. (2005). Relation definitions [OL]. http://www.sfu.ca/rst/01intro/definitions.html.

Mann, W. C., & Thompson, S. A. (1987). Rhetorical structure theory: A framework for the analysis of texts [J]. *Decision Support Systems*, 3 (4): 360.

Mann, W. C., & Thompson, S. A. (1988). Rhetorical structure theory: Toward a functional theory of text organization [J]. *Text-Interdisciplinary Journal for the Study of Discourse*, 8: 243–281.

Mantere, S. (2013). What is organizational strategy? A language-based view [J]. *Journal of Management Studies*, 50: 1408–1426.

Mantere, S., & Sillince, J. (2007). Strategic intent as a rhetorical device [J]. *Strategic Journal of Management*, 23: 406–423.

Mantere, S., & Vaara, E. (2008). On the problem of participation in strategy: A critical discursive perspective [J]. *Organization Science*, 19: 341–358.

Marcu, D., Carlson, L., & Watanabe, M. (2000). The automatic translation of discourse structure [A]. *1st Meeting of the North American Chapter of the Association for Computational Linguistics* (*NAACL*'00), Seattle, Washington (1): 9–17.

Marin, M. (2016). Organizational rhetoric: the construction of a persuasive discourse [J]. *Scientific Journal of Humanistic Studies*, 8: 92–96.

Martin, J. R. & White, P. R. R. (2005). *The Language of Evaluation*: *APPRAISAL in English* [M]. London: Palgrave.

Martin, J. R. (1985). Process and text: two aspects of human semiosis [J]. *Systemic Perspectives on Discourse*, 1(15): 248–274.

Martin, J. R. (1992). *English Text*: *System and Structure* [M]. Amsterdam and Philadelphia: Benjamins.

Martin, J. R. (1997). "Analysing genre: functional parameters" [C]. In F. Christie & J. R. Martin (Eds.), *Genre and Institutions*: *Social Processes in the Workplace and School*. London: Cassell: 3–39.

Martin, J. R., & White, P. R. R. (2003). *Working with Discourse*: *Meaning beyond the*

Clause [M]. London & New York: Continuum.

Matsumoto, D., Pronk, M. & Roelofsen, E.. (2006). *Do analysts mitigate optimism by management*? [R] Working paper, University of Washington.

Matthiessen, C. (1993). Register in the round: Diversity in a unified theory of register analysis [C]. In M. Ghadessy (Ed.), *Register Analysis*: *Theory and Practice*. London: Pinter: 221–292.

Mayr, A. (2008). *Language and Power*: *An Introduction to Institutional Discourse* [M]. London; New York: Continuum.

McDonald, P., Pini, B., & Mayes, R. (2012). Organizational rhetoric in the prospectuses of elite private schools: Unpacking strategies of persuasion [J]. *British Journal of Sociology of Education*, 33: 1–20.

McLaren, Y. & Gurău, C. (2005). Characterising the Genre of the Corporate Press Release [J]. *LSP and Professional Communication*, 5: 10–29.

McLaren-Hankin, Y. (2008). We expect to report on significant progress in our product pipeline in the coming year: hedging forward-looking statements in corporate press releases [J]. *Discourse Studies*, 10: 635–654.

McMillan, K. (2016). Politics of change: the discourses that inform organizational change and their capacity to silence [J]. *Nursing Inquiry*, 23: 223–231.

McNamara, D. S., & Kintsch, W. (1996). Learning from text: Effects of prior knowledge and text coherence [J]. *Discourse Processes*, 22: 247–288.

McNamara, D. S., Kintsch, E., Songer, N. B., & Kintsch, W. (1996)Are good texts always better? Text coherence, background knowledge, and levels of understanding in learning from text [J]. *Cognition and Instruction*, 14: 1–43.

Meara, P. (1996). The dimensions of lexical competence [C]. In G. Brown, K. Malmkjaer & J. Williams (Eds.), *Performance and competence in second language acquisition Cambridge*. Cambridge: Cambridge University Press: 35–53.

Meara, P. (2005). Lexical frequency profiles: A Monte Carlo analysis [J]. *Applied Linguistics*, 26: 32–47.

Merkl-Davies, D. M., & Brennan, N. M. (2007). Discretionary disclosure strategies in corporate narratives: Incremental information or impression management? [J]. *Journal of Accounting Literature*, 26: 116–194.

Merkl-Davies, D. M., & Koller, V. (2012). "Metaphoring" people out of this world:

A critical discourse analysis of a chairman's statement of a defence firm [J]. *Accounting Forum*, 36 (3): 178–193.

Merkl-Davies, D. M., Brennan, N. M., & McLeay, S. J. (2011). Impression management and retrospective sense-making in corporate narratives: A social psychology perspective [J]. *Accounting, Auditing and Accountability Journal*, 24 (3): 315–344.

Michaely, R., Thaler, R. H. & Womack, K. L. (1995). Price reactions to dividend initiations and omissions: Overreaction or drift? [J]. *The Journal of Finance*, 50: 573–608.

Miller, B. (2010). The effects of reporting complexity on small and large investor trading. *The Accounting Review*, 85: 2107–2143.

Milton, J. (2009). *Measuring Second Language Vocabulary Acquisition*. Bristol, Blue Ridge Summit: Multilingual Matters. http://doi.org/10.21832/9781847692092.

Mirabeau, L., & Maguire, S. (2014). From autonomous strategic behavior to emergent strategy [J]. *Strategic Management Journal*, 35: 1202–1229.

Moens, M., & Busser, R. D. (2002). First steps in building a model for the retrieval of court decisions [J]. *International Journal of Human-Computer Studies*, 57 (5): 429–446.

Moreno, A., & Casasola, A. (2015). A Readability Evolution of Narratives in Annual Reports [J]. *Journal of Business & Technical Communication*, 30 (2): 202–235.

Mumby, D. & Clair, R. (1997). Organizational discourse [C]. In T. A. van Dijk (Ed.), *Discourse as structure and process*: *Discourse studies vol. 2—A multidisciplinary introduction*. London: Sage, 2: 181–205.

Narayanan, V., & Adams, C. A. (2017). Transformative change towards sustainability: the interaction between organisational discourses and organisational practices [J]. *Accounting & Business Research*, 47: 1–25.

Neumann, S. (2014). *Contrastive register variation*: *a quantitative approach to the comparison of English and German* [M]. Berlin/Boston: De Gruyter Mouton.

Nickerson, C. & De Groot, E. (2005). Dear Shareholder, Dear Stockholder, Dear Stakeholder: The Business Letter Genre in the Annual General Report [C]. In P. Gillaerts and M. Gotti (Eds.), *Genre Variation in Business Letters*. Bern: Peter Lang: 325–346.

Ninio, A. (1999). Pathbreaking verbs in syntactic development and the question of prototypical transitivity [J]. *Journal of Child Language*, 26: 619–653.

Nuyts, J. (2001). *Epistemic modality, language, and conceptualization*: *A cognitive-pragmatic perspective* [M]. Amsterdam: John Benjamins Publishing.

O' Dwyer, B., Owen, D., & Unerman, J. (2011). Seeking legitimacy for new assurance forms: The case of assurance on sustainability reporting [J]. *Accounting, Organizations and Society*, 1 (36): 31–52.

O'Brien, T. (1995). Rhetorical structure analysis and the case of the inaccurate, incoherent source-hopper [J]. *Applied Linguistics*, 16 (4): 442–482.

O'Halloran, K. (2012). Electronic deconstruction Revealing tensions in the cohesive structure of persuasion texts [J]. *International Journal of Corpus Linguistics*, 17 (1): 91–124.

Ortega, L. (2003). Syntactic complexity measures and their relationship to L2 proficiency: A research synthesis of college-level L2 writing [J]. *Applied Linguistics*, 24: 492–518.

Oswick, C. (2008). Organizational discourse [C]. In S. Clegg & J. R. Bailey (Eds.), *The international encyclopedia of organization studies*. Thousand Oaks, CA: Sage: 1052–1056.

Parker, L. D., 1998. Corporate annual reporting: A mass communication perspective [J]. *Accounting and Business Research*, 12 (48): 279–286.

Parmar, B. L. (2010). Stakeholder theory: The state of the art [J]. *The Academy of Manage ment Annals*, 7: 403–445.

Paroutis, S., & Heracleous, L. (2013). Discourse revisited: Dimensions and employment of first-order strategy discourse during institutional adoption [J]. *Strategic Management Journal*, 34: 935–956.

Patricia, S., John, S., & Guil, P. (2004). Impressions of an annual report: an experimental study [J]. *Corporate Communications*: *An International Journal* 9 (1): 57–69.

Peng, G. (2009). Using Rhetorical Structure Theory (RST) to describe the development of coherence in interpreting trainees [J]. *Interpreting*, 11 (2): 216–243.

Pettigrew, A., Woodman, R. & Cameron, K. (2001). Studying Organizational Change and Development: Challenges for Future Research [J]. *Academy of Management Journal*, 44: 697–713.

Phillips, N., & Hardy, C. (2002). *Discourse Analysis*: *Investigating Processes of Social construction* [M]. Newbury Park, CA: Sage.

Phillips, N., & Oswick, C. (2012). Organizational discourse: domains, debates, and directions [J]. *Academy of Management Annals*, 6: 435–481.

Piekkari, R., & Tietze, S. (2011). A world of languages: Implications for international management research and practice [J]. *Journal of World Business*, 46 (3): 267–269.

Piller, I. (2001). Identity constructions in multilingual advertising [J]. *Language in Society*, 30: 153–186.

Plucinski, K. J., Olsavsky, J. & Hall, L. (2009). Readability of introductory financial and managerial accounting textbooks [J]. *Academy of Educational Leadership Journal*, 13 (4): 119–127.

Pomerantz, A. & Fehr, B. J. (1997). Conversation analysis: An approach to the study of social action as sense-making practices [C]. In T. A. Van Dijk (Ed.), *Discourse studies*: *A Multidisciplinary Introduction. Vol. 2*: *Discourse as Social Interaction*. London: Sage: 64–91.

Popper, K. (1959). *The Logic of Scientific Discovery* [M]. London: Hutchinson & Co.

Poshalian, S., & Crissy, W. J. E. (1952). Corporate annual reports are difficult, dull reading, human interest value low [J]. *Journal of Accountancy*, 94 (2): 215–219.

Pound, G. D. (1981). A note on audit report readability [J]. *Accounting and Finance*, 21 (1): 45–55.

Prasad, A., & Mir, R. (2002). Digging deep for meaning: A critical hermeneutic analysis of CEO letters to shareholders in the oil industry [J]. *Journal of Business Communication*, 1: 92–116.

Price, M. K., Doran, J. S., Peterson, D. R., & Bliss, B. A. (2012). Earnings conference calls and stock returns: the incremental informativeness of textual tone [J]. *Journal of Banking & Finance*, 36: 992–1011.

Quinn, R. W., & Worline, M. C. (2008). Enabling courageous collective action: conversations from united airlines flight 93 [J]. *Organization Science*, 19: 497–516.

Quirk, R. (2010). *A Comprehensive Grammar of the English Language* [M]. Chennai: Pearson Education India.

Rampton, B. (1995). *Crossing*: *Language and Ethnicity among Adolescents* [M].

London and New York: Longman.

Read, J. (1998). Validating a test to measure depth of vocabulary knowledge [C]. In A. Kunnan (Ed.), *Validation in Language Assessment*. Mahwah, NJ: Lawrence Erlbaum: 41–60.

Reissman, C. K. (1993). *Narrative analysis* [M]. Newbury Park, CA: Sage.

Riad, S., Vaara, E., & Zhang, N. (2012). The intertextual production of international relations in mergers and acquisitions [J]. *Organization Studies*, 33: 121–148.

Roberts, H. (1967). Statistical versus clinical prediction of the stock market [R]. Unpublished manuscript, Center for Research in Security.

Rogers, J. L., van Buskirk, A., & Zechman, S. L. (2011). Disclosure tone and shareholder litigation [J]. *The Accounting Review*, 86: 2155–2183.

Rorty, R. (1967). *The Linguistic Turn: Recent Essays in Philosophical Method* [M]. Chicago and London: The University of Chicago Press.

Roseberry, R. L. (1995). A texture index: Measuring texture in discourse [J]. *International Journal of Applied Linguistics*, 5 (2): 205–223.

Rosenfeld, P., Giacalone, R. A., & Riordan, C. A. (1995). *Impression Management in Organizations: Theory, Measurement, Practice* [M]. Hampshire: Cengage Learning EMEA.

Rosenwald, G. C. & Ochberg, R. L. (1992). *Storied Lives: The Cultural Politics of Self Understanding* [M]. New Haven, CT: Yale University Press.

Ross, S. A. (1977). The determination of financial structure: the incentive-signalling approach [J]. *Bell Journal of Economics*, 8: 23–40.

Rutherford, B. A. (2003). Obfuscation, textual complexity and the role of regulated narrative accounting disclosure in corporate governance [J]. *Journal of Management and Governance*, 7: 187–210.

Rutherford, B. A. (2005). Genre analysis of corporate annual report narratives: A corpus linguistic based approach [J]. *Journal of Business Communication*, 42 (4): 324–348.

Salzer-Morling, M. (1998). As God created Earth… A saga that makes sense? [C]. In D. Grant, T. Keenoy & C. Oswick (Eds), *Discourse and Organization*. London: Sage: 104–118.

Samra-Fredericks, D. (2003). Strategizing as lived experience and strategists' everyday efforts to shape strategic direction [J]. *Journal of Management Studies*, 40: 141–174.

Samra-Fredericks, D. (2004). Managerial elites making rhetorical and linguistic "moves" for a moving (emotional)display [J]. *Human Relations*, 57: 1103–1143.

Sarangi, S. (2009). The spatial and temporal dimensions of reflective questions in genetic counselling [C]. In A. Freed & S. Ehrlich (Eds.), *"Why do you ask?" The Function of Questions in Institutional Discourse*. Oxford: Oxford University Press: 235–256.

Schleicher, T., Hussainey, K., & Walker, M. (2007). Loss firms' annual report narratives and share price anticipation of earnings [J]. *The British Accounting Review*, 39: 153–171.

Schlenker, B. R. (1980). *Impression Management* [M]. Monterey, CA: Brooks/Cole Publishing Company.

Schlenker, B. R., & Weigold, M. F. (1992). Interpersonal processes involving impression regulation and management [J]. *Annual Review of Psychology*, 43 (1): 133–168.

Schneider, A. & Samkin, G. (2010). Accountability, narrative reporting and legitimation: The case of a New Zealand public benefit entity [J]. *Accounting Auditing & Accountability Journal*, 23: 256–289.

Schnurr, S., Wharton, S., & Alansari, S., Angouri, J., Chimbwete Phiri, R., Chiriatti, T., ... & Reissner-Roubice K, S. (2016). Not so "innocent" after all? Exploring corporate identity construction online [J]. *Discourse and Communication*, 10: 291–313.

Schr, C. M. & Walther, B. R. (2011). Strategic benchmarks in earnings announcements: The selective disclosure of prior-period farnings components [J]. *Accounting Review*, 75: 151–177.

Schroeder, N. & Gibson, C. (1990). Readability of management's discussion and analysis [J]. *Accounting Horizons*, 4 (4): 78–87.

Scollon, R. (2004). Intertextuality Across Communities of Practice: Academics, Journalism and Advertising [C]. In C. L. Moder & A. Martinovic-Zic (Eds), *Discourse Across Languages and Cultures*. Amsterdam: John Benjamins: 149–175.

Shaw, P., & Pecorari, D. (2013). Types of intertextuality in Chairman's statements [J].

Nordic Journal of English Studies, 1: 37–64.

Shutz, A. (1967). *The Phenomenology of the Social World* [M]. Evanston, IL: Northwestern University Press.

Skulstad, A. (2008). Creating a green image in the public sphere: Corporate environmental reports in a genre perspective [C]. In R. Wodak & V. Koller (Eds), *Handbook of Communication in the Public Sphere.* Berlin: De Gruyter Mouton: 181–201.

Smith, F. L. & Keyton, J. (2001). Organizational storytelling: Metaphors for relational power and identity struggles [J]. *Management Communication Quarterly*, 15: 149–182.

Smith, J. E. & Smith, N. P. (1971). Readability: A measure of the performance of the communication function of financial reporting [J]. *The Accounting Review*, 46 (3): 552–561.

Smith, M., & Taffler, R. (1992a). The chairman's report and corporate financial performance [J]. *Accounting and Finance*, 32 (2): 75–90.

Smith, M. & Taffler, R. (1992b). Readability and understandability: different measures of the textual complexity of accounting narrative [J]. *Accounting, Auditing & Accountability Journal*, 5 (4): 84–98.

Smith, M. & Taffler, R. (1992c). The chairman's statement and corporate financial performance [J]. *Accounting and Finance*, 32 (2): 75–90.

Snyman, M. (2004). Using the printed medium to disseminate information about psychiatric disorders [J]. *South African Psychiatry Review*, 7: 15–20.

Solin, A. (2004). Intertextuality as mediation: On the analysis of intertextual relations in public discourse [J]. *Text*, 2: 267–296.

Sonenshein, S. (2010). We're changing: Or are we? Untangling the role of progressive, regressive, and stability narratives during strategic change implementation [J]. *Academy of Management Journal*, 53: 477–512.

Sonenshein, S., & Dholakia, U. (2012) Explaining Employee Engagement with Strategic Change Implementation: A Meaning-Making Approach [J]. *Organization Science*, 23: 1–23.

Song, Y., Wang, H., & Zhu, M. (2018). Sustainable strategy for corporate governance based on the sentiment analysis of financial reports with CSR [J]. *Financial Innovation*, 4: 1–14.

Soper, F. J., & Dolphin, R., Jr. (1964). Readability and corporate annual reports [J]. *The Accounting Review*, 39 (4): 358–362.

Spence, A. M., & Zeckhauser, R. (1971). Insurance, information, and individual action [J]. *American Economic Review*, 61: 380–387.

Sterling, R. (1967). Statement of basic accounting theory: Review article [J]. *Journal of Accounting Research*, 5: 95–112.

Stevenson, W. B., & Greenberg, D. N. (1998). The formal analysis of narratives of organizational change [J]. *Journal of Management*, 24: 741–762.

Still, M. D. (1972). The readability of chairman's statements [J]. *Accounting and Business Research*, 3 (9): 36–39.

Stivers, T., & Enfield, N. J. (2010). A coding scheme for question–response sequences in conversation [J]. *Journal of Pragmatics*, 42: 2620–2626.

Stuart-Smith, V. (2007). The hierarchical organization of text as conceptualized by Rhetorical Structure Theory: A Systemic Functional Perspective [J]. *Australian Journal of Linguistics*, 27 (1): 41–61.

Stubbs, M. (1983). *Discourse Analysis: The Sociolinguistic Analysis of Natural Language* [M]. Chicago: University of Chicago Press.

Subramanian, R., Insley, R. G. & Blackwell, R. D. (1993). Performance and readability: A comparison of annual reports of profitable and unprofitable corporations [J]. *The Journal of Business Communication*, 30: 49–61.

Swales, J. M, & Rogers, P. S. (1995). Discourse and the projection of corporate culture: The Mission Statement [J]. *Discourse & Society*, 6: 223–242.

Swales, J. M. (1990). *Genre Analysis: English in Academic and Research Settings* [M]. Cambridge: Cambridge University Press.

Sydserff R, Weetman P. (1999). A texture index for evaluating accounting narratives: An alternative to readability formulas [J]. *Accounting, Auditing & Accountability Journal*, 12 (4): 459–488.

Sydserff, R., & Weetman, P. (2002). Developments in content analysis: A transitivity index and DICTION scores [J]. *Accounting, Auditing & Accountability Journal*, 4: 523–545.

Taboada, M. (2004). *Building Coherence and Cohesion: Task-Oriented Dialogue in English and Spanish* [M]. Amsterdam and Philadelphia: John Benjamins.

Taboada, M., & Mann, W. C. (2006). Rhetorical Structure Theory: looking back and moving ahead [J]. *Discourse Studies*, 8 (3): 423–459.

Taboada, M., & Zabala, L. H. (2008). Deciding on units of analysis within Centering Theory [J]. *Corpus Linguistics and Linguistic Theory*, 4 (1): 63–108.

Talbot, M. (2007). *Media Discourse*: *Representation and Interaction* [M]. Edinburgh: Edinburgh University Press.

Tannen, D. (1982). Oral and literate strategies in spoken and written narratives [J]. *Language*, 58: 1–21.

Taylor, P. J. (2002). A partial order scalogram analysis of communication behavior in crisis negotiation with the prediction of outcome [J]. *International Journal of Conflict Management*, 13 (1): 4–37.

Tedeschi, J. T. & Riess, M. (1981). *Impression Management Theory and Social Psychological Research* [M]. New York: Academic Press.

Tennyson, B. M., Ingram, R. W., & Dugan, M. T. (1990). Assessing the information content of narrative disclosures in explaining bankruptcy [J]. *Journal of Business Finance & Accounting*, 17: 391–410.

Thomas, J. (1997). Discourse in the marketplace: The making of meaning in annual reports [J]. *Journal of Business Communication*, 1: 47–66.

Thompson, V. A. (1965). Bureaucracy and Innovation [J]. *Administrative Science Quarterly*, 10: 1–20.

Thurlow, A., & Mills, J. H. (2009). Change, talk and sensemaking [J]. *Journal of Organizational Change Management*, 22: 459–479.

Toglia, M. P., & Battig, W. R. (1978). *Handbook of Semantic Word Norms* [M]. New York, NY: Lawrence Erlbaum.

Trnavac, R., & Taboada, M. (2012). The contribution of nonveridical rhetorical relations to evaluation in discourse [J]. *Language Sciences*, 34 (3): 301–318.

Vaara, E., & Tienari, J. (2011). On the narrative construction of multinational corporations: an antenarrative analysis of legitimation and resistance in a cross-border merger [J]. *Organization Science*, 22: 370–390.

Vaara, E., Kleymann, B., & Seristö, H. (2004). Strategies as discursive constructions: The case of airline alliances [J]. *Journal of Management Studies*, 41 (1): 1–35.

Vaara, E., Sorsa, V., & Palli, P. (2010). On the force potential of strategy texts: A critical discourse analysis of a strategic plan and its power effects in a city organization [J]. *Organization*,17: 685–702.

Vaara, E., Tienari, J., & Laurila, J. (2006). Pulp and paper fiction: On the discursive legitimation of global industrial restructuring [J]. *Organization Studies*, 27: 789–810.

Van Dijk, T. A. (2011). *Discourse Studies: A Multidisciplinary Introduction* [M]. London: Sage.

Van Leeuwen, T. (1993). *Language and Representation* [D]. Unpublished doctoral thesis, University of Sydney.

Vásquez, C. (2007). Moral stance in the workplace narratives of novices [J]. *Discourse Studies*, 9: 653–675.

Ventola, E. (2005). Revisiting service encounter genre: Some reflections [J]. *Folia Linguistica*, 39: 19–43.

Virtanen, T. (1992). Issues of text typology: narrative—a "basic" type of text? [J]. *Text*, 12 (2): 293–310.

Vourvachis, P., Unerman, J., Ferguson, J., & Bebbington, J. (2014). Tools of legitimacy: The case of the petrobras corporate blog [J]. *Social & Environmental Accountability Journal*, 35: 1211–1230.

Wang, M., & Hussainey, K. (2013). Voluntary forward-looking statements driven by corporate governance and their value relevance [J]. *Journal of Account Public Policy,* 32: 26–49.

Warner-Garcia, S. (2016). Rejecting exclusion, embracing inclusion: conversation as policy-making at a US Baptist conference on sexuality and covenant [J]. *Language Policy*, 15: 141–161.

Warnick, B. (2000). Two systems of invention: The topics in the rhetoric and in the new rhetoric [C]. In G. Gross & A. Walzer (Eds), *Rereading Aristotle's rhetoric* [A]. Carbondale: Southern Illinois University Press: 107–129.

Webster, D. M., Kruglanski, A. W., & Pattison, D. A. (1997). Motivated language use in intergroup contexts: need-for-closure effects on the linguistic intergroup bias [J]. *Journal of Personality & Social Psychology*, 72 (5):11–22.

Weick, K. E. (1995). *Sensemaking in Organizations* [M]. London: Sage.

Weiner, B. (1971). *Perceiving the Causes of Success and Failure* [M]. New York:

General Learning Press.

Wenzel, M., & Koch, J. (2017). Strategy as staged performance: A critical discursive perspective on keynote speeches as a genre of strategic communication [J]. *Strategic Management Journal*, 39: 639–663.

White, H. (1985). Agency as control [C]. In J. Pratt & R. Zeckhauser (Eds.), *Principals and agents*: *The structure of business*. Boston: Harvard Business School Press: 187–214.

Whittington, R. (1996). Strategy as practice [J]. *Long Range Planning*, 29: 731–735.

Whittle, A., Suhomlinova, O. & Mueller, F. (2010). Funnel of interests: The discursive translation of organizational change [J]. *The Journal of Applied Behavioral Science*, 46: 16–37.

William, R. & Dallas, D. (1984). Aspects of vocabulary in the readability of content area L2 educational books: a case study [C]. In J. C. Alderson & A. H. Urquhart (Eds.), *Reading in a Foreign Language*. London: Longman: 1–27.

Winch, P. (1958). *The Idea of a Social Science* [M]. London: Routledge & Keagan Paul.

Winchester, J. & Williams, S. (2014). Narratives and accounts: "post-crisis" narration in annual company reports [J]. *Language Learning in Higher Education*, 3: 207–229.

Witten, M. (1993). Narrative and the culture of obedience at the workplace [C]. In D. K. Mumby (Ed.), *Narrative and Social Control*: *Critical Perspectives*. Newbury Park, CA: Sage: 97–118.

Wodak, R. (2006). *Critical Linguistics and Critical Discourse Analysis* [M]. Handbook of Pragmatics. Amsterdam: John Benjamins: 1–24.

Wodak, R. (2011). *The Discourse of Politics in Action*: *Politics as Usual* [M]. Basingstoke: Palgrave.

Yeung, L. (2007). In search of commonalities: Some linguistic and rhetorical features of business reports as a genre [J]. *English for Specific Purposes*, 26: 156–179.

Yuthas, K., Rogers, R., & Dillard, J. F. (2002). Communicative action and corporate annual reports [J]. *Journal of Business Ethics*, 41 (1/2): 141–157.

Zanoni, P., & Janssens, M. (2004). Deconstructing difference: The rhetoric of human resource managers' diversity discourses [J]. *Organization Studies*, 25 (1): 55–74.

Zappettini, F. (2014). "A badge of Europeanness": Shaping identity through the

European Union's institutional discourse on multilingualism [J]. *Journal of Language and Politics*, 13: 375–402.

Zott, C., Amit, R., & Massa, L. (2011). The business model: Recent developments and future research [J]. *Journal of Management*, 37 (4): 1019–1042.

安丰存,王铭玉.（2019）.政治话语体系建构与外译策略研究 [J]. 外语教学,40（6）: 1–6.

部寒.（2018）.中美上市公司年报话语质量对资本市场反应的影响对比研究 [M]. 北京：对外经济贸易大学出版社.

陈莉萍.（2007）.英语语篇结构标注研究综述 [J]. 外语与外语教学,220（7）:9–16.

陈忠华,邱国旺.（1997）.修辞结构理论与修辞结构分析评介 [J]. 外语研究（3）: 20–23.

程珊,叶兴国.（2015）.不同认知语境下词汇概念搭配建构的认知理据研究：基于商务英语和普通英语语料库的"Prejudice"个案研究 [J]. 中国外语（4）: 69–79.

杜慧颖,蔡金亭.（2013）.基于 Coh-Metrix 的中国英语学习者议论文写作质量预测模型研究 [J]. 现代外语（3）: 293–300,331.

杜金榜.（2007）.法律语篇树状信息结构研究 [J]. 现代外语,30（1）: 40–50.

福柯.（2017）.权力与话语 [M]. 武汉：华中科技大学出版社.

葛伟琪.（2007）.我国上市公司中英文年报可读性对比研究 [J]. 宁波大学学报（人文科学版）（1）: 108–113.

郭忠伟,徐延勇,周献中.（2003）.基于 Schema 和 RST 的自然语言生成混合规划方法 [J]. 计算机工程,29（6）: 113–115.

何银.（2012）.企业绩效的影响因素及对策措施. 中外企业家（13）: 116;118.

贺麟茜.（2013）.英语专业八级与雅思阅读理解文本复杂度的对比研究：基于 Coh-Metrix 的分析 [D]. 重庆：西南大学.

洪明.（2011）.向心理论在英语写作连贯性量化评价中的应用 [J]. 外语电化教学,139（5）: 67–72.

胡春雨.（2015）.语料库问题学视域下的英语商务合同研究 [J]. 解放军外国语学院学报（5）: 10–19.

胡广梅.（2009）.财经报道的易读性与可读性问题 [J]. 新闻爱好者（15）: 75–76.

胡元木,谭有超.（2013）.非财务信息披露:文献综述以及未来展望 [J]. 会计研究, 3: 20–26.

吉利，杨慧.（2011）.企业年报与社会责任报告中社会责任信息披露比较分析：以中国石油为例 [J].财会通讯（17）：20–22.

吉利，张丽，田静.（2016）.我国上市公司社会责任信息披露可读性研究：基于管理层权力与约束机制的视角 [J].会计与经济研究（1）：21–33.

蒋艳辉，冯楚建.（2014）.MD&A 话语特征、管理层预期与未来财务业绩：来自中国创业板上市公司的经验证据 [J].中国软科学（11）：115–130.

柯贤兵.（2005）.英汉被动句式的比较 [J].高等函授学报（哲学社会科学版）（1）：64–76.

乐明.（2008）.汉语篇章修辞结构的标注研究 [J].中文信息学报，22（41）：9–23.

李琳.（2015）.中外商务英语话语研究之比较 [J].国际商务（1）：142–150.

李琳.（2016）.英美 CEO 风险话语的隐喻建模研究 [J].外语学（3）：67–70.

李佩磷，黄国群.（2008）.企业传播视角的中国制造声誉提升 [J].经济管理（5）：27–31.

李筱，宋成方.（2016）.中国企业走出去的沟通策略研究：以上市期间的阿里巴巴为例 [J].商务外语研究（1）：9–15.

刘美兰.（2013）.我国能源行业上市公司环境信息披露质量对财务绩效的影响研究 [D].湘潭：湖南科技大学.

吕源，彭长桂.（2012）.话语分析：开拓管理研究新视野 [J].管理世界（10）：157–171.

陆永岗，姜亚军.（2015）.欧美商务话语的语言学研究：传统、现状与趋势 [J].外语教学（5）：6–12.

马连福，赵颖.（2007）.国外非财务信息披露研究评述 [J].当代财经（7）：123–129.

马连福，赵颖.（2007）.基于投资者关系战略的非财务信息披露指标及实证研究 [J].管理科学，20（4）：86–96.

彭华岗.（2011）.中国企业社会责任报告编写指南 [M].北京：经济管理出版社.

钱嘉慧，王立非.（2015）.英文企业年报语篇中态度评价的语料库考察及分析 [J].商务外语研究（1）：1–7.

孙曼莉.（2005）.公司报告语言信息研究 [J].经济管理（3）：244–247.

孙曼莉.（2005）.关于企业年报自利性归因行为的实证研究 [J].经济科学（2）：86–93.

孙曼莉.（2008）.年报自利性归因的案例研究 [J].财务与会计（22）：46–48.

孙曼莉，王化成，凌哲佳.（2007）.公司报告归因倾向的拓展研究[J].商业经济与管理（1）：52–56.

孙蔓莉.（2004）.论上市公司信息披露中的印象管理行为[J].会计研究（3）：40–45.

孙蔓莉，王化成，凌哲佳.（2005）.关于企业年报自利性归因行为的实证研究[J].经济科学（2）：86–93.

孙蔓莉，姚岳.（2005）.公司报告语言信息研究[J].甘肃社会科学（3）：244–247.

孙孝文，吴扬，王娅郦.（2014）.中国企业社会责任报告编写指南（CASS-CSR3.0）[M].北京：经济管理出版社.

涂眉，周玉，宗成庆.（2014）.基于最大熵的汉语篇章结构自动分析方法[J].北京大学学报（自然科学版），50（1）：125–132.

汪炜，袁东任.（2014）.盈余质量与前瞻性信息披露：正向补充还是负向替代？[J].审计与经济研究（1）：48–57.

王大方.（2013）.修辞结构框架下的远距离回指研究[J].外语与外语教学（1）：31–36.

王丹.（2014）.上市公司股权结构与业绩自利性归因倾向研究[D].北京：首都经济贸易大学.

王娟，张积家，刘鸣，印丛.（2011）.启动语言对熟练汉–英双语者场景知觉的影响[J].外语教学与研究，43（6）：850–863.

王立非，部寒.（2016）.中美银行年报语篇结构关系自动描写及功能对比分析[J].中国外语（4）：10–19.

王立非，韩放.（2015）.中英文企业年报体裁的语轮对比分析[J].解放军外国语学院学报（5）：1–9.

王立非，梁茂成.（2007）.WordSmith方法在外语教学研究中的应用[J].外语电化教学（3）：3–7；12.

王苏.（2013）.语料库视角下《匆匆》英译文风格赏析[J].兰州教育学院学报（4）：127–128.

王伟.（1994）."修辞结构理论"评介（上/下）[J].国外语言学（4）：8–13.

王小梅，杨亚军.（2012）.基于可读性理论和模糊层次分析法的英语教材评估体系的研究与设计[J].中国外语（3）：67–77.

王寅.（1999）.Iconicity的译名与定义[J].中国翻译（2）：48–50.

王宇峰，万欣钧.（2006）.内容分析法在上市企业年报研究中的应用[J].财会通讯（学术版）（2）：72–74.

魏成龙，许萌，郑志，魏荣桓．（2011）．国有企业整体上市绩效及其影响因素分析[J]．中国工业经济（10）：151–160.

武建国．（2012）．篇际互文性研究述评[J]．外语与外语教学（2）：17–22.

肖浩，詹雷，王征．（2016）．国外会计文本信息实证研究述评与展望[J]．外国经济与管理，38（9）：93–112.

辛斌．（2008）．语篇研究中的互文性分析[J]．外语与外语教学（1）：6–10.

徐珺，自正权．（2016）．语言对中国对外贸易影响之实证研究[J]．中国外语（4）：20–28.

杨晓虹，杨玉芳．（2009）．汉语语篇修辞结构边界韵律表现[J]．清华大学学报（自然科学版），49（S1）：1375–1379.

于晖．（2003）．语篇体裁、语篇类型与外语教学[J]．解放军外国语学院学报，26（5）：13–17.

袁秀凤，陈文娟．（2006）．美国高校招生广告的语篇结构模式[J]．外语教学，27（4）：26–32.

张德容，王振全，邓志良．（2008）．企业财务披露管理若干问题探析[J]．经济管理（4）：22–28.

张蒽．（2015）．中国企业社会责任报告白皮书[M]．北京：经济管理出版社．

张慧玉，杨俊．（2016）．组织话语研究述评及展望[J]．外国经济与管理（7）：57–75.

张玮．（2014）．范畴理论视角下的语篇连贯研究[J]．外语教学与研究，46（2）：177–189.

张祥建，王小明，郭岚．（2010）．国企发行上市、企业绩效与潜在影响因素[J]．证券市场导报（8）：57–66.

张晓玲．（2011）．我国石油石化企业社会责任与财务绩效关系的实证研究[D]．北京：北京林业大学．

赵敏．（2007）．上市公司自愿性信息披露中的印象管理行为分析[J]．当代财经（3）：117–119.

郑小翠．（2015）．分析师行为、年报可读性与企业税收负担[D]．广州：广东外语外贸大学．

中国人民大学出版社读者信息反馈表

尊敬的读者：

感谢您购买和使用中国人民大学出版社的 ＿＿＿＿＿＿＿＿＿＿＿＿＿＿
我们希望通过这张小小的反馈表来获得您更多的建议和意见，以改进我们的工作，加强我们双方的沟通和联系。我们期待着能为更多的读者提供更多的好书。

请您填妥下表后，寄回或传真回复我们，对您的支持我们不胜感激！

1. 您是从何种途径得知本书的：
   □书店　　　□网上　　　□报纸杂志　　　□朋友推荐
2. 您为什么决定购买本书：
   □工作需要　□学习参考　□对本书主题感兴趣　□随便翻翻
3. 您对本书内容的评价是：
   □很好　　　□好　　　□一般　　　□差　　　□很差
4. 您在阅读本书的过程中有没有发现明显的专业及编校错误，如果有，它们是：
   ＿＿＿＿＿＿＿＿＿＿＿＿＿＿＿＿＿＿＿＿＿＿＿＿＿＿＿＿＿＿＿＿＿＿＿＿
   ＿＿＿＿＿＿＿＿＿＿＿＿＿＿＿＿＿＿＿＿＿＿＿＿＿＿＿＿＿＿＿＿＿＿＿＿
   ＿＿＿＿＿＿＿＿＿＿＿＿＿＿＿＿＿＿＿＿＿＿＿＿＿＿＿＿＿＿＿＿＿＿＿＿
5. 您对哪些专业的图书信息比较感兴趣：
   ＿＿＿＿＿＿＿＿＿＿＿＿＿＿＿＿＿＿＿＿＿＿＿＿＿＿＿＿＿＿＿＿＿＿＿＿
   ＿＿＿＿＿＿＿＿＿＿＿＿＿＿＿＿＿＿＿＿＿＿＿＿＿＿＿＿＿＿＿＿＿＿＿＿
   ＿＿＿＿＿＿＿＿＿＿＿＿＿＿＿＿＿＿＿＿＿＿＿＿＿＿＿＿＿＿＿＿＿＿＿＿
6. 如果方便，请提供您的个人信息，以便于我们和您联系（您的个人资料我们将严格保密）：
   您供职的单位：＿＿＿＿＿＿＿＿＿＿＿＿＿＿＿＿＿＿＿＿＿＿＿＿＿＿＿
   您教授的课程（教师填写）：＿＿＿＿＿＿＿＿＿＿＿＿＿＿＿＿＿＿＿＿
   您的通信地址：＿＿＿＿＿＿＿＿＿＿＿＿＿＿＿＿＿＿＿＿＿＿＿＿＿＿＿
   您的电子邮箱：＿＿＿＿＿＿＿＿＿＿＿＿＿＿＿＿＿＿＿＿＿＿＿＿＿＿＿

请联系我们：黄婷　程子殊　王新文　王琼
电话：010-62512737，62513265，62515580，62515573
传真：010-62514961
E-mail：huangt@crup.com.cn　　chengzsh@crup.com.cn　　wangxw@crup.com.cn
　　　　crup_wy@163.com
通信地址：北京市海淀区中关村大街甲59号文化大厦15层　　邮编：100872
中国人民大学出版社